高职高专通识课系列教材

大学生劳动教育理论与实践

主　编　杨　辉　谢金苗　罗　璋

副主编　王　宇　叶倩钰　程翠婷　陈　优　钟美平

参　编　陈清华　申　镇　陈春蔓　黄锦华
　　　　黄曾可　姚宝晶

主　审　陈粟宋

西安电子科技大学出版社

内容简介

本书是为落实中共中央、国务院发布的《关于全面加强新时代大中小学劳动教育的意见》以及教育部印发的《大中小学劳动教育指导纲要(试行)》等文件精神而编写的,以期为高校开展劳动教育提供新思路、新方法。

本书从大学生劳动教育理论与实践出发,对劳动教育的本质概念及各种劳动实践活动进行了详细介绍。全书分为上、下两篇,共10章。上篇为理论篇,主要内容包括劳动教育概述、了解劳动内涵、树立劳动观念、培育大国工匠;下篇为实践篇,主要内容包括承担家庭责任、丰富校园生活、培育志愿精神、增强劳动技能、提供教育服务、化身中华文化使者等。本书力求引导当代大学生立足劳动实践,在劳动中树立不畏艰辛、开拓进取的精神,并提升服务他人、服务社会的奉献意识。

本书既可作为高校开展劳动教育的教学用书,也可作为劳动实践活动的践行指南。

图书在版编目(CIP)数据

大学生劳动教育理论与实践 / 杨辉,谢金苗,罗璋主编. --西安:西安电子科技大学出版社,2023.8(2025.1 重印)

ISBN 978-7-5606-6998-4

Ⅰ. ①大… Ⅱ. ①杨… ②谢… ③罗… Ⅲ. ①大学生—劳动教育—教育理论—中国 Ⅳ. ①G40-015

中国国家版本馆 CIP 数据核字(2023)第 152890 号

策　　划　明政珠
责任编辑　雷鸿俊　买永莲　杨 薇
出版发行　西安电子科技大学出版社(西安市太白南路 2 号)
电　　话　(029) 88202421　88201467　　　邮　编　710071
网　　址　www.xduph.com　　　　　　　　电子邮箱　xdupfxb001@163.com
经　　销　新华书店
印刷单位　陕西日报印务有限公司
版　　次　2023 年 8 月第 1 版　2025 年 1 月第 3 次印刷
开　　本　787 毫米×1092 毫米　1/16　印张 14.5
字　　数　344 千字
定　　价　39.00 元
ISBN　978-7-5606-6998-4
XDUP 7300001-3
如有印装问题可调换

前　言

　　劳动教育是促进大学生德智体美劳全面发展的主要内容之一，目的是帮助大学生树立正确的劳动观念和劳动态度，养成良好的劳动习惯。对于大学生而言，从创造力的发掘到生活常识的累积，都离不开劳动实践。当代大学生只有立足劳动实践，在劳动中树立不畏艰辛、开拓进取的精神，才能真正做到"知行合一"，才能提升服务他人、服务社会的奉献意识。

　　2020年3月，中共中央、国务院印发了《关于全面加强新时代大中小学劳动教育的意见》，指明"劳动教育是中国特色社会主义教育制度的重要内容，直接决定社会主义建设者和接班人的劳动精神面貌、劳动价值取向和劳动技能水平""全党全社会必须高度重视，采取有效措施切实加强劳动教育"。2020年7月，教育部关于印发《大中小学劳动教育指导纲要(试行)》的通知中指出，在普通高等学校要强化马克思主义劳动观教育，注重围绕创新创业，结合学科专业开展生产劳动和服务性劳动，积累职业经验，培育创造性劳动能力和诚实守信的合法劳动意识。以上内容不仅强化了劳动教育的重要意义，还为新时代大中小学劳动教育指明了方向。

　　本书即在此背景下编写而成，希望能对进一步完善大学生劳动教育尽绵薄之力。

　　本书在内容上具有如下特点：

　　(1) 理论与实践相结合，强调"知行合一"。本书分为上、下两篇，上篇为理论篇，下篇为实践篇。书中不仅"讲劳动"，还强调了"做劳动"，逐步引导学生从理论到实践掌握劳动知识、提升劳动能力、加强劳动锻炼，并获得更多的劳动参与感和成就感，从而自觉提升个人的劳动素养。

　　(2) 知识相互衔接，内容层层递进。从劳动精神看，本书涵盖了家庭劳动精神、学业奋斗精神、职业工作精神和劳模志愿精神；从劳动实践看，本书包括了家庭劳动、校园活动、社会服务和大国工匠劳动；从内容衔接看，本书内容由家庭到校园，由校园到社会，逐步实现了丰富大学生自身阅历和积累社会经验的目标。

(3) 培养工匠精神，传承中华文化。质量之魂，存于匠心。本书秉承"大力弘扬工匠精神，厚植工匠文化"的理念，旨在培育众多"中国工匠"，鼓励当代大学生化身中华文化使者，参与中华文化实践，如民族手工技艺、文化研学实践、非遗传承活动等，从而升华大学生劳动教育的主题。

本书由广东创新科技职业学院杨辉、谢金苗、罗璋担任主编，负责统稿工作、修改全书；王宇、叶倩钰、程翠婷、陈优、钟美平担任副主编，负责修改本书部分章节；陈粟宋教授担任本书的主审，负责全书的思想指导和内容审核工作，并提供了很多建设性修改意见，确保了全书的质量。本书主要编写人员的分工为(按章节排序)：王宇、陈优编写了第一章，王宇编写了第二章，叶倩钰编写了第三章，程翠婷编写了第四章，陈春蔓、谢金苗编写了第五章，罗璋、杨辉编写了第六章，陈清华编写了第七章，黄锦华、王宇、罗璋编写了第八章，陈优、钟美平编写了第九章，申镇编写了第十章，黄曾可、姚宝晶、谢金苗、钟美平进行了文字校对及修订工作。在编写本书的过程中，编写团队还得到了广东创新科技职业学院人文教育学院向安强院长的大力支持，在此深表谢意！西安电子科技大学出版社明政珠编辑为本书的出版工作付出了辛勤的劳动，在此也向她表达真挚的谢意！

在编写本书的过程中，编者学习、参考和借鉴了一些优秀的文献，在此谨向相关作者和出版单位表示衷心的感谢！

由于编者水平有限，书中难免存在不足之处，恳请广大读者批评指正。

编　者
2023 年 6 月

目　录
CONTENTS

上篇　理论篇

第一章

悄然走进劳动教育的世界——劳动教育概述

▶▶▶ ▪▪▪ 本章导读

　　劳动教育是中国特色社会主义教育制度的重要内容，直接决定社会主义事业建设者和接班人的劳动精神面貌、劳动价值取向和劳动技能水平。劳动教育能使学生树立正确的劳动观，培养劳动技能，养成劳动的习惯，具有树德、增智、强体、育美等综合育人价值。因此，新时代大学生劳动教育肩负着观念培育的重大责任，广大师生应正确理解劳动教育的概念、内容与意义。

　　本章重点阐述劳动教育的指导思想、重要意义和基本内容，以期广大青年大学生可以更加深刻地理解劳动的本质，认清劳动与社会发展的关系，以科学、理性的态度对待劳动、劳动者及劳动方式。

第一节　大学生劳动教育的思想遵循

学习目标

1. 认真理解马克思主义劳动学说。
2. 认真领悟习近平新时代中国特色社会主义思想。
3. 认真解读教育部文件中关于劳动教育的指导思想。

新时代劳动分工越来越精细化，劳动的内涵日益丰富，劳动的精神面貌发生了较大的改变。了解当代大学生劳动教育的思想遵循，有助于进一步了解劳动内涵、理解劳动意义，有利于培育新时代大学生正确的劳动价值取向。本节根据马克思主义劳动学说、习近平新时代中国特色社会主义思想、教育部相关文件等，提炼并分析以上思想中有关劳动教育的内容，引导大学生正确认识劳动的本质与价值。

一、马克思主义劳动学说是大学生劳动教育的基本导向

劳动教育是马克思主义教育思想的基本点，是党和政府始终坚持不懈的教育方针。教育与生产劳动相结合是马克思主义教育学说的基本原理，也是我国坚持社会主义教育方向的一项基本措施，对培养全面发展的社会主义事业的建设者和接班人有极其重要的意义。

马克思主义劳动学说是指马克思主义关于劳动在人类的生产、人和人类社会的形成和发展中地位和作用的学说。马克思主义劳动学说从劳动能力的整体性出发，提出通过劳动来实现人的自由全面发展，不仅强调劳动在树德、增智、强体、育美中发挥的作用，更注重人的劳动能力在劳动教育的过程中得到全面、和谐、充分的发展。

马克思主义劳动观认为，劳动不仅创造了人，而且是人类赖以生存、发展的决定力量。正如马克思所说："劳动首先是人和自然之间的过程，是人以自身的活动来引起、调整和控制人和自然之间的物质变换的过程。"人类生命的存在依靠的是人的自为和自然长期的复杂演化，人类生命的延续则是人类通过自身的创造性劳动所产生的一项伟大成果，人类社会中的一切物质都离不开人的劳动实践。在马克思看来，构成人类赖以存在的现实世界的关键要素之一正是人的劳动，而且这种劳动并不是抽象层面的劳动，而是作为人类实践活动最基本形式的"生产劳动"，这是区分人与动物的关键。因此，劳动是人类赖以生存的首要前提，劳动创造了人和人类社会，劳动创造了世界，劳动创造了历史。劳动作为人类才具有的自由创造性活动，蕴含了发展人和发展社会的教育主旨，进而为劳动教育促进人的发展和社会进步奠定了实践的逻辑根基。

"教育与生产劳动相结合"是马克思主义教育思想的精髓。工业革命是近代科技发展的开端。一方面，工业革命推动了社会生产力的发展，为现代社会的发展创造了基础条件；另一方面，工业革命为教育与生产劳动相结合提供了可能性。教育与生产劳动相结合的科学性论述正是马克思通过考察工业革命时期资本主义经济制度所提出的。马克思发现，在资本主义条件下，工人阶级及其子女的教育存在很大阻碍，长时间的超负荷劳动，使得工人及其子女没有机会学习自然科学和实用性技术，大多数未成年劳动者只能学习简单的基础性技术，重复单一的技术操作，无法接触到技术原理的知识，漫长的一生只能被迫从事一种职业。在这一时代背景下，马克思提出应对资本主义社会的劳动进行改造，将教育和生产劳动相结合，让每一个劳动者都能够在劳动实践中接受教育，恢复劳动者劳动能力的完整性，促进人的全面发展。

马克思以"劳动"为出发点和主线，发现了劳动在人和人类社会产生与发展中的重要作用，系统阐释了马克思主义劳动学说，揭示了其中蕴含的劳动教育思想的深刻内涵。大学生是劳动教育的主要受众，是劳动教育的主力军，可以说，马克思主义劳动学说是新时代大学生劳动教育的理论依据与基本导向。

二、习近平新时代中国特色社会主义思想是大学生劳动教育的根本遵循

2018 年 9 月 10 日，习近平总书记在全国教育大会的讲话中强调"要在学生中弘扬劳动精神，教育引导学生崇尚劳动、尊重劳动，懂得劳动最光荣、劳动最崇高、劳动最伟大、劳动最美丽的道理，长大后能够辛勤劳动、诚实劳动、创造性劳动"，并指出"要努力构建德智体美劳全面培养的教育体系"。党的十八大以来，习近平总书记多次围绕劳动进行深刻阐述，丰富和发展了马克思主义劳动观，为新时代大学生劳动教育指明了方向。

在劳动价值方面，习近平总书记强调，"劳动是财富的源泉，也是幸福的源泉"。大学生劳动教育具有独特的育人价值，是大学生在校期间树德、增智、强体、育美的关键环节，"劳动是一切成功的必经之路"。青年大学生是社会主义事业的建设者和接班人，个人的幸福需要通过劳动实践获取，牢固树立劳动是创造价值的唯一源泉的观念。"民生在勤，勤则不匮"，勤劳是中华民族的传统美德，只有辛勤劳动才能创造更多财富，也唯有辛勤劳动才能创造美好的生活和未来。可见，"劳动是人类的本质活动，劳动光荣、创造伟大是对人类文明进步规律的重要诠释"。

在劳动理念方面，习近平总书记强调"一勤天下无难事"。勤能补拙，没有人是完美的，一个天资不聪慧的人，只要肯付出，坚持辛勤劳动，一定能获得硕果。从古至今，懒必致败，无论是修身立德还是为人处世，"一勤天下无难事，一懒世间万事休"。作为新时代的大学生，必须牢固树立"劳动最光荣、劳动最崇高、劳动最伟大、劳动最美丽"的观念，身体力行，主动激发自身的劳动热情，释放出自身的创造潜能，在学习和生活中善于思考，树立终身学习的理念；遇到任何困难，应积极思考、主动探究，寻找问题本质，找出解决问题的办法。此外，习近平总书记还提到"全社会都应该尊敬劳动模范、弘扬劳模精神，让诚实劳动、勤勉工作蔚然成风"。劳动谓之神圣，劳动者谓之崇高，劳动不分贵贱，职位不分高低，新时代每一位劳动者都应被致

以崇高的敬意。

在劳动精神方面，习近平总书记高度重视精神在劳动中的引领作用。2020 年 11 月 24 日，习近平总书记在全国劳动模范和先进工作者表彰大会上的讲话中指出，"在长期实践中，我们培育形成了爱岗敬业、争创一流、艰苦奋斗、勇于创新、淡泊名利、甘于奉献的劳模精神，崇尚劳动、热爱劳动、辛勤劳动、诚实劳动的劳动精神，执着专注、精益求精、一丝不苟、追求卓越的工匠精神。劳模精神、劳动精神、工匠精神是以爱国主义为核心的民族精神和以改革创新为核心的时代精神的生动体现，是鼓舞全党全国各族人民风雨无阻、勇敢前进的强大精神动力"。广大青年大学生应主动向全国劳动模范和先进工作者学习，因为他们是千千万万奋斗在各行各业劳动群众中的杰出代表，在平凡的岗位上创造了不平凡的业绩，以实际行动诠释了中国人民具有的伟大创造精神、伟大奋斗精神、伟大团结精神、伟大梦想精神。

"劳动创造幸福，实干成就伟业。"习近平新时代中国特色社会主义思想是大学生劳动教育的根本遵循。迈向全面建设社会主义现代化国家新征程，需要弘扬劳动的时代价值，弘扬新时代劳动精神的价值，以劳动教育培育时代新人，为全面建设社会主义现代化国家提供人才支撑。

三、教育部文件指导思想是大学生劳动教育的必然要求

党的十八大以来，以习近平同志为核心的党中央把职业教育摆在了前所未有的突出位置。职业教育和普通教育虽是两种不同的教育类型，但二者在我国的教育体系中具有同等重要的地位。当前，我国正处于决胜全面建成小康社会和建成社会主义现代化强国的历史交汇期，2035 中长期目标和 2050 远景目标对开展职业教育的各级各类院校提出了新的更高要求。各级各类职业院校是我国大力发展职业教育的主要阵地，而劳动教育关系着新时代高素质技术技能型人才的培育。

为强化广大青少年的劳动意识、提升劳动品质，2020 年，中共中央、国务院相继发布《关于全面加强新时代大中小学劳动教育的意见》(以下简称《意见》)与《大中小学劳动教育指导纲要(试行)》(以下简称《指导纲要(试行)》)，指出培养新时代的社会主义建设者和接班人应从加强劳动教育入手。相较于 2015 年的《关于加强中小学劳动教育的意见》，《意见》和《指导纲要(试行)》进一步突出了大学生劳动教育的重要性与必要性，因此更加凸显全程育人的特征，更加贴近构建全面教育体系的要求。《意见》强调劳动教育是中国特色社会主义教育制度的重要内容，要全面贯彻党的教育方针，坚持立德树人，把劳动教育纳入人才培养全过程，贯通大中小学各学段，贯穿家庭、学校、社会各方面，把握育人导向，遵循教育规律，创新体制机制，注重教育实效，实现知行合一，促进学生形成正确的世界观、人生观、价值观。

综上，劳动教育应牢牢把握相关指导思想，立足于新的时代背景，紧紧抓住"劳动育人"这一核心，围绕劳动教育的育人本质，明确大学生劳动教育在新时代境遇下的重要作用和根本地位，明确新时代大学生劳动教育与合目的性以及合价值性的实践逻辑，使大学生真正领悟劳动教育的育人本质，进而给予大学生劳动教育应有的认可与尊重。

任务演练

1. 参与大学生劳动教育讲座，并撰写心得体会。

2. 尽管近年来劳动教育在实践育人方面取得了一定成效，但仍出现了部分大学生劳动意识淡薄、劳动能力欠缺、追求享乐主义等现象。试结合身边的例子，说说这些现象产生的原因，并尝试分析解决这些问题的路径。

第二节　大学生劳动教育的重要意义

学习目标

1. 正确理解当代大学生的劳动价值取向。
2. 深入理解大学生劳动教育的重要意义。

大学生劳动教育是新时代党对教育的新要求，是中国特色社会主义教育的重要内容，是全面发展教育体系的重要组成部分，直接决定社会主义建设者和接班人的劳动精神面貌、劳动价值取向和劳动技能水平。大学生劳动教育是学校教育与社会生活、生产实践相联系的一种社会性教育，使学生能在真实的生活世界和职业世界里以动手实践的方式认识世界，从而获得有积极意义的价值体验，学会建设世界、塑造自己，实现树德、增智、强体、育美的目的。由此，大学生应充分理解劳动教育的重要意义，正确理解新时代大学生的劳动价值取向，努力促进自身自由、全面发展。

一、劳动教育是实现中华民族伟大复兴中国梦的必然要求

"青年兴，则国兴；青年强，则国强。"青年大学生是国家的中坚力量，是最坚实的强国之基。因此，青年大学生不但是国家繁荣的基石，更是一个国家富强的命脉。新时代是全体中华儿女勠力同心、奋力实现中华民族伟大复兴中国梦的时代，有理想、有本领、有担当的时代新人是实现这一伟大梦想的关键和保障，劳动精神是实现中华民族伟大复兴的强大精神动力。因此，劳动教育在造就时代新人、助力中华民族伟大复兴的征程中发挥着不可替代的作用。

中华人民共和国建立初期，因国家建设的需要，"教育与生产劳动相结合"是当时的主流，劳动教育为生产建设而服务。在全面建设社会主义时期，为了坚定建设社会主义国家的方向，劳动教育开始与思想改造联系在一起，此时劳动教育的作用被过度夸大，成为服务阶级斗争的工具。直至改革开放，我国的教育事业与人才培养进入新的发展阶段，教育方针发生了巨大变化，劳动教育才正式发挥起了培养社会主义事业建设者和接班人的作用，即适应当时的经济发展需要，着力培养为经济发展服务的现代化建设人才。进入新时代，劳动教育着重培育学生的劳动素质、劳动价值观念，强调德智体美劳的全面发展。无论是生产力低下的时期，还是社会生产快速发展期，或是物质资源丰富、全面建成小康社会的新时代，劳动教育一直都在我国教育事业版图中占据着重要地位。

中华民族伟大复兴中国梦的实现依靠的是各行各业的辛勤劳动者和全社会寄予厚望的

时代新人，距离民族复兴的梦想越近，越需要提高广大劳动者的综合素质。在以人工智能为引领的新时代，青年大学生需要掌握过硬的本领，快速成长为拥有扎实专业技能、自主创新能力和高度社会责任心的高素质劳动者，成长为一名符合新时代发展需要的新型劳动者，进而能够承担起建设社会主义现代化强国与实现中华民族伟大复兴中国梦的历史重任。

二、劳动教育为新时代大学生的劳动价值取向指明了方向

大学生劳动教育旨在培养大学生形成对劳动实践的认同，学会对劳动精神的传承和对劳动文化的传播。劳动教育是培育大学生敬业观与劳动观的现实途径，只有通过一定的劳动实践，才能真正将劳动精神、劳模精神和工匠精神内化于心、外化于行，在劳动实践的过程中"知行合一"、爱岗敬业。

当代大学生要想正确理解劳动的意义及价值，首先应当拥有正确的劳动价值观念，即在学习、生活和职业劳动中端正思想，改变不劳而获、崇尚暴富、贪图享乐等不当劳动思想，摒弃看不起基层劳动者、不珍惜其他劳动者的劳动成果等不当的劳动观念，树立劳动是创造价值的唯一源泉的观念。其次，大学生应正确认识劳动，积极参与劳动实践，在实践中明白"知行合一"的道理。一个人想要进步和成功，必须亲身参与劳动，在日常生活劳动、生产劳动和服务性劳动实践中追求自身发展。最后，大学生应当深入感受劳动教育的意义，认识到劳动教育有助于培育和践行新时代敬业价值观。

纵观历史发展脉络，中华文明五千年生生不息，离不开一代又一代人的勤劳奋斗。现代中国从站起来到富起来，再到强起来的灿烂辉煌，是一代又一代的劳动者实干、苦干和巧干的劳动成果，爱岗敬业的劳动精神已经深深地刻进了每一代劳动者的基因里，值得我们用心品味并传扬。

三、劳动教育促进新时代大学生的自由全面发展

"人的自由全面发展"是马克思主义的终极目标，劳动是实现这一目标的动力源泉。新时代劳动教育将促进大学生的自由全面发展。在飞速发展、与时俱进的新时代背景下，当代大学生的自由全面发展获得了更有利的条件，而劳动教育正是帮助大学生实现树德、增智、强体、育美的重要途径与主要渠道，有助于实现青年大学生的自由全面发展。

关于树德，正如苏霍姆林斯基所说："劳动是道德之源，是道德素养的本源，是精神素养的基础。"劳动不但创造了人本身，也创造了社会和社会关系，创造出了人的道德。"劳动是人类道德起源的第一个历史前提。"劳动能树德，品德修养是一个人的立身之本、成才之要，一个人只有明大德、守公德、严私德，才能用得其所。

关于增智，劳动作为一种创造性活动，是一切知识和经验的源泉。劳动实践是"知行合一"的过程，"手脑并用"才能熟练掌握一项劳动技能。大学生在劳动过程中不断地试错和纠错，从而促进其大脑进行思考，学会利用自身的认知创造性地解决问题，把握"实践出真知"的方法和原则，最终促进智力的发展。

关于强体，正所谓"欲文明其精神，先野蛮其体魄"。一直以来，人们对劳动的认识仅仅是体力劳动，认为劳动只是通过人类自身的力量和肢体协调参与劳动实践的过程。这种观念虽是对劳动的不完全认知，但其中所强调的"强身健体"的理念具有重要意义。适

当的体力劳动能够促进人的骨骼生长和肌肉活力，改善血液循环，促进新陈代谢，优化生理机能，有助于培养健康体魄，是实现人的自由全面发展的应有之义。

关于育美，马克思在《1844年经济学哲学手稿》中提出了"劳动创造了美"的观点，科学地揭示了美的根源在于劳动，反映出劳动之美是合规律性与合目的性的有机统一。在现代社会里，劳动是个体谋生的基本手段，也是培养质朴勤劳的审美志趣的重要方式。劳动教育有助于树立大学生正确的审美观念，丰富大学生的审美体验，推动大学生勇于追求更有高度、更有境界和更有品位的美好人生。

新时代劳动教育是实现立德树人目标的根本遵循，也是锻造时代新人的重要抓手。大学生劳动教育是培育有理想、有能力、能关心集体和他人的社会主义公民的重要途径。为此，大学生应自觉塑造正确的劳动价值观，提升自身劳动技能水平，积极丰富自身精神世界，以实现德智体美劳的自由全面发展。

任务演练

1. 以小组为单位，结合生活实际，谈谈大学生劳动教育的意义体现在哪些方面。
2. 以自己的亲身经历为例，谈谈个人在劳动中最大的收获。

第三节　　大学生劳动教育的基本内容

学习目标

1. 了解大学生劳动教育的基本内容。
2. 重点把握新时代大学生劳动教育的四个层面。

新时代的教育使命赋予劳动教育以新的时代内涵。根据《意见》和《指导纲要(试行)》，新时代大学生劳动教育的基本内容包括劳动观念教育、劳动能力教育、劳动精神教育和劳动品质教育四个层面，其核心是要求大学生树立尊崇劳动的价值观，提高创新创造的劳动能力，养成诚实守法的劳动素养以及培养奋斗奉献的劳动精神。

一、劳动观念层面——树立尊崇劳动的正确价值观

人世间的一切幸福都从劳动中来，劳动观念影响着劳动者对事物的认知和价值取向。马克思主义劳动观是大学生劳动教育的指导思想，其思想指明了劳动在促进人们发展自身、改变命运、创造美好生活中的重要价值。当今社会中存在的一切不当劳动观念和畸形劳动行为，如幻想不劳而获、一劳永逸、好逸恶劳等错误思想，以及存在的轻视体力劳动尤其是看不起普通劳动者等现象都忽视了劳动的真正本质，这些思想和行为归根到底是没有树立马克思主义劳动观，只是简单地将体力劳动和脑力劳动对立起来。因此，大学生劳动教育的首要任务就是要培养学生具有正确的劳动价值观，帮助其树立尊崇劳动的价值观，做到尊重劳动、崇尚劳动、尊敬劳动者。

一是正确认识各类劳动的共同本质。劳动虽有分工不同，却无高低贵贱之分，仅在存在形式和表现方式上有所差异，但其本质都是人类的活动。无论是简单劳动、体力劳动，抑或复杂劳动、脑力劳动，都是人类认识世界和改造世界的活动，是人类发展和进步的根本力量。因此，不应区别看待分工不同的劳动，要尊重每一种劳动。

二是体会劳动创造美好生活的意义。劳动是创造价值的唯一源泉，大学生树立崇尚劳动的价值观，就是要树立"劳动最光荣、劳动最崇高、劳动最伟大、劳动最美丽"的观念，体会劳动创造美好生活的意义。马克思主义劳动观指出，劳动是创造一切物质财富和精神财富的活动，是人类文明进步发展的源泉，也是人们实现人生价值、走向幸福生活的前提条件。大学生应当通过辛勤劳动为自己创造物质财富和精神财富，丢掉所有不切实际的劳动幻想，抛弃一夜暴富的想法，循序渐进地劳动，才能更好地实现美好生活的目标。

三是树立尊敬劳动者的价值观。大学生对劳动者的尊重不应该因职业而有所差异，既

要尊重致力于基础研究的科研工作者，也要尊重保持城市环境整洁的环卫工人，树立尊敬劳动者的价值观。此外，大学生还应主动学习劳动者们热爱劳动、辛勤劳动、诚实劳动的精神，从劳动群众身上汲取智慧和力量，以塑造自身优良的劳动品质。劳动者是国家的主人，是生产力发展诸多要素中最为活跃和最富有创造性的要素。广大劳动人民是推动历史进步发展的主体力量，人类社会中的一切物质财富和精神财富都是由千千万万个劳动者创造出来的，任何一位兢兢业业的劳动者都值得尊重和鼓励，一切为了社会主义建设事业而自食其力的劳动者都是我们尊重的对象。

二、劳动能力层面——提高创新创造的劳动能力

劳动能力是指个体在从事劳动的过程中所体现出来的一种综合素质，是个体在劳动知识、劳动理念、劳动素养、劳动精神等方面的体现。大学生劳动教育是帮助大学生养成必备劳动能力的主要途径，而必备的劳动能力包括基本劳动能力、创造性劳动能力和团队协作能力。

基本劳动能力是指个体具有基本的劳动知识和劳动技能，即独立生存所需要的能力和知识。人们除学习系统的文化知识外，还能有目的、有计划地组织日常生活劳动、生产劳动和服务性劳动。日常生活劳动教育立足于对个人生活事务的处理，结合开展新时代校园爱国卫生运动，通过对个人生活能力和良好卫生习惯的培养，树立个体自立自强意识；生产劳动教育是指学生在工农业生产过程中直接经历物质财富的创造过程，体验从简单劳动、原始劳动向复杂劳动、创造性劳动发展的过程，学会使用工具，掌握相关技术，感受劳动创造价值，增强产品质量意识，体会平凡劳动中的伟大；服务性劳动教育是指大学生利用知识、技能等手段向他人和社会提供服务，在服务性岗位上见习实习，树立服务意识，提升服务技能，或是在公益劳动、志愿服务中强化社会责任感。

创造性劳动能力的培养需要借助一定的劳动任务。创造性劳动是个体为了发展需要，利用现有知识和物质，打破常规、突破现状进行再创造的创新实践活动。相较之重复性劳动，创造性劳动的本质在于"破"，核心在于"新"。创新是民族进步的灵魂，是一个国家兴旺发达的不竭动力，也是中华民族最深沉的民族禀赋。青年大学生是社会上最富活力、最具创造性的群体，理应走在创新、创造的前列。创造性劳动能力的培养主要依托于专业实习实训，譬如组织学生参与真实的生产劳动实践，在完成真实性、综合性任务中体验完整的劳动过程；或者是在校内组织模拟性劳动项目，让学生充分发挥自身的主动性、积极性与创造性，对项目实践进行整体构思，并学会综合运用所学知识、技术不断优化行动方案。

团队协作能力是大学生必备的劳动能力之一。新时代赋予青年大学生新的使命，社会主义伟大事业必然不能由某一个人完成，需要每一位时代新人的积极参与。因此，大学生必须具备一定的团队协作能力，以更好地适应新时代的发展需要。团队协作的本质是共同奉献，即每一个人都要最大化地利用自身的知识、经验和技能为团队目标的实现提供动力。协同合作是团队协作能力的核心表现，一个人是否具有团队协作能力，只需要观察这个人是否信任团队中每一个队员，是否能够给团队成员提供帮助。大学生团队协作能力的培养可以从校园生活开始，通过参加社团或组织活动、竞选班干部、参与技能竞赛团队等方式和途径来提升。

三、劳动精神层面——培养奋斗奉献的劳动精神

劳动精神是指个体在从事劳动的过程中所形成的，为个体所认同与追求的一种价值取向、思维方式、道德规范和精神气质的总和。党的十八大以来，习近平总书记多次强调要在全社会弘扬劳动精神，他将劳动精神从价值认同、情感认同、实践认同和道德认同四个层面概括为崇尚劳动、热爱劳动、辛勤劳动、诚实劳动四个方面。在《指导纲要(试行)》中，劳动精神包括勤俭节约、敬业奉献的优良传统和开拓创新、砥砺奋进的时代精神。前者是一个逻辑严密、层层递进的劳动精神体系，后者则是亟待弘扬的劳动精神。

劳动精神是从千千万万劳动群众身上提炼和升华出来的精神气质，是劳动者劳动意识、劳动理念、劳动态度、劳动习惯的集中展示。大学生作为时代新人，应当发自内心地热爱劳动并养成良好的劳动习惯；应当懂得社会生活中的一切产品和服务都是由劳动者勤奋敬业、埋头苦干、辛辛苦苦、勤勤恳恳地创造出来的；最终，在自身参与的劳动实践过程中努力做到恪尽职守、遵规守纪，内诚于心、外信于人，言行一致、诚实守信，从而达到内在道德修养与外在行为准则的统一。

新时代大学生劳动精神教育旨在帮助大学生培养奋斗奉献的劳动精神，包括吃苦耐劳的艰苦奋斗精神、精益求精的工匠精神以及淡泊名利、甘于奉献的劳模精神。其中，艰苦奋斗是中华民族的光荣传统，也是中国共产党的优良作风，更是劳动精神的底色。在实现中华民族伟大复兴的新征程上，必然会有艰巨繁重的任务，必然会有艰难险阻甚至惊涛骇浪，因此，新时代的大学生应发扬艰苦奋斗的精神。大学生在成长过程中一定会充满压力与坎坷、痛苦与挫折，但在新时代要拥有敢于拼搏、敢于挑战的勇气，要以不怕苦、不怕输的精神去面对一切困难，而拥有一往无前的勇气，才能更接近理想的目标，实现人生的价值。

从个人发展的角度来说，大学生也必须认真学习专业知识，积极参加专业实操训练，练就过硬的本领，用真才实学服务社会，以创新创造的精神贡献国家。随着科学技术的飞速发展，劳动和科技之间的关系越发紧密。自人工智能诞生以来，人类和智能机器人之间的岗位替代问题成为当今社会的热点话题。人类的工作是否会被智能机器人替代这个问题暂不探讨，但另一个问题必须要得到答案：人类是否能够应对当下科学技术创新所带来的岗位更新？答案是，人类必须能够应对！科学技术的不断创新促使劳动力市场对创新型人才求贤若渴，青年大学生作为未来的主要劳动力，必须在大学时期做好清晰的职业生涯规划，并且要不断提高创新能力以适应社会经济发展需求，才能在工业新时代奏响灿烂的人生篇章。

四、劳动品质层面——养成诚实守法的劳动素养

劳动品质是指个体在日常从事劳动的过程中所形成的修养，是一种良好的劳动习惯和劳动品格。它是个体在心灵深处经历自我认识与解剖、自我教育与提高后所达成的内在素质和境界；它作为一种无形的力量，约束着个体的劳动行为。青年大学生正处于世界观、人生观、价值观形成和稳定的"黄金期"，同时，思想上又是善于猎奇和充满不确定性的"危险期"，要想在大学时期养成良好的劳动习惯和品质，需要加强自身劳动意识的培养。

劳动意识的培养包括自觉劳动的意识、诚实劳动的意愿和守法劳动的意志三方面。

自觉劳动意识的养成主要源自人类自身对劳动的认知和理解，当个体生存受到威胁或难以维持时，为满足生理需求，人们一定会竭尽全力地劳动，创造出所需要的物质。对于青年大学生来说，自觉劳动意识的养成需要依靠自身意志来完成，可以通过缩减生活来源或约束自身劳动行为来实现，如主动要求父母减少生活费用，通过自身的劳动来赚取日常生活开销，或是通过将个人精力用于学习文化知识、苦练专业技能，减少不必要的生活支出等。

诚实劳动意愿是个体将劳动视为应尽的职责和义务并言行一致的道德状态。诚实是一种表里如一的道德品质。正如习近平总书记所说"人世间的美好梦想，只有通过诚实劳动才能实现；发展中的各种难题，只有通过诚实劳动才能破解；生命里的一切辉煌，只有通过诚实劳动才能铸就"。一些大学生将"一夜暴富""不劳而获""坐享其成"设定为自己的"摆烂法则"，这些显然是不想踏实劳动、不愿诚实劳动的虚幻想法。实践充分证明，一切不劳而获、少劳多获带来的幸福都是短暂的、虚幻的，在时间和生活的考验中终将化为泡影。青年大学生要用勤劳的双手和诚实的劳动来创造美好生活，拒绝投机取巧，远离自作聪明。大学生作为时代新人，做到诚实劳动不仅是劳动品质的重要方面，更是打造诚实守信的社会风尚和规范社会主义市场发展秩序的重要保障。

守法劳动的意志是个体自觉遵守法律规定从事劳动实践，守住合法底线、抵制非法活动的一种道德自律的状态。当今社会上出现的"电信诈骗""碰瓷""制造及销售假冒伪劣产品"等现象都是不诚实劳动的表现，这些现象不仅是对自身不负责任，更是违背了基本道德行为准则，更为严重者会触及法律规范的红线，而违规者必然会为此付出相应的代价。

总而言之，劳动品质教育旨在让大学生能够做到自觉自愿、认真负责、安全规范、坚持不懈地参与劳动，形成诚实守法、吃苦耐劳的优良品质和良好的消费习惯。

新时代承载新使命，新使命呼唤新教育。劳动是一切成功的必经之路，劳动教育是培育时代新人的新时代劳动观念、劳动能力、劳动精神和劳动品质的重要途径。青年大学生要想达到新时代发展要求，紧随新时代发展浪潮，在新时代中与时俱进，就必须通过诚实劳动、奋斗奉献和提升个人必备能力来促进自身的自由全面发展；唯有树立起尊重劳动、崇尚劳动的新时代劳动价值观念，才能与新时代发展需求紧密联系，在实现自身自由全面发展的同时肩负时代使命，勇担民族复兴大任。

任务演练

1. 如何理解马克思主义劳动思想中的"劳动创造了人和人类社会"？
2. 结合个人实际情况，谈谈新时代大学生应该具备怎样的劳动价值观。

第二章

劳动理念发出时代最强音——了解劳动内涵

▶▶▶▶ 本章导读

　　劳动是人类创造物质财富和精神文明的一种社会实践活动。劳动作为人类社会存在和发展的最基本条件，在人类生产活动中呈现出多样化的形式，同时在不同的时代中呈现出不同的形态特征，并且反映出某一时代的特征。新时代的大学生是实现中华民族伟大复兴中国梦的力量之源，应当积极响应时代的号召，深入了解劳动的内涵与实践路径，充分认识人类劳动之美，发出专属于新时代新征程的劳动之音。

　　本章重点阐述劳动内涵、劳动实践常规路径和劳动之美等基本内容，以引导广大青年大学生正确看待劳动，认识到"知行合一"是劳动的最高境界，能够从多个角度感悟劳动之美，进而树立劳动最光荣、劳动最崇高、劳动最伟大、劳动最美丽的新时代劳动理念。

第一节　　　　什么是劳动

学习目标

1. 了解劳动的释义与内涵。
2. 掌握劳动的形态与分类。

劳动的定义是丰富的，不同的人对劳动一词有不同的理解，进而诠释出丰富多彩的劳动内容。一般认为，劳动是指人类创造物质和精神财富的活动，包括体力劳动、脑力劳动。简单来说，劳动是一种活动，一种需要某种技能或方法的活动。因此，在深入理解劳动教育之前，需要对劳动的内涵作出统一界定，从而提高青年大学生的劳动意识，使其成为真正理解劳动的新时代劳动者。

一、劳动的基本含义

劳动是人类特有的一种有意识、有目的的社会活动。劳动是指人类利用自己的肢体、肌肉和大脑对自然物质进行调整、控制以及进行信息交换的过程，因此，劳动也是人类的生存方式和社会发展的基础。关于劳动的解释很多，譬如在《说文解字》中，许慎从古代农业生产角度来解说"劳动"这一概念，认为"劳(勞)，剧也……用力者劳"，"动，作也"，即偏指农耕社会中传统意义上的体力劳动。在现代社会中，随着劳动生产力的发展，传统意义上体力劳动、脑力劳动的划分难以成立，因此，马克思提出"劳动"是指人有目的地用自己的体力和智力改变自然物，使之成为满足人类生活所需要的物品的活动。马克思的劳动理论体现出劳动并不是单一的肢体活动，也有智力参与其中。因此，劳动不只是简单的体力劳动，在理解劳动时要避免将体力劳动与脑力劳动机械地割裂开来，要正确认识到劳动是体力劳动与脑力劳动二者的和谐统一。

劳动是人类所特有的实践活动，需要依靠人的主观能动性和创造性来实现。现代社会的劳动有广义和狭义之分。广义的劳动除了生产和生活中的劳动，还包括现代社会延伸出来的新形式劳动，如高新科技领域中的数字劳动、情感劳动、服务劳动等；而狭义的劳动仅指生产和生活中的劳动，它是人类活动的一种特殊形式，是指具有一定劳动知识和技能的人或人群为获取劳动成果而使用劳动工具对外部对象进行改造的活动，如农业耕种、修建房屋、居家清洁等劳动。

二、劳动的形态

劳动形态是指人类作用于自然界，在人类生产活动中所采取的表现形式。传统的劳动形态包括物质劳动和非物质劳动。其中，物质劳动是以劳动工具为手段，以自然资源为对象，目的是创造满足人类生产生活的物质产品；非物质劳动是指不直接创造物质财富的服务型劳动。从劳动的角度看，人类社会发展史实际上就是一部人类改造自然的劳动发展史。人类和劳动不是从来就有的，劳动创造了人和人类社会，劳动伴随着人类的发展。在人类由古猿演化为一个特殊生物种群的过程中，劳动起到了决定性的作用。劳动在创造人和人类社会的漫长过程中，从刀耕火种时期的原始劳动形态逐渐过渡到了现代文明社会的新式劳动形态。

(一) 劳动形态的前期演变

古希腊哲学家色诺芬尼提出："假如牛、马和狮子有手，并且能够像人一样用手作画和塑像的话，它们就会各自照着自己的模样，马画出、塑出马形的神像，狮子画出、塑出狮形的神像了。"这段话清晰地阐述了人和自然界其他动物的区别，人的活动具有主观能动性，能够利用自身的优势创造自己和改变自己，而动物不具有能动性，它们的活动只是在适应环境过程中表现出来的个体积极性，它们能在一定范围内按照环境中的变化因素与自身的生存关系来调节自己的活动，以保证有机体的生存和发展。这种纯粹的本能活动是劳动形成过程中的原始阶段。在古猿还未启智的远古时期，其生存方式与其他生物一样，其活动属于原始的本能性活动，需要借助天然的工具来获取水、食物和防御敌兽，简单地对天然物质进行加工，以满足基本生理需要和获取一定的生存物质。这些活动反应逐步"常态化"，进而演化成一种与生俱来的能力，并通过基因遗传了下来。因此，这一时期的活动、运动及肢体的摇摆都是为了适应当时的生存环境，都属于"前人类的劳动"，并不具备真正的劳动形态。

随着人类意识的觉醒、思维的发展，前人类的生理结构得到发展，手脚逐步从原始四肢中解放出来，大脑也逐渐发展完善，群体协作能力增强；猿类慢慢地进化，逐渐具有了"社会本能"，能够有意识地改造天然物质，通过打磨、简单拼接的方式组装出各种各样的较低级的劳动工具，如石头刀、石叉等。劳动从不具备真正的劳动形态的"前人类的劳动"过渡到了具有劳动雏形的"早期人类劳动"。

伴随着社会的发展和自然环境的变化，人类的劳动逐步从原始社会的劳动形态中分离出来。人类能够参与一些过程复杂的活动，譬如农业生产、房屋建造、畜牧养殖等，并能够有意识地更新和制造农业生产工具，利用草木纤维编织衣物以遮盖躯体。因此，这一时期的人类劳动逐渐发展为相对高级的劳动形态——手工劳动，即能够利用手脚和有智慧的大脑进行纺织、冶金、制陶等实践活动。手工劳动的出现，开启了人类的创造历程，将人和动物完全区分开来，人类开始有意识、有目的、有计划地利用和改造大自然，同时通过这种能动的活动发展人的精神，促进人的自我实现。

在手工劳动时代后期，机器劳动的技术已经萌芽，这种萌芽体现在机械工具的发明上，譬如人们发明出车轮、杠杆、滑轮、螺旋和车轴五类简单机械。但由于劳动生产力条件的限制，这些低级的劳动工具并不能完全代替人类劳动，人类依旧与自然界直接联系着。

随着欧洲文艺复兴的兴起，宗教改革、启蒙运动以及资产阶级革命等一系列社会运动相继开展，西方的社会形态与社会关系在近代发生了巨大的变化。资本主义生产方式刺激了科学技术在生产中的广泛应用，引发了近代以来的四次科技革命，进而引起人类劳动形态的深刻变革。

18 世纪 60 年代，英国发起的技术革新成为人类进入机器劳动时代的第一次巨大革命，随后蒸汽机的改良则推动了机器的普及以及大工厂制的建立，进一步推动了交通运输领域的革新，而科学革命中的经典物理学理论也开始运用在各类机器发明中。从此，机器劳动逐步取代手工劳动，成为主要的劳动形态。经历一百多年的"蒸汽时代"后，人类社会的生产力发展又出现重大飞跃，随着欧洲国家和美国、日本的资产阶级革命或改革的完成，社会经济进一步发展。进入 19 世纪 60 年代，随着第二次工业革命的蓬勃兴起，人类进入电气时代，信息革命、资讯革命达到顶峰，管理型劳动开始出现。专业的管理型劳动使体力劳动在机器生产中高度"去技能化"，并且最大范围地规范了机器生产形式。因此，在第二次工业革命中，人与机器的关系在本质上并没有改变，人所进行的依然是重复的机械性劳动，但是这种劳动变得更为规范化和科学化。总的来说，第一、第二次工业革命时期的劳动形态包括手工劳动和机器劳动，这两种劳动形态都属于"人类劳动发展期"。

进入 20 世纪四五十年代，以进化论、相对论、量子论等科学革命为先导，在美国率先出现了以原子能技术、航天技术、电子计算机技术的应用为代表的第三次科技革命。随着电子计算机的迅速发展和广泛应用，全球信息和资源交流变得更为迅速，人类社会开始进入信息时代。20 世纪 70 年代以来，以个人计算机、互联网、人工智能等为代表的信息技术又掀起了第四次科技革命。随着生产的自动化和智能化，后两次科技革命与前两次科技革命不同，使人开始从事情感性和知识性劳动，人类自此开始从事"现代社会真正的劳动"。

总的来看，人类社会的劳动形态经历了两次迭代过程，第一次是从手工劳动到机器劳动，第二次是从机器劳动到智能劳动。从劳动形态的更迭来看，高级形态的劳动方式和生活方式是从较低一级的劳动方式和生活方式发展而来的，并非简单的新旧转换的过程，而是旧的劳动形态被淘汰或进行适应性调整后，与新的劳动形态交融并存的过程。

(二) 劳动形态的新变化

随着人类文明的进步、生产力的提升以及生产关系的不断调整变化，人类的劳动形态也在不断迭代和更替，劳动者、劳动工具、劳动对象都伴随社会的发展而发生了根本变化。劳动形态的新变化主要表现为以下几个方面。

一是科技劳动成为第一生产劳动。当今科学技术已经广泛渗透到经济和社会生产的各个环节，并且成为推动经济发展的决定性因素，因此，科技对经济发展起第一位的变革作用；同时，科学技术通过作用于生产力的其他要素而发挥重要作用，从而在生产力诸要素中成为主要推动力量。而随着现代社会的发展，科技使管理日趋现代化、科学化与高效化。例如，在 2017 年，菜鸟网络全面启动机器人仓库，采用智能机器人自动化分拣作业的模式，极大地提高了工作效率。目前，很多常规性的工作都可以依托"机器人+物联网"的生产线来完成；通过这样的生产工作模式，可从整体上大幅提升企业的生产效率。例如，采用数字化车间和智能化装备可以完成许多重复性强、劳动强度大以及危险性较高的工作任务，比如包裹分装、机械装配以及高温或高空环境下的危险作业等工作。因此，机器的重要性不言而喻。随着大数据和人工智能的发展，社会的生产发展进入了智能经济时代。智能经济时代使劳动朝着自动化、无人化和智能化方向发展。同时，劳动者技能极化的发展趋势也愈加明显，表现为：可程序化、可编码的劳动技能均可被智能劳动替代而非程序化的、急需创新性的高技能劳动需求将会越来越旺盛，有些并不属于高技能劳动、无法程序化的初级劳动需求也会增加。劳动力市场的就业结构表现为高技能和低技能劳动力需求增加，而中端技能型劳动力有可能逐渐被人工智能替代。

二是经营管理劳动成为重要的劳动形态。经营管理劳动的出现反映出生产规模扩大对规范化、标准化管理的需要。从企业的外部结构变化看，大量铁路、通信领域的股票和债券的发行使企业拥有众多股东，但又不可能让每个股东亲自管理企业，这就使企业的所有权与管理权分离成为可能。而从企业内部的管理看，生产规模的扩大使管理工作不仅繁多而且复杂，一方面需要对企业进行具体管理，组织和协调产供销各个环节，确保企业高效运行；另一方面还需要对企业进行宏观把控，对企业长远发展战略进行合理规划。因此，无论是企业的外部结构变化还是内部管理需求，都需要在所有权与管理权相分离的前提下，由专门经过训练和具有特定技能的职业经理从事管理工作。所以说，经营管理劳动是一种复杂的、特殊的脑力劳动，在现代经济中的重要性日益凸显，在价值创造中的作用越来越大。

三是精神生产和服务业的劳动日益重要。当前，劳动的新形态不断涌现，特别是高科技、消费型、创新型、复合型的劳动样态最为突出。这些新的劳动样态无论是在经济总量中的占比，还是从业人员的规模，或是对于社会发展的推动作用与对于个人物质和精神生活满足的程度等诸多方面，都日渐凸显其价值。第一、第二产业在国民经济中所占的比例呈下降趋势，第三产业所占比例则逐渐上升，在现代经济中的占比越来越大，因此也具有越来越重要的作用。

但是，人类社会的劳动形态不是一成不变的，每个时代都会出现符合其时代特征的劳动形态，劳动形态的变化会影响广大劳动者的劳动理念、劳动方式和对劳动的态度。现代社会生产力的发展离不开日益更新的科学技术，而知识和创新是当下社会经济发展、产业进步的核心要素，精神生产正是人类利用知识进行创新、创造的主要活动，可以满足人们在精神文化生活上的需要，丰富人们的精神世界，为构建和谐社会提供精神动力。

三、劳动的一般分类

随着社会生产力的发展和劳动分工的变化，劳动的表现形式呈现出不同的种类。一般根据劳动的过程、对象、产品等要素的不同，将劳动划分为相互关联的四对范畴、八个方面——体力劳动和脑力劳动，简单劳动和复杂劳动，生产劳动和服务劳动，常规劳动和创新劳动。

(一) 体力劳动和脑力劳动

体力劳动是指以人体肌肉与骨骼的劳动为主，以大脑和其他生理系统的劳动为辅的人类劳动。它以消耗人体体力为主，以运动系统支配人类肢体的协调发展来实现劳动过程。一般把从事体力劳动的人称为体力劳动者，如以生产生活资料和生产资料为主的农民、服务员、建筑工人和环卫工人。其主要特征表现为：以消耗个体体力为主，在特定的环境中完成劳动，劳动过程中所消耗的体力比较容易恢复。

与体力劳动相对的是脑力劳动，它是以消耗脑力为主的人类劳动，也是质量较高的复杂劳动。脑力是指人类能够认识事物并运用认知创造性地解决问题的能力，是人类所拥有的能力的高级形态，如学习、科学研究、医生治病和演员的表演过程等都属于脑力劳动。其特点表现为：创造性是其根本特征，具有广泛的知识性，不受客观环境的限制。

在现实生活中，体力劳动与脑力劳动既有联系，也有区别。一个劳动过程常常是体力劳动与脑力劳动的结合，是二者的和谐统一——体力劳动是脑力劳动的基础和支撑，脑力劳动是体力劳动的主导和前提，二者不可分割。体力劳动和脑力劳动也是有区别的，具体如下：

(1) 从外在表现来看，体力劳动是在外在器官活动的过程中实现的，比如通过个体的手、脚、胳膊、腿等器官的协调统一活动来完成劳动过程，因此其劳动过程是外显的，是看得见的，是能够被监督的。脑力劳动则是通过大脑的内部活动实现的，是通过大脑运算、推理、思考等活动完成劳动过程的，因此其劳动过程是内隐的，是难以显现出来的，是不容易被监督的。

(2) 从劳动成果来看，体力劳动的成果是显而易见且能够被鉴定的，比如搬运了50千克货物、生产了50个零件、组装了一套桌椅等，这种劳动成果是能够被量化、被客观鉴定的。脑力劳动成果则主要关注劳动所产生结果的质量，是难以被量化的，比如对宏观经济和微观经济的管理、组织生产、调节生产关系与生产力之间的矛盾、调节生产力内部的矛盾等，劳动成果表现为国家、社会部门、企业等单位管理水平的提高。

(3) 从生产价值来看，体力劳动消耗的是人的体能，但体能是有限的，比如耐力、负重力等，因此，体力劳动的生产能力受制于人的体能。脑力劳动的能量和潜力是可以不断被挖掘和发展的，不会受制于人的体能，因此是无限的。

(二) 简单劳动和复杂劳动

简单劳动和复杂劳动是物质资料生产过程中耗费的人类劳动的一对范畴。

简单劳动是指在一定的社会条件下，不需要经过任何专门训练的、一般劳动者都可以胜任的劳动，如砍柴、掘土、提水等活动。简单劳动的范围和性质划分不是固定不变的，而是相对的、不断变化的，并且在不同的国家或同一个国家的不同历史时期会具有不同的性质。简单劳动作为社会平均劳动，是社会必要劳动量的计量单位；在资本主义商品生产中，劳动力商品的价值也以简单劳动为计量单位。

复杂劳动是指需要经过专门训练的、具有一定科学文化知识和技术专长的劳动者才能从事的劳动，如钟表修理、机器制造、工程设计等活动。人类在生产活动中脑力和体力的耗费在性质上是相同的，但在复杂程度上是有差别的，比如钟表匠的劳动比磨面工人的劳动更为复杂。在同样的时间内，复杂劳动所创造的价值大于简单劳动，复杂劳动是自乘的或多倍的简单劳动，一个小时的复杂劳动等于若干个小时的简单劳动。在商品交换的过程中，为了确定和比较复杂程度不同的劳动生产的产品的价值量，要以简单劳动作为统一的计算单位，把复杂劳动折合为简单劳动，而复杂劳动折合为简单劳动的比例是在无数次交换过程中自发形成的。由于同样时间所消耗的复杂劳动能比简单劳动创造更多的价值，因此在计算商品价值量时，各种复杂劳动都要折合为简单劳动。这种折合计算是通过市场竞争在生产者背后自发进行的，但由于生产技术和科学文化的发展水平不同，各国简单劳动的平均水平也不同。

简单劳动和复杂劳动的区分是相对的，主要是由社会分工和科技发展水平的差别及其在生产中的应用程度决定的。随着科学技术的进步和文化教育水平的提高，过去的复杂劳动可以转变为现在的简单劳动。当然，在任何经济发展阶段，都会存在复杂劳动与简单劳动的区分。在以信息化和自动化为特征的现代生产中，直接从事体力劳动的工人比重大幅减少，而从事脑力劳动的科技人员和管理人员的比重则大幅上升。因此，复杂劳动在劳动中所占的比重不断增大，复杂劳动所创造的价值在社会总价值中的比重也不断增大。

(三) 生产劳动和服务劳动

生产劳动是指劳动者利用生产资料创造物质财富的劳动。生产劳动包括：一切生产领域中劳动者的劳动；作为生产过程在流通领域中的继续，如包装、加工、保管等劳动；各种生产劳务，如货物运输等。在这些领域工作并直接参加上述生产过程的工程师和技术人员的劳动，也是生产劳动。生产劳动能够为人类提供基本的吃、穿、住、行等生活和生存资料，是人类首要的、最基本的实践活动，因此，生产劳动也是人类社会存在和发展的基础。

服务劳动是指在从事服务生产和经营活动过程中，劳动者运用特定的设备和工具，直接满足消费者对服务产品的需要的劳动。服务劳动有广义和狭义两种概念。广义的服务劳动，把社会的分工与协作都看成为彼此提供服务。狭义的服务劳动同农业劳动、工业劳动和商业劳动等专业劳动相并列，是社会分工的产物，因而服务劳动亦称为服务业劳动。服务劳动的特点是劳动者以其创造的效用直接满足消费者的需要。服务劳动者在创造某种效用的时候，虽然耗费了物质资料和活劳动，但其劳动成果大多不凝结在某种实物上，即没有物化的结果。例如，旅店业的劳动者为接待旅客住宿，付出一定的物质消耗和活劳动的消耗，使旅客的需要得到了满足，但没有留下任何实物，这是典型的服务劳动。也有一部分服务劳动为消费者提供服务后，物质消耗和活劳动消耗也物化在一定的实物上，但不表现为实物产品的售卖，而表现为一种劳动交换活动。例如，成衣店为顾客加工衣服，走街串巷的木工为顾客制作家具，弹棉花的工人为居民加工被套，等等。

(四) 常规劳动和创新劳动

常规劳动是指人们利用已有的知识、经验和技能以常规的方式对劳动对象进行加工或者改造的劳动。其价值创造过程是通过消耗个体生命以生产为他人服务的商品而建立社会关系的微观过程。创新劳动是指突破劳动惯常的新的思维方式、生产方式与组织方式，创造和运用全新的思维观念、科技知识、工艺设计及方式方法所进行的创造性劳动。创新劳动的表现形式就是技术、知识、思维的革新，就是人们有目的地进行创造性劳动。人们熟知的自主劳动、高科技含量劳动和成果回归劳动等，都应该属于创新劳动的范畴。创新劳动标志着劳动者素质的提高，得到了整个社会的高度认可，体现出社会的进步和发展。

常规劳动和创新劳动是一对既相区别又相联系的范畴。它们的区别主要是：

(1) 常规劳动是以前有过的某种劳动，具有可模仿和可重复的性质，某种常规劳动在社会生产中常常会受到较好的普及和推广；创新劳动是从未有过的某种劳动，具有独创、首创、不可模仿和重复等性质，因此，当某种劳动是独一无二、不可复制的时，可以称其为创新劳动。

(2) 常规劳动具有预知性、确定性，从本身的劳动观念开始，到劳动的方式、方法、途径、手段，一直到劳动结果的实现，都是事先就可以预见或准备好了的；相反，创新劳动在上述过程中，往往是事先无法预计和确定的，因此，创新劳动具有复杂性、超验性、反复性。

(3) 就劳动的具体过程来说，常规劳动具有程式化的特点，便于总结、重复、推广和提高；而创新劳动具有偶然性、不固定的特点，很难被复制和扩散。

(4) 常规劳动的时间规定性体现在，某种劳动被模仿和重复的次数越多、时间越久、范围越大，它的常规性就越突出；创新劳动的时间规定性则划分了它与常规劳动的界限，即某种劳动是在何时被模仿和重复，决定其本质是创新劳动还是常规劳动。

四、劳动教育中的"劳动"释义

《意见》中明确将劳动划分为生产劳动、服务性劳动和日常生活劳动三种类型。

生产劳动是以直接创造生产、生活必需品，满足国家、社会和个人物质需求与财富积累为目的的活动。生产劳动具体包括现代农业生产劳动、先进工业生产劳动、智能制造生产劳动、创新创业新型生产劳动。学生在生产劳动中能够亲身经历某样物品或产品的生产制作过程，从而感受生活必需品的来之不易，进而学会尊重普通劳动者、尊重劳动成果，这样就为形成正确的劳动价值观奠定了基础。

服务性劳动是利用知识、技能、工具、设备等，为他人和社会提供服务，以增进国家、社会公共领域和个人福祉为目的的活动。它具有明显的公益性与利他性特点。服务性劳动包括社会服务劳动、科技服务劳动、新型服务劳动。学生在服务性劳动过程中，能够通过帮助他人、服务集体等实践活动，强化自身的社会责任感，培养自身的社会服务意识，提升社会公德意识。

日常生活劳动是指在个人衣食住行等生活自理过程中的劳动，包括日常的生活劳动、其他的生活劳动。日常生活劳动重在强化个体的劳动自立意识，以体验持家之道，养成终身劳动的良好习惯。学生在日常生活劳动过程中，通过亲身参与家庭生活、学校生活和个人生活中的劳动事项，可逐渐形成自觉劳动的意识，养成良好的生活习惯，进而树立对家庭尽责、对个人负责的责任意识。

无论是什么类型的劳动，都是人类所特有的社会实践活动。人类参与的每一个劳动过程，都是体力劳动与脑力劳动的结合，是二者的和谐统一。随着时代的变迁和社会分工的变化，劳动的形态会展现出一定的时代特征，劳动在创造人和人类社会的漫长过程中，会表现为多种形态，呈现为多种不同范畴的劳动类型。新的时代会赋予劳动新的内涵，大学生劳动教育将劳动划分为生产劳动、服务性劳动和日常生活劳动，这是结合产业新业态、劳动新形态而提出的，是为培养担当民族复兴大任的时代新人而给出的科学分类。为此，家庭、学校和社会都应参与到劳动教育实践活动中来，发挥在劳动教育中的基础、主导和支持作用，引导青年大学生树立正确的劳动观。

任务演练

1. 与过去的"劳动方式"相比，新时代的劳动特征体现在哪些方面？

2. 在科技飞速发展的时代背景下，"机器代替人工"逐渐成为时代趋势，作为大学生，是否会面临相关的就业压力？该如何正确看待这一现象？分析如何从这一层面提升自身的竞争力。

第二节　　　劳动的路径

学习目标

1. 了解劳动实践的常规路径。
2. 感悟在实践中达到"知行合一"的重要性。

《指导纲要(试行)》明确指出："劳动教育是新时代党对教育的新要求，是中国特色社会主义教育制度的重要内容，是全面发展教育体系的重要组成部分，是大中小学必须开展的教育活动。"2020 年 10 月，中共中央、国务院印发的《深化新时代教育评价改革总体方案》明确指出，"加强过程性评价，将参与劳动教育课程学习和实践情况纳入学生综合素质档案。"由此可知，落实新时代高校劳动教育的重要载体是劳动实践，要广泛开展日常生活劳动教育，将劳动理论教育和劳动实践紧密结合起来。劳动实践是体力与脑力相互交织的融通性过程，在普及生活技能、提升动手能力、开展职业启蒙等方面有着独特的育人价值，有利于真正实现"知行合一"。当代大学生若能深入地了解劳动实践的路径，就能更加深刻地理解"空谈误国、实干兴邦"的内涵，才能在担当中历练、在尽责中成长，才能切实承担起推进新时代中国特色社会主义事业的历史使命，努力成长为新时代德智体美劳全面发展的社会主义建设者和接班人。

一、在家庭中开展日常生活劳动实践

一个完整的社会是由无数家庭组成的。一个人的成长发展离不开家庭，父母是孩子的第一任老师。在个人的成长过程中，家庭教育发挥着举足轻重的作用，而父母的言行举止对孩子有着潜移默化的影响，对子女的成长过程中正确思想意识的形成和发展起着至关重要的作用。然而，当前许多家庭对子女的教育却存在误区，即对子女劳动意识的培养不够重视，甚至常常忽略掉对劳动意识的培养。例如，"万般皆下品，唯有读书高""劳心者治人，劳力者治于人""学而优则仕"等思想常常占据主导地位。在过往的生活中，许多家庭受这些思想的影响，形成了错误的劳动意识，往往轻视劳动，甚至看不起体力劳动者，认为体力劳动是社会地位低下的表现。子女长期在这种观念的熏陶下，慢慢形成对劳动目的和意义的错误认知，从而轻视劳动甚至厌恶劳动，看不起普通体力劳动者，认识不到劳动的伟大和劳动成果的来之不易。

如今，劳动教育已经上升为国家意志，必将在家庭教育、学校教育以及社会教育中占据重要的位置。家庭是人生的第一所学校，家长是子女劳动教育的启蒙者，因此，家长要

充分发挥家庭在劳动教育中的作用，通过自身正确的行为对子女产生潜移默化的影响，让子女"在做中学""在学中做"，培养子女热爱劳动、善于劳动的好习惯。

父母让子女在家庭生活中培养出爱劳动、会劳动的习惯，有利于子女锻炼出吃苦耐劳的精神，有利于培养各种实战经验和必要的技能，还有利于选择未来的职业。家庭要发挥在劳动教育中的基础作用，抓住衣、食、住、行等日常生活中的劳动实践机会，针对性地让子女学会各项生活技能，并鼓励子女自觉参与、自觉实践，坚持不懈地进行劳动，以掌握各种必要的家务劳动技能。同时，父母在家庭中要树立崇尚劳动的良好家风，通过日常生活的言传身教、潜移默化，培养子女"会劳动""爱劳动"的良好习惯，帮助子女树立自立自强的意识。

二、在学校中开展学生劳动教育

当前，许多高校对学生的教育往往更侧重于科学文化知识的传授，导致了"重智育、轻德育"的教育现状。这种教育方式缺少对大学生劳动意识的培养，难以将大学生劳动意识的培养与其今后的全面发展结合起来。部分高校往往将劳动意识的培养作为一种单纯的观念对学生进行教育，与"大众创业，万众创新"、大学生积极就业和努力自主创业的时代旋律存在着较大的脱节。同时，在大学生实践活动的组织上缺少"知行合一"的态度，许多实践活动只是"应付差事"，起不到应有的积极作用。

在这种情况下，要发挥高校在劳动教育中的主导作用，切实承担劳动教育的主体责任，明确实施机构和人员，开齐开足劳动教育课程，不得挤占、挪用劳动实践时间。

首先，明确学校劳动教育要求，展开相关的劳动教育活动，使学生系统学习并掌握必要的劳动技能，以引导学生形成马克思主义劳动观。具体来说，就是要根据学生身体发育情况，科学设计课内外劳动项目，采取灵活多样的形式，激发学生劳动的内在需求和动力；要统筹安排课内外时间，可采用集中与分散相结合的方式，组织学生走向社会，加强校外劳动锻炼；要将劳动习惯、劳动品质的养成教育融入校园文化建设之中，例如，通过制定劳动公约、每日劳动常规、学期劳动任务单，建立与劳动教育有关的兴趣小组、社团等，结合植树节、学雷锋纪念日、五一国际劳动节、农民丰收节等节日，开展丰富的劳动主题教育活动，营造自觉劳动、热爱劳动的良好氛围，塑造"劳动光荣、创造伟大"的校园文化。

其次，营造校园劳动文化氛围。通过营造环境氛围、精神氛围等外在文化环境，使"尊重劳动、崇尚劳动、热爱劳动"等价值理念在大学校园蔚然成风。例如，举办"劳模大讲堂""大国工匠进校园""优秀毕业生报告会"等主题活动；组织学生进行劳动技能和劳动成果展示；综合运用讲座、宣传栏、新媒体等多种途径，广泛宣传劳动榜样人物事迹，围绕时代劳模的奉献精神、大国工匠的敬业事迹、平凡人物的爱岗经历等内容在校园内积极开展宣传。在宣传方式上，还可以利用校报校刊、校园广播等传统媒体，微博、微信公众号等新兴媒介营造校园劳动文化形态；也可以依托讲座报告、论坛征文、宣讲朗诵，或是开展劳模进校园活动等多种形式弘扬劳动精神。以上方式皆能让师生在校园里近距离接触劳动模范，聆听劳模故事，观摩精湛技艺，感受并领悟勤勉敬业的劳动精神，争做新时代的奋斗者。

最后，营造热爱劳动的制度氛围。依托校园制度营造热爱劳动的氛围，可以间接强化大学生的劳动价值理念，促进其劳动习惯的养成，增强劳动教育的实效性。其中，学校要完善相关制度，并落实到校园生活的方方面面，比如建立大学生"劳动守则""日常劳动行为规范""劳动常规"等规章制度，为大学生劳动行为提供制度依据。此外，还要注意强化落实，各项劳动制度不能流于形式，需要各部门各司其职，共同推动执行。因此，要将劳动任务具体落实到各个部门与院系，更要完善评价监督机制，比如依托先进劳动集体、先进劳动个人等称号开展评选活动，以感召大学生积极参与劳动实践。

劳动精神的培育不仅需要学校的努力，更离不开学生自身的实践。大学生在校园中应自觉持续开展日常生活劳动，学会自我管理生活，提高自身劳动的意识和能力；巩固良好日常生活劳动习惯，自觉做好宿舍卫生保洁，独立处理个人生活事务，积极参加勤工助学活动，提高自立自强的劳动能力；积极参与实习实训，通过真实的生产劳动和服务性劳动实践增强职业认同感和劳动自豪感，提升创意物化能力，培育不断探索、精益求精、追求卓越的工匠精神和爱岗敬业的劳动态度。

三、在社会中开展多样化生产劳动实践

美国著名社会学研究者戴维·波普诺曾指出，社会环境不仅影响着我们的奋斗目标，同时也在不断地刺激着我们向这个目标靠近。人是社会发展的产物，人的思想意识以及意识指导下的人的具体行为都是在一定的社会环境下人与人相互交往的过程中产生的。随着世界经济的全球化发展形势日益深入，市场经济的开放程度也在不断加强，国家与国家之间的联系越来越密切，西方社会的经济社会发展方式和人们的思想文化观念不断涌入，人们的思想观念受之影响而更加开放和多元。改革开放以来，我国以经济建设为中心，追求市场经济效益的最大化，因此人们的物质生活得以丰富，但人们的思想文化素质和道德素质较之落后，二者发展水平较不平衡，导致整个社会的价值取向逐渐趋于功利化，浮躁的社会环境对人们正常的生产和生活造成了一些负面影响，固有思想观念也在遭受着剧烈的冲击和变化。

然而，在多元化思想的冲击下，当代大学生由于社会生存经验不足，对社会环境的认识不全面、不深刻，容易受到社会环境中功利化价值取向和享乐主义等不良社会思潮的影响，辛勤劳动、艰苦奋斗的优良传统美德逐渐被人淡忘，脚踏实地、吃苦耐劳的精神也离我们越来越远。近年来，"躺平"和"摆烂"等网络热词席卷了各大社交平台，当代年轻人开始热衷于"躺平"和"摆烂"，对任何事物抱着无所谓的态度，或是感到事情已经无法向好的方向发展，则干脆任由其往坏的方向继续发展下去。在这种思想的影响下，部分大学生逐渐缺少苦干、实干的精神，缺少应有的社会责任感、紧迫感和使命感。

社会是大学生劳动意识培养的主要外部环境因素，是大学生劳动意识形成和发展的重要渠道，良好的社会氛围对大学生劳动意识的培养具有积极的作用。因此，要结合当前国际、国内社会的发展形势，坚持一切从实际出发，不断地加强对大学生劳动意识培养的理论建设，弘扬劳动模范精神，肯定劳动光荣的伟大意义，以"大众创业，万众创新"引领社会风尚，积极营造崇尚劳动、勇于创新的社会氛围。各级政府部门要积极协调和引导企业公司、工厂农场等组织履行社会责任，积极开放实践场所，支持学校组织学生参加力所能及的生产劳动、参与新型服务性劳动，使学生能够切实参与劳动实践。鼓励高新企业为

学生加强劳动实践提供支持，深度开展校企合作，使学生能够体验现代科技条件下劳动的新形态、新方式。工会、共青团、妇联等群团组织以及各类公益基金会、社会福利组织要组织动员相关力量、搭建活动平台，共同支持学生深入城乡社区、福利院和公共场所等参加志愿服务，开展公益劳动，参与社区治理。

大学生劳动实践的途径主要依托家庭、学校和社会，因此，还应加强家庭、学校和社会联动，完善大学生劳动教育互动机制，拓展劳动实践平台，增加劳动实践项目，为大学生提供劳动实践的机会，促进劳动教育发挥育人功能，实现"知行合一"。

总而言之，大学生应主动向劳动模范人物学习，学习他们爱岗敬业、争创一流、艰苦奋斗、勇于创新、淡泊名利和甘于奉献的精神，树立起平等劳动、快乐劳动、创新劳动的劳动意识，在生活和学习中要弘扬劳动精神、劳模精神和工匠精神，积极践行社会主义核心价值观，在新时代唱响劳动光荣的社会主义主旋律；要促进自身劳动意识的提升，积极建构劳动最美丽、创造最伟大的思想观念，在学习和工作中做到勤于劳动，并且能在劳动中敢于打破常规，实现创新，进而创造出更大的社会价值。

任务演练

1. 以宿舍为单位，拍摄宿舍成员参与劳动实践的小视频。
2. 参与一次社区志愿服务活动，并撰写心得。

第三节   认识劳动美

学习目标

1. 了解思想中的劳动美学。
2. 体会新时代的劳动实践美。
3. 感受大国工匠中的劳动美。

劳动育人，向美而生。列夫·托尔斯泰说过："幸福存在于生活之中，而生活存在于劳动之中。"劳动的过程虽苦且累，但劳动的果实却是甘甜的。劳动是人类幸福生活和一切美好事物的源泉。在生活与生产劳动过程中，人能够按照"美"的规律来实践，而"美"还能以其独立的形式来审视和指导人的生活与生产劳动。劳动美是人们在生产劳动中形成和表现出的美，远离了劳动，生活便失去了本质的美。劳动美是社会美的最基本的内容，它使人能自由、自觉地进行实践与创造活动；同时，人的才能、智慧、品格、意志与情感等本质力量能够最直接、最集中地体现于生产劳动之中。本节通过介绍思想中的劳动美学、新时代的劳动实践美、工匠精神中的劳动美等内容，让大学生能够多角度地感悟劳动之美，从而提升自身劳动美学修养。

一、思想中的劳动美学

(一) 马克思主义劳动美学

劳动美学是研究劳动活动中的审美关系和美的规律的科学，它阐明了一切形态的劳动美的本质，研究了劳动者的审美意识、劳动过程的审美特征、劳动产品的审美形式等重要内容，并以劳动主体和劳动活动的审美属性作为自己研究的核心。劳动美学的研究目的在于使劳动活动更具快适性、愉悦性和科学性，提高劳动者的工作效率和工作质量，推动企业生产和劳动主体的协调发展。劳动美学的目标则是揭示劳动美的价值与人类生存理想的关系，阐明劳动美的价值对提高人类生活质量的意义和作用。

马克思揭示了人类劳动的本质以及人类劳动的审美意义。"劳动创造美"是马克思主义美学中的经典命题，一方面指出"劳动创造美"的对象；另一方面说明劳动能够将人改造为审美的主体。马克思对美的本质的揭示，是建立在对黑格尔客观唯心主义美学观的批判和扬弃基础上而进一步发展得出的，同时将美的探讨置于人的劳动实践活动的基础之上，实现了"现代实践转向"。在马克思主义经典作家看来，人是按照劳动实践主体的"内在尺度"来创造美的，这不仅是一个创造物质生产资料和生活资料的过程，同时也是美化劳动对象的过程。后一过程是以满足人们的审美需要为主旨的，即劳动者对美的创造不是盲目的、无规律的、无目的的，而是具有直接的目的性，并遵循美的规律。人类的劳动使得劳动自身成为审美对象，涵盖了劳动过程、劳动工具、劳动组织形式、劳动场面、劳动产品等方面。因此，劳动创造了人自身，创造了美，也创造了劳动审美关系。马克思的劳动美学是建立在劳动实践基础上的美学思想，是深刻揭示劳动美及其内在本质的科学方法论。

(二) 中国梦里的劳动美

近年来，全国各行各业广泛开展以"中国梦·劳动美"为主题的系列活动，通过形式多样、丰富多彩的活动，大力弘扬新时期劳模精神与工匠精神，向全社会传递了"最美的劳动者"身上所彰显的劳动精神，展现了劳动者努力奋斗的劳动过程，展示其辛勤创造的劳动成果，同时也使人们通过各类活动能够深刻地认识到劳动者是实现中华民族伟大复兴中国梦的决定性力量，认识到人世间的一切美好梦想只有通过劳动才能实现，认识到中华民族伟大复兴的中国梦必须依靠广大劳动者的辛勤劳动、诚实劳动与创造性劳动来实现。因此，全体劳动人民应以"最美劳动者"为榜样，用劳动和创造托起中国梦，在新征程上展示劳动之美，共同谱写"中国梦·劳动美"的新篇章。

中国梦里努力奋斗的劳动者是最美的劳动主体。劳动者的顽强拼搏精神直击人心。五千年的历史文化是一代又一代劳动人民用智慧与汗水留存下来的，中华民族的辉煌成绩更是由无数劳动人民通过辛勤劳动创造出来的。无论时代如何变迁，无论科技如何发展，劳动者始终是创造历史的根本动力。

中国梦里爱岗敬业的劳动者是最具魅力的人。恪尽职守、忠于岗位的劳动者是国家富强、民族振兴、人民幸福和社会和谐的核心力量。一个国家、一个民族的富强离不开任何一个平凡岗位上的一线劳动者——社会治安的维护需要英勇善战的警察，粮食的生产需要辛苦耕耘的农业生产者，人民的健康需要救死扶伤的医生……各行各业的劳动者在用实际行动为中国梦凝聚源源不绝的强大力量，因为中国梦是中华民族的梦，更是每一个中国人的梦。

中国梦里开拓进取的劳动者是最具力量的人。中国梦的实现需要有知识、有技术、有新意的劳动人民，伟大的事业需要有创造性的劳动者来推进。创新是一个国家发展的不竭动力，也是中华民族最深沉的民族禀赋。在我们的历史经验中，可以看到劳动人民始终在奋力开拓、锐意进取，不断地砥砺前行，建立了无数的丰功伟绩。譬如第一辆国产汽车的成功生产、第一颗卫星的发射、第一次载人航天以及第一架国产大飞机的成功试飞等无数的成就都是由敢于开拓创新的劳动者们所创造出来的。

因此，中国梦里的劳动美是对劳动主体具有高尚劳动精神的礼赞之美，是劳动者努力奋斗托起中国梦的过程中所展现的甘于奉献之美，是劳动者在开拓进取中不断革新劳动成果的实践之美。

二、新时代的劳动实践美

"劳动最光荣、劳动最崇高、劳动最伟大、劳动最美丽"是新时代的劳动理念，深刻揭示了新时代劳动之美的深刻本质、劳动者之美的内在规定。

"劳动最光荣"的理念使人们充分认识到劳动创造了人，劳动创造了人类社会，要以辛勤劳动、诚实劳动、创造性劳动为荣，以不劳而获、好逸恶劳为耻。任何一个国家的发展都离不开劳动，任何一个民族的辉煌也离不开广大劳动者。中国式现代化的实现取决于广大劳动者的劳动态度、劳动理念，也唯有每一个劳动者都树立起"劳动最光荣"的正确理念，才能更好地推进中国式现代化的实现。广大青年大学生在生活中应该平等地看待每一个职业，热爱每一份工作，尊重所有劳动者并肯定他们的劳动成果，欣赏他们朴实无华的劳动状态，从思想上、精神上认识劳动之美。

"劳动最崇高"的理念使人们充分认识到人世间的一切幸福，都要靠辛勤的劳动来创造，要把辛勤劳动、诚实劳动、创造性劳动作为最高的价值追求。人世间的幸福既有物质生活的富裕，也有精神文化的富足。富裕的物质生活是对衣、食、住、行的总括，在无数先辈的努力下，我们在服装、食物、居住和交通运输方面都得到了满足。在食物方面，"杂交水稻之父"袁隆平通过辛勤劳动和创造性劳动，解决了温饱问题，让中国人都能吃饱饭。在交通运输方面，无数的劳动者通过辛勤劳动、诚实劳动，创造了"八纵八横"高速铁路主通道、"71118"国家高速公路主线、世界级港口群、世界级机场群，为人们提供了便捷的交通，促进了经济的发展，为社会的发展进步提供了有力的支持。

"劳动最伟大"的理念使人们充分认识到劳动是推动人类社会进步的伟大力量，实现中华民族伟大复兴的中国梦，必须依靠各行各业劳动者的伟大创造。中国梦是实现国家富强、民族振兴和人民幸福的梦，无论是过去、现在还是未来，每一个中国人都在为实现这个伟大的梦想而努力奋斗。由毛泽东等人领导的中国共产党创造了中华民族从饱受屈辱到赢得独立解放的非凡历史，走好了实现中国梦的第一个阶段。接下来的第二个阶段需要我们坚定方向、坚持前人指引的正确道路，接续奋斗，为实现社会主义现代化而拼搏努力，凝聚成同心共筑中国梦的磅礴力量。

"劳动最美丽"的理念使人们树立了热爱劳动、崇尚劳动、赞美劳动的审美观念，能够充分肯定并褒扬劳动本质之美、劳动形式之美、劳动过程之美、劳动精神之美、劳动成果之美。劳动是人世间最具魅力的社会活动，因为这一特殊的社会活动的主体是美丽的，他们的劳动过程、劳动形式展现了美的理念。以文物修复这一劳动形式为例，文物修复师用自己对美的理解和思考为历史文物保留美的形态，最终的劳动成果不但蕴含了劳动过程之美，也展现了劳动形式之美。

"实干兴邦，实干圆梦"。实干精神是我们党的优良传统和宝贵财富，实干精神也是共产党人的实践品质和先进本色，走中国特色社会主义道路，实现中华民族伟大复兴，归根到底是要"实干"。

"实干兴邦"是实现人们美好梦想的通途大道，是解决发展难题、应对各种严峻挑战的重要手段，更是实现中华民族伟大复兴中国梦的必要条件。在党的十九大报告中，习近平总书记强调："中华民族伟大复兴，绝不是轻轻松松、敲锣打鼓就能实现的。全党必须准备付出更为艰巨、更为艰苦的努力。"此外，在给中国劳动关系学院劳模本科班学员的回信中，习近平总书记再次强调："社会主义是干出来的，新时代也是干出来的。"从历史经验来看，打赢人类历史上规模最大的脱贫攻坚战，历史性地解决绝对贫困问题，靠的是实干；十年来，我国经济总量占世界经济的比重提高了七点二个百分点，达百分之十八点五，稳居世界第二位，靠的是实干；一些关键核心技术实现突破，战略性新兴产业发展壮大，靠的也是实干……因此，要倡导和弘扬实干精神，"实干"是开创新局面、创造新业绩的关键所在。

"实干兴邦"充分体现了真抓实干、埋头苦干的辛勤劳动对国家、对民族的重要价值，实干是战胜困难的法宝，也是事业发展的要求。从这些重要论述可以看出，习近平总书记把马克思主义劳动美学的实践美学特征，进一步解读为"实干"的美学，把"诚实劳动""实干兴邦"摆到了中国特色社会主义劳动美学、劳动伦理核心范畴的地位，也进一步阐明了"劳动之真""劳动之善"与"劳动之美"的同一性；同时，美的劳动也是"真的劳动""善的劳动"的劳动美学原理。

三、大国工匠中的劳动美

大国工匠，匠心筑梦。中国历来诞生的工匠艺人数不胜数，他们身上拥有一个共同的闪光点——热爱本职、敬业奉献。例如，在《大国工匠》节目中，匠人们技艺精湛，有人能在牛皮纸一样薄的钢板上焊接而不出现一丝漏点，有人能把密封精度控制在头发丝的五十分之一，还有人的检测手感精准度堪比 X 光……这种工匠精神令人叹服。他们之所以能够以匠心筑梦，凭的是传承和钻研，靠的是专注与磨砺。

五千多年历史文明所孕育的中华优秀传统文化蕴藏着不同的劳动之美，亦有无数的匠人传承着劳动精神，用其行动诠释着劳动之美。在他们身上，我们见证了无数工匠精神的灵魂与内核；在他们身上，诠释了一句句真理——"干一行、爱一行、钻一行""择一事，终一生""非淡泊无以明志，非宁静无以致远""干就干一流，争就争第一"；在他们身上，我们体会到了工匠精神的现代阐释，这种精神不仅仅是一种信仰，更是需要我们弘扬与追求的。这些精神在匠心传承中体现得淋漓尽致。伟大出自平凡，英雄来自人民。自古以来，中国诞生了无数勤勤恳恳、刻苦钻研的匠人，他们身上传承着流芳百世的工匠精神，而工匠精神在中国神话、诗词曲赋和各种精美绝伦的工艺器物之中也表现得淋漓尽致。

(一) 神话传说中的劳动之美

神话传说是"原始社会中口口流传的一种文学"，以故事的形式表现了远古人民对自然、社会生活的认知。中国神话中特别强调诸神不辞辛劳、乐于奉献的现实精神，反映了先民对现实苦难的深刻体验，这也印证了中华民族自古以来就是世界上最勤劳的人。譬如盘古开天地、夸父逐日、精卫填海、愚公移山等经典神话传说都蕴含着朴素的劳动精神，也都生动地阐释了劳动之美。

拓展阅读

精 卫 填 海

又北二百里，曰发鸠之山，其上多柘木，有鸟焉，其状如乌，文首、白喙、赤足，名曰"精卫"，其鸣自詨。是炎帝之少女，名曰女娃。女娃游于东海，溺而不返，故为精卫。常衔西山之木石，以堙于东海。漳水出焉，东流注于河。

——《山海经·北山经》

愚 公 移 山

太行、王屋二山，方七百里，高万仞，本在冀州之南，河阳之北。

北山愚公者，年且九十，面山而居。惩山北之塞，出入之迂也，聚室而谋曰："吾与汝毕力平险，指通豫南，达于汉阴，可乎？"杂然相许。其妻献疑曰："以君之力，曾不能损魁父之丘，如太行、王屋何？且焉置土石？"杂曰："投诸渤海之尾，隐土之北。"遂率子孙荷担者三夫，叩石垦壤，箕畚运于渤海之尾。邻人京城氏之孀妻有遗男，始龀，跳往助之。寒暑易节，始一反焉。

河曲智叟笑而止之曰："甚矣，汝之不惠！以残年余力，曾不能毁山之一毛，其如土石何？"北山愚公长息曰："汝心之固，固不可彻，曾不若孀妻弱子。虽我之死，有子存焉；子又生孙，孙又生子；子又有子，子又有孙；子子孙孙无穷匮也，而山不加增，何苦而不平？"河曲智叟亡以应。

操蛇之神闻之，惧其不已也，告之于帝。帝感其诚，命夸娥氏二子负二山，一厝朔东，一厝雍南。自此，冀之南，汉之阴，无陇断焉。

——《列子》

(二) 诗词曲赋中的劳动之美

自然中见淳美，朴拙中见太平。在远古的时候，先民们日出而作、日落而息，整理田地、种植粮食，期待五谷丰登。而中国诗歌最早起源于远古先民们在劳动中发出的有节奏的举重劝力之歌，这些诗歌都体现出古代诗人对劳动者的赞美，也记载了当时人们的劳动情景。

翻开我国古典诗歌，里面记载了许多歌颂劳动者辛勤劳动的诗篇。最早可追溯到《吴越春秋》中的《弹歌》："断竹，续竹；飞土，逐宍。"仅八个字，便概括了我国远古渔猎时代劳动人民的狩猎场面，即砍竹、接竹、制作弹弓、捕猎禽兽，通过紧张的劳动获取食物。《诗经》中的《伐檀》也是一首关于劳动的不朽诗篇："坎坎伐檀兮，寘之河之干兮，河水清且涟猗。不稼不穑，胡取禾三百廛兮？不狩不猎，胡瞻尔庭有县貆兮？彼君子兮，不素餐兮！"这首诗描绘出了奴隶伐檀造车的劳动场景，同时也痛斥了奴隶主的不稼不穑和坐享其成的恶行。《七月》："七月流火，九月授衣。一之日觱发，二之日栗烈。无衣无褐，何以卒岁？三之日于耜，四之日举趾。同我妇子，馌彼南亩，田畯至喜！"描写了农夫一年四季的劳动生活，是一幅场面热烈的农耕图。

"炉火照天地，红星乱紫烟。赧郎明月夜，歌曲动寒川"出自诗人李白的《秋浦歌十七首·其十四》，描写了冶炼者边劳动边唱歌的生动情景。这首诗开头两句便呈现出一派色调鲜明、热火朝天的冶炼景象，随后用"赧郎"形容冶炼工人们，让人联想到他们健壮的体魄和热情、豪爽、朴实、乐观的品格，最后一句描写的是劳动者的歌声让河水都激荡起来了，以夸张的手法表达了李白对劳动者的歌颂和赞美。

"种豆南山下，草盛豆苗稀。晨兴理荒秽，带月荷锄归。道狭草木长，夕露沾我衣。衣沾不足惜，但使愿无违。"这是陶渊明的《归园田居》组诗中的第三首，生动地描写了诗人劳累而不失典雅、平淡而不枯燥的劳动生活。诗人归隐田园，心情怡然自得。系列组诗中的另外几首分别描写的是对官场生活的厌倦、对田园风光与宁静的乡村生活的向往、诗人恬淡的心境、参加劳动之后下定决心终生归耕及耕种归来后的活动。

"茅檐低小，溪上青青草。醉里吴音相媚好，白发谁家翁媪？大儿锄豆溪东，中儿正织鸡笼。最喜小儿亡赖，溪头卧剥莲蓬。"这首《清平乐·村居》是辛弃疾闲居带湖期间所作。不同于李白浪漫而浓重的言语，也不同于陶渊明以景喻情、借物言志的手法，该词使用白描的手法，将一家人归隐于野后，在村中闲适度日、认真劳作的情景直接刻画并展现了出来。

拓展阅读

从古至今，劳动作为一项人类社会活动，一直是人们歌颂的主题。在诗词曲赋中，我们能寻觅到劳动者们辛勤劳作的身影，感受到古人对乡村生活和劳动人民的歌咏。然而，除了古诗词外，现代诗歌中也有许多用抒情的方式歌颂劳动的优美语句。

是的，守住创造，便守住了永恒。

从钻木取火开始，劳动，这个伟大而无所不在的名词，点燃永恒，从原始森林起步，捡拾一片一片树叶，编织一个一个梦幻，填平世纪航道上的坎坎坷坷，把创造一步一步抬升到文明的高度。

从播种耕耘开始，劳动，这个鲜活而无所不为的动词，孕育富强，从广袤原野起步，撒下一粒一粒种子，放飞一个一个理想，闯过市场经济中的风风雨雨，把创造一步一步抬升到丰收的高度。

从赞美颂扬开始，劳动，这个吉祥而无所不包的代词，吸引掌声，从人生舞台起步，唱响一首一首心曲，呼唤一个一个模范，统领科学发展路的前前后后，把创造一步一步抬升到和谐的高度。

向荒漠要粮食，向大海要风景，向知识要财富……每一个劳动都很执着。向汗水要收成，向日子要精彩，向永恒要生活……每一个创造都很隽永。我们向往劳动便拥有劳动，拥有创造便守住创造。

是的，守住创造，便守住了光荣！

——孙凤山《永恒的光荣》

(三) 工匠故事中的劳动之美

回顾历史长河，可以发现关于工匠的故事数不胜数，譬如春秋时期技艺精湛的鲁班为楚国制造了用于攻城的云梯，春秋末期的欧冶子为越王铸造了宝剑，东汉时期的蔡伦革新了造纸工艺，隋朝时期的李春亲自设计和建造了赵州桥，宋末元初时期的黄道婆向妇女传播纺织技术……他们都拥有着精益求精的工匠精神，值得我们去体会其深刻内涵。反观现代社会，也有很多具有工匠精神的人物事迹，2015 年央视新闻推出的《大国工匠》系列节目中讲述了我国不同职业领域、不同岗位劳动者匠心筑梦的故事，引起了社会的高度关注，也引发了人们对"工匠精神"的思考。通过认识和了解这些在我国重要工程项目、重点科研攻关、重大装备制造等行业劳动者的独特经历，可以发现他们以自身的实际行动生动地阐释了"工匠精神"中爱岗敬业、精益求精、执着专注和追求卓越的深刻内涵。工匠人物故事中的劳动之美是劳动者在践行技艺与不断追求完美的过程中，利用自身秉持的匠心生成匠意、匠思、匠智的品格之美，也生成了铸匠魂、立匠德和守匠情的坚守之美。

拓展阅读

庖 丁 解 牛

在战国时期，有一名姓丁的厨师替梁惠王宰牛，他用刀分解牛肉时，手触、肩靠、脚踩、膝顶所发出的或大或小的声响居然符合音律节奏。梁惠王惊奇道："你的技术怎么如此高明？"庖丁解释说，他所追求的便是这种"道"，他的解牛之技经过多年锻炼，已经能够随心所欲而不逾矩地自由使用，所使用的宰牛刀19年来仍然焕然一新。

"时光匠人"郭汉中

郭汉中是四川广汉三星堆博物馆文物修复师，从事文物修复职业38年。在几十年的文物修复工作中，郭汉中学习并掌握了历史学、考古学、博物馆学、鉴定学、金石学、金属工艺学、化学、美术鉴赏学等多门学科的专业知识，练就了极高的文物修复技艺。他创新运用传统修复工艺与现代科学技术相结合的方法，包括塑形雕刻、黄泥石膏翻模、浇铸铜铸件，以及原材质修复原材质(铜补铜工艺)等先进工艺，不仅提高了文物修复工作效率，而且避免了对文物造成二次伤害。

几年前，火遍全网的央视纪录片《如果国宝会说话》里面的青铜神树给观众留下了深刻印象。青铜神树在1997年三星堆博物馆正式开馆时以不凡的气度惊艳亮相，世人无不为之倾倒赞叹。青铜神树得以亮相，和郭汉中有着密不可分的关系，因为它是由郭汉中亲自参与修复的一件青铜器。郭汉中至今仍清晰记得青铜神树刚出土时的形象："树干在坑内断成3截，树枝断成18截，树座残破为4大块，树底盘能拼对的残片为30多块。神树上的鸟、果实、挂饰架散布于坑内的残碎片中，几乎无完整性可言。"在修复这件三星堆遗址中出土的各类大小神树中形制最大的神树过程中，郭汉中面临的最大困难不是青铜神树的严重残损，而是此前从未见过类似的青铜器。最终，在确定修复方案后，郭汉中所在团队对一块块碎片进行拼接，再用锡焊、铆接、灌注等方法进行加固……历经5年，青铜神树在郭汉中手中涅槃重生，以特别的气量展现在世人面前。

任务演练

1. 结合你的生活和学习经历，讲述你眼中的劳动美。
2. 观看《大国工匠》《我在故宫修文物》等纪录片，谈谈你对"工匠精神"的理解。

第三章

感悟丰富多彩的劳动精神——树立劳动观念

本章导读

　　青年兴则国家兴，青年强则国家强。新时期青年大学生作为当今社会最具活力和朝气的群体，是实现中华民族伟大复兴中国梦的主力军，是中国特色社会主义最结实的接班人。新时期青年大学生肩负着伟大而艰巨的历史使命，要不断地完善自我，要培养勤俭、奋斗、创新、奉献的劳动精神，从劳动精神中感知生活的本质，明确未来的奋斗目标，为实现中国梦提供精神动力。有了劳动精神的指引，大学生才能积极学习和提升技能，才能勇于创新，才能更好地为社会服务。

　　本章从家庭劳动精神、学业奋斗精神、职业工作精神和劳模志愿精神等方面展示正确树立劳动观念的重要性，激励大学生树立服务社会、服务他人的奉献情怀和服务意识。

第一节　　　　家庭劳动精神

学习目标

1. 理解家庭劳动教育的基本概念。
2. 了解目前家庭劳动存在的问题。
3. 感悟家庭劳动教育的重要意义。

《意见》中明确了加强劳动教育的意义，描绘出大中小学生劳动教育的路线图。《意见》更明确地指出，家庭在劳动教育中具有基础性作用。可见，家长如何正确认识劳动教育，如何发挥好家庭劳动教育的作用，是一个非常重要的、具有现实意义的话题。家庭劳动教育的目的是让青少年在参与家庭劳动的过程中掌握基本的生产知识和劳动技能，在劳动的过程中创造价值，形成自觉分担家庭责任的意识，从而促进其自身全面发展。此外，家庭劳动教育还通过青少年自觉的劳动行为体现了劳动的育人价值。本节通过对家庭劳动教育的内涵、现状以及价值等方面的介绍，让读者领悟家庭劳动教育的重要意义。

一、家庭劳动教育概述

(一) 家庭劳动教育的含义

《意见》指出，劳动教育是一个系统性的过程，要将劳动教育贯穿于学校、家庭、社会各方面。同年，《指导纲要(试行)》提出中小学劳动教育的推进要建立以学校为主导、家庭为基础、社区为依托的三位一体的协同育人机制。2018 年，全国人民代表大会常务委员会通过了《中华人民共和国家庭教育促进法》，其中明确提出家庭具有对学生道德品质、身体素质、生活技能、文化修养、行为习惯等方面的培育、引导和影响的职责。上述文件的颁布推动着新时代加强家庭劳动教育的开展，也代表着家庭劳动教育步入了新的发展阶段。

劳动教育以家庭劳动教育为基础。家庭劳动教育是个人劳动实践的"主战场"，在新时代劳动教育系统中占有着重要地位。家庭劳动教育是指家长或者其他年长者在劳动重要性的影响下，正确指导子女学会自觉地、有意识地参与家务劳动、为家庭成员服务或提升自我管理能力，使子女在劳动的过程中获得劳动知识，增长劳动技能，尊重劳动成果，形成正确的劳动价值观和积极的劳动态度，从而养成良好劳动习惯的实践活动。

(二) 家庭劳动教育的内容

进入新时代，我国家庭劳动教育也进入新的发展阶段。然而，许多家长对家庭劳动教育的认识并不全面，仍停留在要求子女完成扫地、洗碗、晾衣服等简易家务劳动上，这在一定程度上会使家庭劳动教育的育人效果大打折扣，还可能导致青少年劳动观念淡薄、劳动能力低下。一般说来，家庭劳动教育的形态可分为两类，分别是显性家庭劳动教育和隐性家庭劳动教育。不同的劳动教育形态对应着不同的特征和功能，这些特征和功能相互交织、相互依赖、相互融合。因此，充分了解家庭劳动教育的形态，有助于父母提高对家庭劳动教育的敏感性，增强家庭劳动的可操作性与针对性，更好地充实家庭劳动教育的内容，也更有利于子女在参与劳动的过程中学习劳动知识、巩固与提高劳动技能，树立正确的劳动态度与价值观。

1. 显性家庭劳动教育

显性家庭劳动教育是指家庭劳动教育组织者(一般为家长或年长者)要求子女参与家庭劳动，是有意识、有目的、有规划地培养和塑造子女的劳动知识、技能和价值观的过程。按照家庭劳动的类型，它一般可以分为不同的形态，具体可分为日常生活劳动教育、生产性劳动教育和服务性劳动教育。在显性家庭劳动教育活动中，子女通过亲身参与或者体验家庭劳动，可以直接获得劳动技能及经验。

日常生活劳动教育更多集中在个人的生活技能方面，比如个人卫生的清洁与保持，包括个人空间的收纳与整理，养成自觉打扫、勤于打扫的好习惯等。生产性劳动教育则主要围绕带有生产性质的活动展开，例如在春节前夕，让子女参与到购置年货、写春联、剪纸等传统活动中，尤其在制作春联、剪纸的过程中，能够使其体会其中的制作方法与技巧，从而加深对传统劳动技能的认识。而服务性劳动教育是鼓励子女在寒暑假或者其他假期积极参与地方的志愿服务活动或者公益活动，或是进入餐饮等服务行业体验服务性职业，从而达到在服务性劳动中接受教育的目的。

2. 隐性家庭劳动教育

隐性家庭劳动教育是相对于显性家庭劳动教育而言的，具有无形性和潜在性的特点。常说的"言传身教"和"耳濡目染"就是隐性家庭劳动教育的体现。隐性家庭劳动教育的教育方式是让子女在家庭环境、家庭构造、家风等家庭氛围以及在家庭成员无意识的言语、行动的影响下接受教育。因此，开展隐性家庭劳动教育往往不需要教育者的精心规划，其教育的方法与手段潜藏在家庭生活的各个方面，并时刻影响和塑造着子女对劳动的认识。

影响隐性家庭劳动教育的因素主要有以下几个：

一是家庭环境的影响。由于家庭生活环境的不同，子女对于劳动的认知以及劳动技能的掌握也有所不同。

二是家庭成员社会职业或身份的影响。由于父母职业的不同，子女往往能通过父母从事的职业对社会职业以及社会分工进行初步的了解，而父母的职业可能会影响子女的职业定位，比如在全职妈妈或全职爸爸的家庭里，子女可能会认为以后也可以"像父母一样放弃外部工作"。

三是家庭成员内部分工的影响。一般来说，每个家庭都会在家务劳动上形成一种相对长久、相对稳定的劳动分工。这种具体的分工形式就会影响孩子对于劳动角色、劳动价值、家庭性别分工等方面的认知。因此，健康的、良好的家庭内部劳动分工在很大程度上能够使孩子直接地认识到劳动分工的重要性，体会个人劳动在家庭中的价值，进而迸发出对父母的感恩之情以及家庭责任感。

二、家庭劳动教育存在的问题

尽管教育部门大力推广以家庭为基础的劳动教育，但是目前家庭劳动教育还存在一些不足之处。特级教师凌宗伟曾指出："劳动教育在今天已成为最受忽视的教育。"在家庭中，这主要体现为家庭劳动教育意识的缺位。当前，家庭劳动教育存在的问题大致如下。

(一) 家长的劳动培养意识不足

家长是家庭劳动教育的主力军，是家庭劳动教育的示范者，因此，子女的家庭劳动观念淡薄，家长需要负较大的责任。因此，解决家庭劳动教育问题的关键在于端正家长的劳动教育意识。

首先，家长对子女进行家庭劳动教育的理解出现了偏差。部分家庭受古代"学而优则仕""两耳不闻窗外事，一心只读圣贤书"的传统思想和如今"唯分数"这一功利化理论的影响，出现了重视智力、轻视劳动的现象。同时，受应试教育和时代发展的影响，许多家长都希望自己的子女能够获得高学历、拥有好工作、取得高收入，认为子女要争取时间、注重学习，以取得优异的学习成绩，因此，各种家务活由家长或者其他长辈一手包办，以免耗费时间而"耽误学业"。甚至还有家长从孩子幼儿时期就开始给其灌输"劳心者优于劳力者"的思想，认为只有从事脑力劳动才是光荣的，而从事体力劳动是没有面子、毫无价值的表现。这些"重智轻劳"的家庭教育观念使得家庭劳动教育陷入弱化、缺位的状态，使子女缺少劳动实践，进而导致劳动观念淡薄，对劳动认知形成偏见。

其次，家长的劳动教育培养意识不足。家庭劳动教育培养意识的缺位还会强化轻视劳动的观念。在这样的家庭环境中，子女缺少劳动实践，久而久之对劳动持有抵触的态度。其中，最直接、最明显的表现就是不参加家庭劳动，不尊重体力劳动者，更不珍惜劳动成果。比如，在孩童时期，子女看到家长在劳动，在好奇心的驱使下想参与劳动，但由于生活能力以及经验的不足，常常被家长直接拒绝，这极大地降低了子女的劳动参与积极性。此外，部分家长将家庭劳动教育"功利化"，将完成家庭劳动异化为惩罚子女的一种手段。每当子女考试不及格或者犯错时，家长就会通过打扫卫生一周、洗碗一周这样的方式来惩罚孩子。当本来具有正面、积极价值的劳动被异化为一种处罚手段时，劳动也就必然被视为一种痛苦的、应当尽量避免的人生经验。因此，不注意培养子女的劳动意识或者错误的培养观念，都会使子女缺少劳动兴趣，抵触劳动，形成错误的劳动观念。

(二) 家庭劳动教育支持系统缺位

家庭劳动教育、学校劳动教育以及社会劳动教育三者相互交织、相互融合、相互依赖、相互影响，共同推动着劳动教育朝着更好的目标发展。然而，在现实情况下，学校以及社会能够为家庭提供劳动的时间与空间少之又少。社会作为劳动教育的重要场所之一，对学生的劳动教育起着重要的作用，而目前提供给学生进行劳动实践的场所较少，大部分集中于专业性强、指导性强的职业技能培训，因此，当下的劳动实践基地建设和社会劳动公益组织有待完善。不完善的学校劳动教育对家庭劳动教育有消极影响，有的学校考察教学质量的唯一标准是学习成绩，劳动教育所占的考核比例很低，导致学生面临繁重的学业压力，无暇顾及家庭劳动。因此，家庭、学校与社会三者不可或缺，应该将三者更好地联系起来，形成一个完整的教育主体，更好地推动家庭劳动教育的实施。

(三) 大学生家庭劳动观念淡薄

新时代大学生是科学劳动观的传播者与践行者，更要积极主动地参与家庭劳动。然而，部分学生的家庭劳动意识淡薄。

首先，劳动积极性不高。部分学生认为家务劳动的目的是获得物质奖励或者赞扬，然而，以这种奖惩制度为基础的家庭劳动教育难以提升学生的家庭责任感。

其次，个人本位理念使学生的家庭劳动思想存在偏颇。随着思想的多元化，部分学生由于年龄、知识结构、社会经验等方面的原因，容易受到不良思想的影响而出现错误的价值观，例如享乐主义、拜金主义等，特别是"自我中心主义"让学生心中只有自己，缺乏家庭责任感，不参与家庭劳动，缺少为家庭着想的服务精神和奉献精神。

最后，蔑视体力劳动，盲目崇拜脑力劳动。当前，科技极大地提高了人类的劳动能力与生活质量，然而，部分学生容易过度依赖科技为家庭生活带来的便利，产生"人工智能劳动的效果更高"的想法，忽视甚至是蔑视体力劳动，进而加剧"重智抑劳"思想。

三、家庭劳动教育的重要意义

(一) 有利于实现中华民族伟大复兴中国梦

大学生作为中国特色社会主义事业的建设者和接班人，应当树立正确的家庭劳动观；正确的家庭劳动观是符合历史发展的客观规律的，有利于实现中华民族伟大复兴中国梦。在家庭中，家风不仅关系着一个家庭、家族的命运，也与国家和民族的前途紧密相连。中华民族历来重视家风建设，而家庭劳动教育便是家风建设的一个重要途径。同时，家庭又是社会的基本单元，社会主义强调的是个人发展与社会发展相统一，实现个人梦想、家庭梦想既是个体夙愿，亦是社会目标，因此，应重视家庭劳动教育，注重家教，注重家风。而引导大学生树立以家庭劳动托起中国梦的价值理念，对于我国建设现代化强国的事业大有裨益，也为向着实现中华民族伟大复兴中国梦的目标稳步前行提供了不竭动力。

(二) 有利于培养家国情怀

家庭劳动教育有助于家庭成员之间进行有效沟通，拉近家庭成员之间的关系，促进家庭成员之间的情感交流。父母和孩子共同参与家庭劳动，共同进行一些有意义的家庭实践活动，或者充满爱的创意劳动，是陪孩子一起成长的过程，是厚积情感的过程。这不仅使孩子感受到父母的关爱，感受到父母劳动的辛苦，还能激发孩子的感恩之情，懂得孝敬父母，进而成为一个爱劳动、爱父母、爱家庭的好孩子。

家是国的家，国是千万家。家庭劳动教育不仅可以培育孩子爱家的小情，还蕴含着爱国的大情，家庭劳动教育有助于培养孩子的家国情怀，形成"以劳动托起中国梦"的情感。因此，家庭劳动教育应该"走出家门"，例如，倡导学生积极参与志愿服务等活动，而父母要起到带头示范、正确引导的作用，使家庭劳动教育合理融入生活，使孩子的视野实现从个体到社会、从家庭到国家的转换，学会在劳动中服务他人、服务社会，提升自己的道德水平与层次，从而培育浓厚的爱国情怀，愿为建设现代化的强国奉献自己的力量。

(三) 有利于强化学校与社会劳动教育效果

家庭劳动教育与学校劳动教育互相配合、协同发力，能增强家长对劳动教育的认同感，真正发挥出劳动教育的育人价值。家校协同育人，是家庭与学校互相学习与改进的过程，学校老师应给予家长以正确的指导，纠正部分家长对劳动教育的偏见与错误的思想，形成正确的劳动教育培养意识与劳动观念。首先，家长可以根据子女的具体情况向学校提供意见与反馈，老师可以根据学生的具体情况进行劳动教育，从而有利于形成家校合力，取得劳动教育的最大成效。其次，家长可以配合学校完成劳动课程的具体任务，比如帮助敬老院打扫卫生、义务植树等，让子女在劳动中挖掘自身潜能、锻炼自身的劳动能力，通过劳动实践增强劳动的成就感与责任感。同时，以学校与社会劳动教育对家庭劳动教育进行补充，有利于促进家庭与学校、社区、社会以及企业或者其他相关部门的联动机制的建设与发展，真正使学生将家庭劳动教育的理念内化于心、外化于行。

(四) 有利于促进德智体美劳的全面发展

首先，在物质条件越来越丰富的时代环境下，能够主动承担家庭劳动的人相对来说比较具备吃苦耐劳的精神，他们在完成家务劳动的过程中能养成良好的家庭劳动习惯，学会珍惜劳动成果，形成勤俭节约、艰苦朴素的优良作风。其次，人具有独立性，是一个独立的个体，在步入社会时应该具备自食其力、自力更生的能力，而家庭劳动能引导子女形成自立自强意识，培养子女的劳动义务感，形成环境适应能力，继而能够独立生活。

此外，子女在参与家庭劳动的过程中能够认识到自己对家庭建设的作用，在劳动的过程中明确自己作为家庭成员的本职任务，承担起家庭建设应有的责任。基于此，他们才会自觉地为了美好、和谐的家庭环境去贡献自己的力量，也只有积极承担家庭的责任，才能更主动、更积极地承担对集体、对社会、对国家的义务和责任。

(五) 有利于树立正确的择业观、就业观

家庭劳动教育是引导子女参加有目的性、计划性的劳动实践，从中获取相关知识与技能的育人方式。新时代的大学生家庭劳动教育应立足于当下教育环境，帮助大学生培养正确的劳动观，抵御错误思潮的误导，进而帮助他们树立正确的人生观、价值观。大学生通过参与家庭劳动，在劳动的过程中树立正确的劳动观念，树立好人生理想，正确认识劳动的价值和社会分工，不仅能够树立科学、正确的择业观与就业观，还能通过劳动实践拓展职业领域。

四、家庭劳动教育途径

(一) 转变观念，形成正确的家庭劳动观念

观念具有引导性，家长和子女都应该转变对家庭劳动的态度，以形成正确的家庭劳动观念。家长应教育子女形成热爱劳动、崇尚劳动、尊重劳动者、尊重劳动成果等正向理念。其次，作为家庭劳动教育的受教育者，也应当纠正诸如"完成家务劳动就能得到表扬和奖

励""进行家庭劳动是一种惩罚手段"等错误观念，自觉树立正确的劳动价值观。最后，家长和子女都应该认识到家庭劳动是家庭成员应该承担的义务与责任，既不是子女邀功的资本，也不能作为家长教育子女而采取的一种惩罚手段。

(二) 以身作则，树立家庭劳动的良好作风

学生的第一所学校是家庭，第一任老师则是父母。家庭教育是不可或缺的教育载体，因此，家长应该做到言传身教、以身作则，树立良好的榜样，与子女共同参与家务劳动，帮助子女在家庭劳动过程中掌握必备的劳动知识与技能，形成正确的家庭劳动观念，从而树立良好的家庭劳动作风。首先，家长应该主动提高家庭劳动教育意识和能力，主动学习《中华人民共和国家庭教育促进法》，提升自身的劳动素养和教育素养。其次，及时给予子女正面评价。因此，父母应该正视和尊重子女在劳动过程中创造的价值，及时给予正面反馈以及评价，对子女主动承担家庭劳动的行为进行充分肯定，并细心、耐心地提出改进意见，激发子女对家庭劳动的兴趣，提高劳动的成就感。此外，要采用科学的方法引导子女进行家庭劳动。子女在进行家庭劳动的过程中出现错误或没有达到预期效果时，家长应该适时给予鼓励和肯定，提高其劳动的自信心。

(三) 寓教于乐，创造家庭劳动教育活动新形式

教育家苏霍姆林斯基说过："儿童劳动的适度，不光决定于负担量要符合孩子的体力，而且还决定于脑力劳动和体力劳动的恰当交替，以及劳动活动种类的多样化。"家庭劳动是烦琐的，甚至有些劳动对人们而言是枯燥无趣的。因此，丰富劳动的内容与形式，实现创造性劳动，有助于提升家庭劳动的趣味性和实效性。首先，在家庭劳动的分配中，尽量做到体力劳动与脑力劳动相交替进行。例如，可以把阅读任务和整理房间交替进行，既缓解视觉疲劳，也实现家庭整洁。其次，把感兴趣的劳动与不感兴趣的劳动相结合，降低对不感兴趣劳动的抵触感。最后，要丰富家庭劳动的形式，让孩子在不同形式的劳动中感受家庭劳动的价值和魅力。比如可以创建固定的家庭劳动日，一周或一月一次，每次制定不同的劳动主题，父母与孩子共同参与，这样不仅能激发孩子的劳动热情，还能够增进亲子之间的沟通与交流，增加亲子之间的感情。

(四) 形成合力，家、校、社构成一体联动机制

家庭劳动教育是劳动教育体系中重要的一环。因此，构建家庭、学校以及社区一体化的劳动教育大环境，能使家庭劳动教育发挥出最大的功能。家庭和学校是学生学习的主要场所，学校可以通过校园开放日等渠道向家长宣传科学、新颖的家庭劳动教育理念，家长也应支持与配合学校开展的相关工作，使双方在劳动教育的内容、方法、形式上达成共识，发挥出家校联动的实效。另外，社区作为家庭与社会空间联结的枢纽，可以通过举办社区家庭劳动体验日、成立家庭社区劳动组织机构等方式，提供广阔的社会劳动平台，加深家庭与社区的联系；同时，家长应积极挖掘生活中的服务社区型劳动资源，例如社区志愿者服务，帮助社区孤寡老人等活动，鼓励子女积极参与社会劳动实践，使子女在志愿活动中获得劳动价值。

　　总之，要发挥家庭在劳动教育中的基础性作用，以加强劳动教育。这关系到亿万大学生的健康成长与全面发展，决定着我国未来人才质量和国民综合素质，对培育和践行社会主义核心价值观具有重大意义。因此，要深刻分析家庭劳动教育存在的困境，积极寻求对策，提升新时代家庭劳动教育的实效，为培养应用型、复合型、创新型人才打下坚实基础。

任务演练

　　1. 一位 85 后独生女的母亲认为："劳动要耗费孩子大量的心力与体力，对孩子来说太辛苦了。孩子不劳动也没关系，只要有钱，可以雇人代劳。再说，现在科技这么发达，扫地机器人、洗碗机等都有了，大人都懒得做，更何况孩子呢？"

　　认真思考，说说你是如何看待这位母亲的想法的。

　　2. 试着与父母展开一次深度对话，了解父母在生活及工作上的现状，并表达对父母辛勤劳动、认真养家的理解与感谢。

第二节　　学业奋斗精神

学习目标

1. 认识学业奋斗精神的珍贵品质。
2. 感悟学业奋斗精神的现实意义。

习近平总书记曾在全国教育大会上强调："要在培养奋斗精神上下功夫，教育引导学生树立高远志向，历练敢于担当、不懈奋斗的精神，具有勇于奋斗的精神状态、乐观向上的人生态度，做到刚健有为、自强不息。"对于当代大学生而言，在学业上需要有自强不息的奋斗精神，这种精神贯穿于大学生涯的始终，是新时代青年学者必备的思想品质，也维系着新时代大学生成才成长。本节通过介绍学业奋斗精神的内涵、现状以及价值等知识点，让大学生领悟学业奋斗精神的重要意义，养成良好的学习态度与习惯，尊重知识，热爱学习。

一、学业奋斗精神概述

（一）学业奋斗的含义

学业一般有三种定义，一是指学问，也就是知识；二是指学术，即专门化、系统化的学问，泛指高等教育以及研究；三是学习的课业，是指为了提高学习者的人生职业发展效率，而对相关的学业所进行的安排与筹划。本节中主要采用的是第三种含义。

学业奋斗是指学生为了自身的学习与发展需要，自觉接受教育，运用一定的学习方法，从而实现学习目标的过程，是一种自我提升而达到个体全面发展的行为活动。大学生是指在高等院校接受高等基础教育的未毕业的在校学生。作为社会的一个特殊群体，大学生能较快地吸收社会的新思想，接受社会的新技术。大学生学业奋斗可以定义为：在校大学生在长期的生活、学习和进行学术科研的过程中为了达到个人的学业目标所付出的辛勤努力，包括确立符合社会发展需要以及自身发展的长期和短期的学习目标，端正自己的学习态度和学习动机，遵守学习纪律等内容。良好的学业奋斗精神不仅对学校的改革发展有积极的作用，对大学生的成长成才也具有不可替代的重要作用。

（二）学业奋斗精神包含的品质

1. 进取之心

"进取"是一种积极的精神面貌和心理状态，体现了主体能够自觉设立目标，并为实现目标不断努力、不断拼搏的奋斗精神，具有目标性、未来性、坚韧性和自主性等特点。而进取之心是指学习者在学习过程中自觉自主设立学习目标，并为实现该目标而不断付出努力的精神面貌与心理状态。因此，进取之心是学生学习过程中一种可贵的奋斗品质。

2. 诚信之心

诚信是一个道德范畴，是日常行为和正式交流的诚实表现。诚信一般主要指两个方面：一是指在为人处世上做到真诚诚实，实事求是；二是指信守承诺。诚信既是中华民族的传统美德，也是人与人之间的道德规范，更是当代大学生必须具备的优良品质。因此，大学生应学会以诚待人、真诚做事，做到守信用、重承诺、践约定。

3. 严谨之心

在学习上，大学生应以精益求精、严格谨慎、负责认真的态度对待学习，把握好每一个学习环节、着力于每一个学习步骤，杜绝走马观花、不求甚解的学习态度，既不心浮气躁，也不好高骛远。同时，学校的严谨学风教育应围绕求是精神教育、科学态度教育以及严谨风格教育等内容展开，使大学生在学习中养成求真、求实、求精的严谨学习态度。

4. 创新之心

创新的内容十分广泛，包括制度创新、观念创新、管理创新和教育创新等方面。创新的形式丰富、特点多样，具有主动性、专业性与精神性的特点。主动性特点能提升大学生学习的主体性，激发学生的求学求知热情。专业性特点则有助于巩固所学的专业知识，增强学术功底。大学生只有具备良好的专业基础知识和动手能力，不断通过实践获取经验，才能在现有的研究成果基础上有所创新，结出创新的果实。精神性特点能够提升大学生学习的非智力因素，非智力因素能够转化为学习动机，成为推动学习的动力，更能激发学习者的积极性，树立锲而不舍的学习精神。同时，创新要求大学生具备良好的学习能力和充分的知识，更要具备正确的学习态度、强烈的学习动机与顽强的学习毅力。因此，创新有利于塑造和提升大学生的非智力因素，更有利于大学生学业奋斗精神的塑造。

(三) 学业奋斗精神的特征

学业奋斗精神是学生通过不断学习、生活和成长逐渐养成良好稳定的学习习惯以及精神面貌，因此具有一定的现实意义。准确把握大学生学业奋斗精神的特征，对分析大学生学业奋斗所处的内部环境和外部环境具有重要作用，也有利于高校科学地设定学风目标，更好地开展学风建设，提高大学生学业奋斗精神宣传工作实效性。大学生学业奋斗精神的特征具体如下。

1. 自发性

目前而言，大部分学生的学风仅停留于自发层次，尚未进入自觉层次。大学生学风的自发性表现为：

一是学习观念的自发性。许多大学生将学习理解为被动接受的任务，没有认识到学习与自身成才的内在必然联系，将学习看作老师的要求、家长的期盼，停留在"要我学"的被动状态，导致学习的自主意识差。另有部分大学生对学习的理解肤浅、片面，仅将其看作是知识的获取和高分的获得，习惯于复述前人的思想和观点，而缺少独立思考、质疑批判的创新精神。还有部分大学生不具备学习诚信意识，看不到学业诚信对获取真才实学的重要性，以复制、抄袭的方式完成课程作业、实验报告和学位论文。

二是学习行为的自发性。部分大学生在学习上缺少自律性，当学习任务与外在诱惑或个体享受发生冲突时，难以控制自身的享乐、懒惰思想，不能自律，表现在迟到、旷课、上课睡觉、玩手机、闲聊等违反课堂纪律的行为上。

三是学习目的的自发性。大学生在学习目的的设定上，表现出明显的功利性色彩，只关注自身的发展与就业，不关注国家、社会的发展；只关注个人经济利益的获取，而不关注集体的发展和社会责任。

2. 导向性

大学生学业奋斗的导向性主要表现为三个方面，分别是引领树立学习价值观念、引导树立学习理想信念、评价学风优劣状况。首先，大学生在学习过程中可能会滋长出功利主义、享乐主义、个人本位、自私自利等观念，而学生的刻苦精神、奋斗精神、奉献精神逐渐萎缩。因此，弘扬学业奋斗精神有助于引导广大大学生扣好学习的"扣子"，在学习的道路上亦能清楚"可为"与"不可为"的价值尺度，能坚守勤学、修德、明辨、笃实的信念。其次，大学生学业奋斗精神能引导学生树立学习理想信念。学习理想信念的确立与实现不仅与个体因素有关，如自身的学习兴趣、学习习惯、学习经历等，同时也与社会因素有关，如社会提倡的学习理念、学习环境、国家颁发的教育政策等。因此，弘扬学业奋斗精神有助于引导大学生树立社会倡导的学习态度、学习理念、学习道德以及学习纪律。最后，大学生学业奋斗精神能够反映学风的优劣状况。通过对大学生学习价值观念以及学习理想信念的正确引导，帮助学生认识大学生活，掌握正确的学习方法，合理规划学业，形成良好的学习风气和带动效应，保持大学生学习认识的正确性以及学习立场的坚定性。

3. 复杂性

学业奋斗精神的复杂性主要体现在环境上，影响奋斗精神的环境因素逐渐呈现多元化的趋势。从现实环境来看，学业奋斗精神受到家庭、学校以及社会等多种因素的影响，亦受到同辈或前后辈的思想观念的影响；从虚拟环境来看，通过新媒体以及网络等方式，学生可以方便快捷地获取大量信息；从积极环境来看，积极的环境对大学生学业奋斗精神的培育具有促进作用；反之，充斥着错误思潮的消极环境会阻碍大学生学业奋斗精神的培育。因此，家庭、学校与社会都需要努力营造有益于激发大学生学业奋斗精神的积极环境，让大学生始终在积极奋斗的氛围里成长，被积极奋斗的氛围所鼓舞，从而坚定理想信念，强化学业奋斗精神。

4. 持续性

学业奋斗精神的形成是一个长期积淀的过程，而一旦形成，便是相对稳定的一种品质，较难改变，因而具有独特的持续性与稳定性。当大学生遇到困难、遭受挫折的时候，自身的学业奋斗精神可能会动摇，甚至退步，这时就需要教育者的耐心引导，强化其奋斗热情，否则就会功亏一篑。因此，持续加强对学业奋斗精神的培育，一方面要根据大学生现实情况、精神面貌加以适当引导；另一方面要尊重其客观规律，尊重大学生在价值取向、个性特长等方面的差异，用大学生喜闻乐见的方式引导他们，并采取阶段性、循序渐进的方式推进。学业奋斗精神的持续性，有助于引导他们树立更远大、更崇高的学习目标与人生目标。

二、大学生学业奋斗中的现存问题

(一) 学习动机方面存在的问题

首先是学习动机不明确。学习动机是指能够驱使人自觉学习或参加学习活动的内部主观因素。学习动机在大学生学习过程中具有十分重要的作用。然而，越来越多的学生缺乏清晰的学习目标，学习动力不足，学习状态是被动的，因此学习动机不明确。此外，受到社会中错误思潮的影响，大学生缺乏艰苦奋斗的精神，安于现状，享受生活，不能自觉学习，缺失学习的目的性。如部分学生认为学习是随大溜的行为，仅仅是出于父母的安排，或认为学习仅是为了一纸文凭，这些错误观念致使部分学生找不到学习方向，更是缺少学习动机。

其次是学习动机功利化。其一，部分大学生偏向于学习实用性技能，认为公共课、基础课等课程相对于技能类课程不具实用价值，因此，忽略对基础课程的学习。其二，受当前较为低迷的就业环境的影响，大部分学生把更多的时间集中到考取技能证书上，而忽略了专业课程的学习。这种现象在各大高校普遍存在。这看似是一种合理的学习动机，然而这种学习动机会使学生的学习观念逐渐往现实性与功利性靠近。其三，校园里还出现了一些以个人功利为主轴的学习动机，如以拿到一纸文凭为最终目的，课程只求"及格"，认同"躺平""摆烂"的观念，对集体、社会、国家的责任意识淡薄，停滞不前、满足于现状。

(二) 学习态度方面存在的问题

首先是学习态度不端正。学习态度是指学习者在长期的学习过程中形成的一种内在心理倾向。端正的学习态度是大学生形成良好学业奋斗精神的内在驱动力。部分大学生处于"要我学"的被动、消极的学习状态，在学习上具有惰性思想，因此采取了应付作业、应付老师、应付考试等消极的学习态度，以致不能进行有效学习甚至直接放弃学业。此外，个别大学生以逃课为荣，认为"大学期间不逃课是一种遗憾"。更有部分学生认为，学习只是发生在校园里，离开校园后则无须学习，或是认为不学习也不会影响就业。以上现象都是学习态度不端正的表现。

其次是学习主动性不高。每个学生对待学习的看法与方式各不相同，当前大学生的学习主动性与自觉性较低，如部分大学生刚进入学校时状态较佳，精神饱满，有高度的学习热情，然而随着时间的推移，其学习主动性便逐渐下降，对曾经感兴趣的课程或学科都失去了兴趣，学习主动性逐渐降低。

(三) 学习纪律方面存在的问题

首先是学习纪律散漫。初高中阶段的管理相较大学严格，如全天候跟班、随时点名、进行家访等。然而，经历了紧张的初高中学习阶段转而进入到大学之后，在学分制度影响下，曾经整齐划一的教学管理模式被打破，部分学生在适应学习环境相对宽松的大学生活之后，逐渐养成了懒散的学习习惯，无视课堂学习纪律，因此逐渐丧失了学习的自律性与自主性。

其次是厌学情绪强烈。部分高校专注于实用型、应用型人才的培养，使部分大学生专业思想淡薄，降低了自身专业知识方面的学习要求，学习生活中不严格要求自己，产生惰性思想，如抄袭课程作业、实验报告乃至学位论文等不良行为，或沉迷于网络电子游戏而挥霍学习时间与精力，更有部分学生将主要精力投入到课外实践上，片面追求"能力至上"而忽视对文化的知识学习。

(四) 学习方法方面存在的问题

首先是缺少科学规划。自主学习是大学生的主要学习方法，然而许多学生不能科学地规划学习。由于学生自身没有养成良好的学习习惯，不具备科学的学习策略，导致其在学习过程中丧失了科学性，于是"想学不会学""会学不优学"的现象比比皆是。还有部分大学生热衷于照搬照抄教师的板书内容，课堂注意力都在抄写笔记上，不能跟随老师的授课思路，对知识点的掌握不分主次，导致期末复习抓不住重点、难点，造成考试成绩不理想。因此，没有科学的学习方法，学习效率便无法提高，进而影响学习成绩，甚至会产生消极的学习态度，最终助长不良学习行为的养成。

其次是理论与实践相脱节。各大高校都设有实践课或实操课，但是部分学生的理论知识不扎实，不能将理论知识与实践相结合，实际操作能力较弱；同时，缺乏与其他同学和老师的交流，局限于自己的思维模式，学习方法单一，知识面较窄，无法举一反三、灵活运用所学知识于实践中，导致理论与实践相脱节，所接受的最新理论成果与实用性课程不能相结合，以致高校所设的实践课或实操课无法发挥实效。

三、学业奋斗精神的意义

学业奋斗精神一方面有利于学生获取知识，另一方面能够提升学生的道德素养，锻炼学生的意志力。大学时光正是人生学习道路上的"黄金时段"，更是未来职业发展、成功的"加油站"。因此，大学生应养成良好的学业奋斗精神，才能让自身的大学生活更有意义。

(一) 有利于完善校风建设

学业奋斗精神与学风相似，都是直接作用于学生的学业发展，因此，从一定程度上看，学业奋斗精神等同于学风。而学风是校风发展建设的重要部分，两者相互联系、相互促进，因此，加强学业奋斗精神教育有利于校风的建设与发展。首先，学业奋斗精神能反映一定的校风。学业奋斗精神体现了大学生的学习态度、学习习惯、学习方法等，只有抓好学风建设，做好学业奋斗精神教育工作，才能在学校创造良好的学习氛围，塑造、传播优秀校园文化，形成优良的校风，进而培养出社会需要的高素质、高层次人才。其次，有利于建设良好校风。校风在学生的成长成才方面具有重要的作用，而学业奋斗精神是一种无形的精神力量，具有导向性，能够潜移默化地给学生以正面的影响。因此，做好学业奋斗精神教育工作，不仅有利于学生的管理与培养，同时又能促进学校的发展。

(二) 有利于减轻大学生"佛系""摆烂"等心态

"佛系"一词逐渐在网络走红，不少大学生都往自己身上添加"佛系"标签，随之而来的还有"摆烂"心态，他们抱着"一切顺其自然，无欲无求，得过且过"的态度学习与生活。客观地讲，"佛系"心态反映了青年对自身的关照，是在社会转型、高压生活下自我保护的一种选择，具有积极意义。然而，过度的"佛系"实质是一种消极的"善"。作为拥有大好青春年华的大学生，正处于努力奋斗、实现才能理想的阶段，不应该过度"佛系"，致使自己的学业荒废、停滞不前。因此，在大学开展学业奋斗精神教育是很有必要的，有利于减轻大学生过度"佛系""摆烂"的心态；同时，通过学业奋斗精神教育，有助于大学生坚定理想信念，将学业奋斗精神融入学习、日常以及各类实践活动中，以只争朝夕的精神担负起时代赋予的使命，书写出属于自己的人生篇章。

(三) 有利于大学生成长成才

加强学业奋斗精神教育是培养新世纪人才的需要。大学生要想成长成才，首先需要提升自身的思想道德素质。良好的学业奋斗精神的形成，需要以道德素质为基础，把优良思想行为、价值取向全面融入学习和生活中。同时，加强学业奋斗精神教育也有利于提升大学生的道德素质，提高大学生的科学文化素养。其次，学业奋斗精神的教育、宣传与弘扬，直接有助于大学生树立正确的学习观念，提高学习自觉性，养成良好的学习习惯。因此，高校要担负起培养人才的责任，要促进大学生的全面发展，要提高大学生科学文化素养与道德素质，加强学业奋斗精神教育。

四、学业奋斗精神的推进路径

(一) 完善高校管理机制

高校应健全相关管理机制。《教育部关于全面深化课程改革落实立德树人根本任务的意见》指出，立德树人是发展中国特色社会主义教育事业的核心所在，是培养德智体美劳全面发展的社会主义建设者和接班人的本质要求。大学的基础及首要任务便是培养德才兼备的人才，因此，高校应该明确这一任务的目标和定位，根据自身特点和办学定位加快构建分类考核机制，制定一套完备的教学管理制度，使教学管理工作走上规范化、科学化的道路；同时，加强教学管理队伍建设，破除"唯论文""唯学历""唯职称""唯奖项""唯帽子"的教师评价机制；更要扭转不科学的教育评价导向，破除"唯分数""唯升学""唯文凭""唯论文""唯帽子"等顽瘴痼疾，才能更好地落实立德树人根本任务，才能更好地推动学业奋斗精神教育工作的开展，从而推动学生的全面发展。

(二) 营造积极的高校学习氛围

高校应正确引导学生勤于学习，养成良好的学习态度。正所谓"知识就是力量"。"勤于学业"是时代赋予当代大学生的责任和使命，也是当代大学生的核心价值观。大学生只有拥有丰富的科学文化知识，遇到难题能找到解决办法，在实践的过程中积累经验，才能成为有用之才，才能在社会上立足，才能为祖国的繁荣富强贡献自己的一份力量。因此，高校应该加强知识教育和引导，如通过多方联动开展知识竞赛，聘请专家举办学术沙龙或开展学术讲座等；组建高素质教师队伍，传授学科知识的同时培养学生的学习兴趣，让学生意识到知识的重要，形成良好的学习习惯，在校园内营造良好的学习氛围。

(三) 营造浓郁的社会学习氛围

大学生学业奋斗精神与社会环境紧密相关。要培育大学生的学业奋斗精神，不仅需要高校的学习氛围，更离不开学业系统最外围的社会环境。营造社会学习氛围，关键在于建设一个"以学习求发展的社会"，即创造一个全民学习和终身学习的机会。

学习型社会建设可以从以下三个方面实施：

一是推进社会学习平台和资源建设。充分利用网络、公共图书馆、博物馆、文化馆、科技馆等开展学习，同时向社会公开高校的教育资源、精品课程等优质资源。

二是营造终身学习的文化氛围。通过物质层面的投入、制度层面的完善和精神层面的培育，将终身学习理念融入民众的思维和行为之中，纳入社会文化之中。

三是强化学习型社会的保障条件。建立组织管理机构和咨询机构，强化组织保障；健全法律法规，强化法治保障；建立政府主导、多元投入的资金渠道，强化财政保障；组建高素质的专业化人才，强化队伍保障；注重对学习型社会的科学研究，强化理论保障。

高校优良的学风不仅关系到高校学生学习能力、知识素养的提高，更是关系到国民素质的提高。因此，对学业奋斗精神的培育是高校开展各项工作的重要保障，它对于促进高校学生全面成长与成才，深化改革高等学校教育教学模式，全面推进与加强学生的综合素质教育，推进教育事业科学发展，实现高等教育的人才培养目标等方面都具有重要意义。

任务演练

1. 依据自身条件制作一张学业计划表。
2. 分享你的学业奋斗经历，并与同学们交流、讨论。

第三节　　职业工作精神

学习目标

1. 了解职业工作精神的现实价值。
2. 培养学生在就业中的职业责任感。

职业精神是一种信念、一种操守、一种美德。职业作为社会关系的一个重要方面，对社会成员的精神生活和精神传统有着重大影响。因此，良好的职业工作精神，有利于大学生世界观、人生观、价值观的塑造，有利于培养爱岗敬业的工作精神和认真负责的工作态度。

一、职业工作精神概述

(一) 职业工作精神的内涵

职业是指个人在社会上所承担的工作，这份工作能作为主要的生活来源。但职业不仅是一种简单的谋生手段，更是从业者实现自我价值以及承担社会责任的途径。职业工作精神在一定程度上可等同于职业精神。不同学者从不同的角度出发，对职业精神的界定也不尽相同。

从内容上看，齐艳珍等学者认为职业精神与人们的工作活动息息相关，具体包括 8 个基本要素，分别是职业理想、职业态度、职业纪律、职业责任、职业技能、职业良心、职业信誉以及职业作风。学者郭琴认为职业精神是职业人在从事该职业时所表现出来的态度以及行为，包括使命感、工作的自主性、职业或专业组织承诺。学者杨淑华则指出职业精神是从业者对自己所从事职业的一种热爱、追求和动力，具体可以细化为职业理想、职业能力、职业态度和职业良心等。从功能、价值上看，学者邱吉认为职业精神是长期形成的，能够能动地反映职业性质和特征的思想、观念和价值。学者刘慧则将职业精神建立在职业道德和职业伦理之上，将职业当作人生的事业，注入奉献精神；它是一种人生态度，也是一种能够落到实处的实践能力和社会能力。从特点上看，杜鹏等学者认为职业精神是指从业者在长期的职业活动中所表现出来的特有精神动力，具有较强的稳定性与连续性。

综上所述，职业精神是人们从事职业活动时，在掌握基本的专业技能和遵守职业道德规范的基础上，受自身职业品德要求和职业价值追求的影响而形成的一种稳定持续的观念、思想和价值取向，具体表现为职业认知、职业能力和职业品格等。

(二) 职业工作精神的内容

1. 职业认知

职业认知是职业精神的基础，是从业者对自己所从事职业的观点和看法。只有拥有良好的、正确的职业认知，摆正位置和端正心态，才能更好地完成本职工作，从而不断提升自己。职业认知主要包括职业认同、职业理想、职业态度以及职业知识。

职业认同要求从业者要立足现实、着眼未来，新时代大学生进行职业选择时应该考虑多重因素，即考虑个人自由发展的同时，将自己的职业理想融入国家、社会发展的大背景中，既要考虑利益，更应崇尚价值。职业理想是从业者从事职业活动时所希望实现的最终目标。职业态度是从业者在从事某种职业时体现出的职业价值观，同时也是职业精神的最基本体现。良好的职业态度有利于职业发展，展现从业者的风采，体现其工作价值。职业知识是指从业者在职场中必须掌握的知识。职业知识不仅包含特定岗位的专业基础知识，还涵盖职业心理健康、职业道德的重要内容与职业道德修养的主要方法等多个方面。因此，大学生应理解和掌握更多的职业知识，才能更好地培养爱岗敬业的职业工作精神。

2. 职业能力

职业能力是职业精神的关键与立命之本。职业能力是指从业者在职业认知的指导下体现出来的有利于开展职业工作的能力。而职业精神中的职业能力不仅包括职业专业技能、辩证思维能力、问题处理能力，还包括职业生涯规划能力、职业判断与职业选择能力、适应岗位的能力、处理职业人际关系的能力、团队合作的能力等。因此，具有职业工作精神的从业者都拥有扎实的专业知识，良好的合作能力，高度的责任感，以及默默奉献的精神、兢兢业业的工作态度与严谨求实的优良品质。

3. 职业品格

职业品格是职业精神的归宿。职业品格是指工作者通过学习职业知识和锻炼职业能力，逐渐形成的内在职业修养。职业品格主要包括三个方面，分别为职业纪律、职业良心和职业责任感。职业纪律是指从业者在进行职业活动时所体现出来的高度自觉性。职业纪律能够约束从业者的职业行为、职业活动，同时也保障从业者的自由、利益。职业纪律的形成与加强能帮助从业者迅速融入工作集体，全面实现自己的工作价值。职业良心与职业纪律一样，体现出从业者的高度自觉性，是从业者的一种自发行为，使从业者在工作中能严格要求自己，不断进行自我监督、自我反思。职业良心对从业人员的职业行为有良好的监督作用，使从业者能够获得不断进取的内在动力。职业责任感是职业品格的核心要求，是从业人员对所在岗位、职业道德所担负的责任，与常说的"在其位、谋其职"相呼应。

(三) 职业工作精神的特点

1. 具体性

在内容方面，职业工作精神能够鲜明地表达职业行为、职业责任以及职业根本利益的精神要求。在表达形式方面，职业工作精神比较具体、灵活、多样，不同职业对于从业者的精神要求不同，是从本职业的活动、内容与方式出发，能够适应本职业活动的客观环境和具体条件。在功效方面，职业工作精神一方面使社会的精神原则"职业化"，另一方面又使个人精神"成熟化"。

2. 共建性

职业工作精神的价值输出是学生、学校、工作单位、社会的协同共进。学生认真学习，进入社会后认真工作；学校做好职业工作精神教育工作；工作单位制定相关工作标准和工作规章制度；社会需求与职业发展齐头并进；只有四者高效统一，通力合作，才能使职业工作精神教育有的放矢，稳中求进，否则无法形成四者的良好互动，也无法培养学生爱岗敬业的职业工作精神。

3. 综合性

职业工作精神的教育体系是综合而全面的。从职业认知、职业能力、职业品格三个方面养成职业工作精神，并不是一蹴而就的，而是一项长远且艰巨的任务，既要全面且综合地收集资源、筛选与整合，也要有高素质且专业的师资队伍支持，还要加强学校、工作单位以及社会的重视度与支持度，从而全面、深刻地影响职业工作精神的建设工作。

二、职业工作精神培育中存在的问题

(一) 学生自身存在的问题

1. 缺乏合理的职业生涯规划

职业生涯规划的不合理表现在：首先，许多学生都表示对自己的职业生涯发展没有明确且清晰的规划；其次，部分学生在职业理想的选择上，表现出明显的功利性，他们忽视了自身的客观条件与实际情况，如个人特长、兴趣爱好等因素，而是盲目地选择高收入的热门行业；最后，还有部分学生缺少坚定的职业信念，没有清晰的奋斗目标，以"得过且过"的心态对待自身的学习与生活。

2. 职业态度不端正

部分大学毕业生在大学期间缺乏明确的职业规划，职业态度不端正，没有做好吃苦头、干实事的心理准备。他们有着独特的个性，思想上容易受新时代的"快餐文化"的影响，同时缺少相应的实践经验，进入职场前没有做好充分准备，不满足于职业工作环境、工资待遇或工作时长，或是在工作上敷衍了事，怕苦怕累，难以长期胜任同一工作岗位，这都是不端正的职业态度导致的。另外，部分学生认识不到自己所从事工作的重要性，出现职业倦怠的态度、动辄跳槽的行为，甚至漠视工作行为规范，不遵守相关的工作制度规范等，这样的职业态度与高校职业精神教育的培养目标大相径庭。

3. 职业品格有待加强

这方面的问题主要表现为职业纪律意识淡薄，缺乏职业责任感。

从业者必须拥有遵规守纪的职业品格。大学生作为社会与国家发展的主力军，理应培养良好的纪律意识。然而部分高校学生在校期间养成了懒散的习惯，自律性较差，无故旷课、迟到、早退，或是上课倒头就睡，避开老师的视线偷玩手机、听音乐等现象比比皆是，这些行为都是因为缺乏最基本的纪律意识所致。这种无视课堂纪律的行为习惯往往会延续到职场上，从而阻碍大学生个人的职业发展。因此，大学生应提高自身的纪律意识，形成一种内在的自我监督体系，及时对自己的行为进行监督和反思，加强自身的职业品格，提高职业责任感。

(二) 学校教育存在的问题

1. 教师对学生的职业工作精神培育意识淡薄

高校作为高素质人才培养的重要阵地，在承担职业工作精神培育方面具有重要的作用。教师的根本任务和使命是立德树人，这意味着教师在日常的教学中不仅要教授学生专业的基础知识和技能，还要培养学生的核心素养。职业工作精神作为大学生核心素养中的一部分，要求教师在课堂与实践课上灌输，要求教师向学生传授职业精神、劳模精神、敬业精神等相关知识。然而，在实际的教学活动中，不少教师对职业工作精神的认知都存在着偏差，以完成课堂教学任务为指标，以陈旧的教育理念、教学内容与理论为依据，使学生难以认识、理解与形成职业工作精神。

2. 职业工作精神的教学内容缺乏创新性

大部分高校培育学生的职业工作精神以学生的职业生涯规划课为支撑，或是将职业工作精神融合在其他课程的教学过程中。然而，许多教材的内容陈旧老套、偏重理论、缺少案例或是缺少趣味性和创新性。教材内容若不能紧跟时代发展步伐，紧扣最新时事，则无法及时反映当下的社会热点与焦点问题，从而缺乏教育时效性，使学生缺少学习兴趣，无法将理论与生活实际相联系，更无法与所学的内容形成共鸣，不利于培养学生的职业道德素养。

3. 学校与企业的互动形式较为单一

高校实施学生职业工作精神培育工作时，仅依靠自身的单打独斗是无法达到理想效果的，还要从各个专业的特点出发，有针对性地进行校企合作，让学生真正深入到企业中。此外，部分学校习惯于仅围绕书本展开教学活动，这样的方式束缚了学校寻求与企业高度合作的主动性与积极性。另外，有些学校的校企合作局限于就业岗位方面，缺少对学生的职业精神、职业思想素质方面的合作式培育，缺少对学生技能实践的培训以及职业道德素质的培养，因此，单一的培训形式使职业工作精神培育工作难以取得实际成效。

三、职业工作精神的现实价值

(一) 推动我国经济发展的需要

随着经济全球化和社会信息浪潮的不断发展，社会对从业者也提出了更高要求，社会需要的不仅是掌握科学知识技术的人才，更是工作能力与职业精神兼备、具有较高综合素质的高层次人才。当前，我国经济正在由高速度发展向高质量发展转变，党中央也多次强调经济转型升级，在这样的大背景下，只有具备良好职业工作精神、具备良好创新意识和奉献精神的从业者，才能更好地支持企业的发展，才能更好地提高企业自主创新能力。也只有从业者具备正确的职业观念，热爱自己的职业，具有主人翁意识，愿意为之奋斗，并将其真正落实到实际行动上，才能更好地推动经济的高质量发展，实现企业的转型升级，推动我国经济的发展。

(二) 落实高校立德树人的需要

习近平总书记指出："人才培养一定是育人和育才相统一的过程，而育人是本。人无德不立，育人的根本在于立德。"我国教育的根本任务是立德树人，而培养大学生的职业工作精神有利于高校立德树人根本任务的顺利开展。因此，大学生职业精神素养的培育与高校立德树人的成效息息相关。习近平总书记在党的二十大报告中也强调："坚持为党育人、为国育才，全面提高人才自主培养质量，着力造就拔尖创新人才，聚天下英才而用之。"由此，高校在培养高精尖人才的同时，也要重视全面提升大学生的人才质量，真正落实好立德树人、培养时代新人的任务。

(三) 提高学生就业素质的需要

当前，经济全球化加速推进，新时代背景下我国经济的快速发展对人才素养也提出了更高的要求；同时，教育大众化的发展策略使受教育群众越来越多，每年的大学毕业生数量都在增加，就业形势愈发严峻，人才竞争也日趋激烈。上述两个现象都说明：为了自己的未来和职业发展，大学生应该努力提升自身综合素质，形成与发扬职业工作精神，增强专业技能的学习兴趣，深入了解企业文化和岗位要求，为顺利就业做好铺垫。因此，培养大学生的职业工作精神，有利于增强学生在人才市场上的竞争力，有利于促进学生的高质量就业，同时也是提高学生就业素质的本质要求。

四、大学生职业工作精神的培育路径

(一) 着力营造重视职业工作精神的良好校园环境

在教学过程中，高校应将职业工作精神与各专业课程相结合。如各专业学科教师可以根据相关专业课程安排，设计并融入由浅入深的职业工作精神教育内容，让学生在学习相关专业知识的同时，也能正确认知与领悟职业工作精神。同时，学校还应重视营造良好的校园文化氛围，如充分利用宣传栏、教学楼与实训楼走廊、宿舍长廊等地方，张贴具有职业工作精神的名人名言或事迹，强化学生的职业认知，提升职业道德境界。此外，学校还可以举办主题演讲、辩论赛等形式多样的课外活动，让学生在活动中感受职业工作精神，涵养职业道德。例如，可以举办与职业工作精神有关的辩论赛，设置诸如"能力与学历哪个更重要"等辩题，使学生在参赛的过程中能够对职业精神有更深入的理解与思考，从而有利于领悟职业精神教育内容。因此，学校应从教学、校园文化氛围与校园活动上营造良好的职业工作精神教育环境，以取得更好的教育实效。

(二) 加强校企合作，引入企业的职业工作精神

对学生职业工作精神的培育，有利于学生步入职场后在较短时间内适应与校园不同的生活模式，完成由学生到从业者的身份转换。为了更好地开展职业工作精神培育工作，学校应加强校企合作，企业应提供良好的实习平台，多方面、多渠道培育学生的职业工作精神。首先，学校各二级学院要结合企业和岗位的特点，加强顶岗实习前的职业工作精神

教育，如召开实习动员大会或主题班会，引导学生认识实习的重要性，同时要进行安全教育、责任教育以及文化教育等。此外，实习单位也要对高校实习生进行岗前培训，如通过企业微信群、实习生岗前培训等途径提前让学生知晓本单位的规章制度、了解职业道德基本规范，使学生在工作中遵从本单位的管理、执行本单位的规定、规范自身的职业行为。其次，学校要优化学生的实习考核评价机制，采用动态考核与综合考核的方式，全面、多方位地对学生的实习过程、实习成果进行考核评价。动态考核是指让学校的优秀教师参与到学生的日常实习活动中，定期与实习单位的指导教师进行交流，及时了解学生的实习生活、工作状况与心态变化，采取阶段性评价与终结性评价相结合的评价方式给予学生实习成绩。综合考核是指在考核过程中既要关注大学生的职业技能，还要对大学生进行职业道德评价，使他们追求高尚的道德品质，提升自身的职业道德境界。校企合作双管齐下，有利于学生了解到企业文化和适应工作环境，有利于增强学生对企业文化的认同，更有利于引入企业的职业工作精神，提升学生的综合素质，增强学生的就业竞争力。

(三) 营造利于培育职业工作精神的社会大环境

高校学生职业工作精神的培育需要以良好社会大环境为支撑。职业工作精神不仅是大学生自愿的精神行为，更是社会环境对大学生提出的外在要求，因此，大学生职业工作精神的培育离不开全社会的共同努力。然而，当前社会、学校普遍重视职业能力的培养，忽视对大学生职业工作精神的培育，这不利于大学生的成长成才，不利于大学生的素质发展；唯有发动全社会共同参与，营造家庭、学校和社会共同重视职业工作精神培育的大环境，才有助于大学生成为更加优秀的、富有较好职业精神的高素质人才。

首先，政府部门应当完善相关法规政策，推进职业技术教育持续健康发展，要求中高职教育办学要突出鲜明的职业属性。其次，摒弃"唯学历""唯职称"的不合理用人政策，建立科学的人才使用与评价机制；引导企业挤掉"人才泡沫"，建立合理的薪酬制度，提高技术技能型人才的收入。最后，加强舆论引导，引导大众正确认识职业教育，重视职业工作精神教育的重要性，转变"职业教育低人一等"等错误看法；引导社会各界转变观念，弘扬劳动光荣、技能宝贵、创造伟大的时代风尚，形成"崇尚一技之长，不唯学历凭能力"的浓厚氛围。

总而言之，职业工作精神关系到个体从事职业的效率和质量，关系到其职业发展的水平和高度。大学生在正确的人生价值观的基础上形成职业认知，在职业认知的基础上形成职业工作精神，是一个环环相扣、层层递升的过程。因此，进行新时代大学生职业工作精神建设，要廓清其内涵、特点，要彰显其价值、实效，这将有利于推进新时代大学生思想道德建设，进一步完善新时代大学生的人格教育体系，加快培育大批具有专业技能与职业工作精神的高素质劳动者和人才。

任务演练

1. 依据自身条件与所选专业，制作一份职业生涯规划书。
2. 在班级上举行一次职业生涯规划的演讲比赛。

第四节　　　劳动模范精神

学习目标

1. 理解劳动模范精神的深刻内涵。
2. 了解人们对劳模精神的认知现状。
3. 激励大学生向劳模学习新时代志愿精神。

　　劳动模范不仅是一个光荣称号，更是一种精神指引。劳动模范以自身的劳动行为激励着人们辛勤劳动，以卓越劳动凝结而成的劳模精神引领社会价值风向。本节通过介绍劳动模范精神的内涵、劳动模范精神的认知现状以及劳动模范精神的价值等知识点，让读者领悟劳动模范精神的重要意义，更好地推动劳动模范精神深入人心。

一、劳动模范精神概述

　　习近平总书记在 2020 年 11 月的全国劳动模范和先进工作者表彰大会上的讲话中强调："劳动模范是民族的精英、人民的楷模，是共和国的功臣。"劳模即劳动模范，有广义和狭义之分。广义的劳模是指广大劳动者中的先进典型和突出代表，凡是为促进人类社会发展作出过贡献、付出过辛勤劳动的劳动者，都可以被称为"劳动模范"。狭义的劳模往往是一种劳动称号，特指党和国家对在自身劳动岗位上做出显著成绩，对在我国社会主义事业的建设中作出突出贡献的劳动者所授予的一种崇高荣誉称号。劳模的诞生是人类长期的生产实践活动的结晶。

　　劳模精神是指劳动模范身上所承载的优秀品质及其事迹所彰显出的先进思想，并由此不断凝练成的一种强大的精神力量。劳模精神产生于革命年代，发展于改革开放时期，繁荣于中国特色社会主义新时期，根植于我党领导人民不懈奋斗的伟大实践当中。劳模精神是一种先进的时代精神，它能够随着时代的变迁而不断地丰富发展。从根本上说，劳模是劳模精神的载体，能够将劳动的本质体现出来，并能够为劳动提供源源不断的驱动力。劳模精神是劳模的世界观、人生观以及价值观在精神层面的浓缩和升华。习近平总书记曾在知识分子、劳动模范、青年代表座谈会上的讲话中指出："劳动模范是劳动群众的杰出代表，是最美的劳动者。劳动模范身上体现的'爱岗敬业、争创一流，艰苦奋斗、勇于创新，淡泊名利、甘于奉献'的劳模精神，是伟大时代精神的生动体现。"劳模精神是每一位劳动者都应追求的目标，是每一位劳动者为创造美好生活应展现出的精神风貌，因此需要深入解读劳模精神的核心内涵，领悟劳模精神的重要意义。

1. "爱岗敬业、争创一流"的职业道德意识

《中共中央关于加强社会主义精神文明建设若干重要问题的决议》规定了我们今天各行各业都应共同遵守的职业道德的五项基本规范，即"爱岗敬业、诚实守信、办事公道、服务群众、奉献社会"。爱岗敬业是社会主义道德建设的重要内容，要大力倡导爱岗敬业的职业道德。爱岗敬业是劳模精神的先提条件，是职业道德的基石。爱岗敬业是指劳动者尊重、热爱自身所从事工作的一种美好品质。广大劳动者应该把时代使命扛在肩上，把时代责任刻在心头，以"时不我待、只争朝夕"的状态投入工作中，以"螺丝钉"一样的坚忍精神紧紧拧在岗位上。

同时，随着经济的高质量发展、产业的转型升级、技术的不断进步，新时代对劳动者的素质也提出了更高的要求。"争创一流"成了新时代对劳动者的基本要求。新时代的"争创一流"不仅仅指"干一行、爱一行"，更指的是"专一行、精一行"的职业追求，要求劳动者能够在平凡的工作岗位上做出不平凡的成绩。因此，各行各业的劳动者都应该热爱自己的事业，做到干一行、爱一行、悟一行，紧跟时代的步伐，勇于钻研，敢于拼搏，不断提高自身的工作能力和业务水平。

2. "艰苦奋斗、勇于创新"的拼搏意识

艰苦奋斗不仅是中华民族一直以来的优秀品质，更是劳模精神的重要内涵。中华民族的艰苦奋斗精神不断激励着中华民族坚持不懈、攻克艰难、战胜前进道路上的一切艰难险阻，是实现中华民族伟大复兴中国梦的强大精神动力。从中华人民共和国成立到迈入新时代，艰苦奋斗精神与时俱进，涌现出诸如袁隆平、钟南山、黄文秀等劳动模范，不断推进新时代中国特色社会主义的发展，谱写着中华民族的艰苦奋斗之歌，为新时代发展的新征程添砖加瓦。

勇于创新是一个民族屹立不倒的灵魂，是国家繁荣昌盛的不竭动力。"创新"意味着要拒绝墨守成规，勇于打破固有壁垒。不同的发展时期，有不同的创新方式、水平和意识。但无论处于哪个发展时期，我国所取得的成就都有赖于"敢为人先、勇于创新"的劳动模范的辛勤付出。如当今的超级杂交水稻、5G 技术、北斗问天、港珠澳大桥等举世瞩目的成就，都离不开我国千千万万个劳动者的艰苦奋斗、自主创新。从更高层面来说，劳模精神也为我国创新发展战略提供了精神价值导向，成为新时代劳动者不断创新、勇攀高峰的强大精神支柱。

3. "淡泊名利、甘于奉献"的崇高品质

淡泊名利是指不贪图世俗名利，不与身外之物做过多的纠缠，坚守初心；甘于奉献则是指在工作中顾全大局，将集体利益放在首位。淡泊名利与甘于奉献，二者是一种不图回报、敦厚务实的崇高品格，应该成为每一位劳动者共同的价值追求。不管是专业上的领军人才，还是基层岗位上的工作人员，他们之所以能成为劳动模范，皆因他们抛却了私心杂念，始终坚持着无私奉献的精神与对党和人民负责的态度，从不因自己创造的卓越成就而忘记自己的初心，也从不为世俗名利而忘记自己的使命。这种崇高的品格为新时代劳模精神的培育提供了价值引领，通过外显的形式将淡泊名利、甘于奉献的精神彰显为其他劳动者学习的榜样，既激励劳动者不断进取、超越自我，也为生产力的发展输送源源不断的人才。

二、劳模精神的认知现状

劳模精神的传承与发扬是能动的实践问题，并非抽象的理论问题，因此，需要认真分析劳模精神的现状、面临的问题与矛盾。目前，人们对劳模精神在认知上存在的问题可归结为以下三方面。

（一）对"劳模精神"存在认知偏差

我国的劳动模范以及他们身上的劳模精神都值得我们学习与发扬，劳模精神的发展壮大离不开党和人民群众的普遍认可。然而，部分群众对劳模精神的理解存在着只知其"理"，而不知其"实"的现状，甚至贬低、否定劳模精神的价值，尤其是部分高校学生。部分高校学生对劳模以及劳模精神的认知存在偏差，对劳模精神有着错误的看法，这些错误看法主要分为以下两种情况：

一方面，认为劳模精神已经过时。部分学生认为劳模精神是过去科技不发达、生产力水平落后年代的产物，随着社会经济的发展和人民物质生活的丰富，现在讨论劳模精神并没有任何实际价值与意义。这种观点忽视了劳模精神的发展性与时代性，否认了劳动模范的合理性与历史特殊性。

另一方面，对劳模精神内涵的理解不深刻。劳模精神主要体现在艰苦奋斗、勇于创新、淡泊名利三方面。社会经济的高速发展带来了优越的物质生活条件，随着生活水平的不断提高，部分人认为劳动所带来的是疲惫感，是一种消耗体力、脑力的活动，因此不愿意参加劳动，更无法深刻认识到由艰苦奋斗转化而来的幸福才是真正的幸福。同时，许多大学生过于依赖书本和教师的指导，鲜少进行独立思考与探索，缺少创新意识与创新精神。另外，部分学生认为劳模精神具有极强的功利性，认为争当劳动模范便是为了争取名利，获取一定的物质奖励。这种功利性认识还体现在有偿劳动和无偿劳动的选择上，多数学生更倾向于有偿劳动，认为付出了劳动就能够得到相应的回报；较少学生会主动选择无偿劳动，如志愿服务、社区服务与社会援助等，认为无偿劳动就是浪费时间且得不到实际回报。因此，不能深刻理解劳模精神的内涵，则无法学习劳动模范身上凝聚的不为名利、无私奉献的美好品质，无法弘扬劳动模范身上的劳模精神，更不利于高校学生身心的全面发展。

（二）对劳模精神存在刻板化、另类化认知

大部分学生对劳模的认识片面化、模式化、刻板化。例如，普遍认为劳模就是一味埋头苦干的代名词，认为只有从事体力劳动的工作者才称为劳模，或是最基层的从业者才能称为劳模。对劳模精神的刻板化还表现在劳模的选举方式与人物形象较为传统，所选树的劳动模范对学生起不到榜样作用，使学生认为劳模相对自身实际有较强的"距离感"，因此难以产生共鸣，也难以感悟到劳动模范可贵的劳模精神。甚至有部分学生将网络红人、偶像或者是业界大咖作为心目中的劳模候选人，直接反映出学生对劳模的内涵和评选标准的理解是不恰当的。久而久之，学生对劳模精神就产生了刻板化、另类化的错误认知。因此，劳模应向普通劳动者回归，强调劳动者的敬业精神、职业道德和技能，而不是过分强调其奉献精神或是将劳模"神化"，这样才能使劳模对学生起到激励和榜样的作用。

(三) 对劳模精神的存在没有形成持久化的认知

在中华民族发展的历史长河中，人们对于劳动的倡导经久不衰，而劳模精神的培养与弘扬并非在短时间内能完成，应有长久的策略与计划。然而，受社会中不良思潮的影响，劳模精神在发展过程中受到不同程度的弱化，劳动模范的榜样示范作用也减弱了，弘扬劳模精神的氛围也逐渐变淡。这种现象集中体现在宣传劳模精神成了"过场式"的任务，是短暂性的。例如，只有在举办表彰劳动模范评选大会或是五一劳动节期间才进行劳模精神宣传，而不是将其融入群众的日常工作生活中，致使选树出的劳模影响力"昙花一现"，无法长久地对人们形成深刻的影响。若劳模精神对人们不能形成持久的影响，人们对劳模精神的信任感便会逐渐降低，不利于劳模精神的培养与弘扬。

三、劳模精神的重要价值

进入新时代，劳模精神是凝聚人心的力量源泉，是实现创新驱动的重要推动力量，更是社会主义核心价值观实践的强大着力点。在建设中国特色社会主义新时期，劳模精神越发彰显其丰厚的价值。

(一) 劳模精神为创造良好社会风尚奠定理论基础

劳模精神通过劳模的言传身教传递给全社会，从而在全社会、全体人民中营造良好的劳动风气。劳模与劳模精神将抽象的价值形象化、具体化，以榜样示范的形式让人们树立正确的劳动观和价值观，塑造符合社会发展要求的健康人格。因此，弘扬新时代劳模精神，有利于营造良好的社会风气，有利于提高劳动者的素质，增强人们对劳动教育的认同感，为新时代劳动者队伍建设指明前进方向。

(二) 劳模精神为实现伟大复兴中国梦提供精神动力

中国梦的实现，离不开千千万万的劳动者的辛勤努力。习近平总书记强调："长期以来，广大劳模以平凡的劳动创造了不平凡的业绩，铸就了'爱岗敬业、争创一流，艰苦奋斗、勇于创新，淡泊名利、甘于奉献'的劳模精神，丰富了民族精神和时代精神的内涵，是我们极为宝贵的精神财富。"劳模精神是辛勤劳动、诚实劳动和创造性劳动的集中展现，是充实和展示国家文化软实力的重要内容，是激励共产党人不忘初心的生动素材，更是坚定中国特色社会主义"四个自信"的重要动力。因此，劳模精神能为中国梦的实现塑造坚强的领导核心，注入不竭的精神动力，是实现中国梦的重要力量。

(三) 劳模精神是提高大学生综合素质的内在要求

习近平总书记在 2015 年庆祝"五一"国际劳动节暨表彰全国劳动模范和先进工作者大会讲话中强调："我们要始终高度重视提高劳动者素质，培养宏大的高素质劳动者大军。"当代大学生作为新时代的接班人，更应向着成为高素质人才的方向奋力前行。

首先，大学生劳模精神的培育与社会主义核心价值观之间存在着与时俱进的必然联系，劳模精神的培育能够引领大学生践行社会主义核心价值观。因此，高校在培养学生的方式上要采取以教师主导、学生为主体的教学模式，在思想上培育与树立学生正确的劳动价值观，在实践上教授学生掌握劳动技能，在生活上培养学生真抓实干、埋头苦干的良好劳动习惯，为培育与践行社会主义核心价值观奠定坚实的思想基础。

其次，劳模精神引领学生坚定文化自信和使命担当。文化自信并非一句口号，而是一种坚定的践行，是最为基础、最为重要的自信。然而，随着社会主义市场经济的发展与对外开放的扩大，人们思想活动的独立性、选择性和差异性进一步增强，不少人对于中华优秀传统文化存在片面的认识，西方的所谓民主式文化、"普世价值"、个人英雄主义等文化在不断渗透。因此，高校应教育学生坚决摒弃西方片面与错误的文化认知，积极开展劳动模范精神教育，激发起大学生艰苦奋斗、无私奉献的斗志，使大学生始终保持文化认同感，引领大学生坚定文化自信，培育出有理想、有自信、有抱负、敢担当的社会主义接班人。

最后，劳模精神能够引领学生增强爱国主义意识。纵观中国发展的不同历史阶段，每个阶段的劳动模范都彰显出深厚的爱国情怀，体现出强烈的民族自豪感以及对祖国的归属感、认同感、尊严感。每个时期的劳模精神都是时代精神的具体体现，新时代的劳模精神继承了以往的优良基因，具有时代精神与民族精神双重色彩。引领学生增强爱国主义意识，能够为新时代大学生的价值引领注入新能量；同时，要求学生在学习和生活中实践劳模精神，才能将爱国主义精神内化于心、外化于行，才能激励当代大学生将爱国主义精神融入自己的事业追求。

四、劳模精神培育的路径探索

(一) 推动大学生形成劳模精神的内生动力

内生动力的生成代表着大学生个人能主观地、自觉地进行某项认知行为与实践行为，因此，大学生内生动力的形成有利于正确认识劳模精神并主动践行劳模精神。树立崇高的理想信念和锤炼精神品质，有利于激发大学生自身学习与践行劳模精神的内生动力。

第一，树立崇高理想信念，确立正确的人生奋斗目标。大学生要树立起社会主义的理想信念，正确看待个人发展与社会发展、职业与事业的关系，做到既不能只强调个人自身条件，如努力、性格等因素对个人发展的作用，也不能只关注社会背景、政策等对个人发展的作用；认识到职业与事业的选择两者并不冲突，应该干一行、爱一行、悟一行。同时，大学生应思考如何实现自己的理想，理解奋斗的意义，从而有助于社会主义理想信念的树立。

第二，锤炼高贵的精神品质，坚守科学的人生价值观。大学生应认识到高贵精神品质的形成离不开持之以恒的锤炼，注重培养自律精神与坚韧不拔的意志，以正确、科学的实践为人民群众无私服务，积极为社会贡献个人才智，以形成正确的价值取向，养成健全的道德人格与高贵的精神品质。

(二) 发挥高校对大学生劳模精神培育的引导作用

高校中仍有部分学生缺乏对劳模精神的正确认识，甚至曲解、淡化劳模精神，这些消极负面的观点危害着社会的主流价值取向，影响着劳模精神的有效弘扬。因此，应及时更正错误的思想观念，营造弘扬劳模精神的良好的社会风气，让劳模精神走进校园，让劳模贴近大学校园。

一方面，高校对大学生劳模精神的培育应体现出与时俱进的时代精神。如运用新兴的宣传手段，结合时代特征、网络特性、学生用网习惯，打造出贴合学生需求的新的宣传方式与宣传内容，利用互联网优势进行劳模精神的宣传与弘扬。同时，要提高传播的内容质量，注重劳模精神的内容打磨，聚焦学生兴趣、把握学生关注点、贴近学生生活，努力打造青年大学生喜闻乐见的劳模精神网络文化产品，让文化传播内容入脑、入心、入行，让高大上的"主旋律"变成接地气的"流行曲"。

另一方面，高校还要建设彰显劳模精神的校园文化。校园文化是强化大学生的社会主义主流意识形态的关键环节和主要措施。高校应开设丰富多样的校园文化活动，将劳模精神融入到校园文化活动中，提高劳模精神教育的成效。一是将劳模精神的育人工作融入学生的志愿活动、社团活动中，或是融入以劳模精神为主题的演讲、辩论、征文、读书等活动中，帮助学生端正劳动态度、丰富劳动情感、增强劳动认同感，在实践中感受劳动带来的幸福感与满足感。二是积极创造与劳模接触的机会，创造条件开展"劳模进校园"活动，例如举办"劳模大讲堂""劳模进班级""大国工匠进校园"等系列活动，使学生近距离感受劳模精神，深刻理解劳动价值，提高劳模精神教育实效性。三是增强大学生对劳动模范的亲近感和认同感。学校通过选树优秀模范教师、先进工作者等工作，让学生感受典型和模范爱岗敬业、无私奉献、持之以恒的精神，有利于传播劳动光荣的"正能量"，更有利于学生"零距离"感受最接地气的劳模风采。同时，学校也要鼓励学生积极寻找、发现身边的劳动模范，以激励学生自我奋斗并提高劳动思想境界。

(三) 发挥社会对大学生劳模精神培育的支撑作用

社会环境影响着学生的思想观念和实践行为，因此，大学生劳模精神培育以社会为依托，通过营造良好的社会环境以培育大学生的劳模精神。一是落实社会教育，打造劳模精神教育大环境。社会教育是劳模精神传递的关键途径之一，具体指社会上的各个文化教育机构向群众所开展的相关教育活动，借助多样化的形式及丰富的内容，将劳模精神融于各种各样的教育模式之中，更好地传递劳模精神，实现对人们的教育与熏陶。二是加强舆论正向引导，营造劳模精神培育舆论氛围。劳模精神的培育离不开健康、和谐的社会舆论环境，积极的社会舆论环境有助于引领社会风向，增加劳模文化宣传力度，弘扬劳模精神。例如，传统媒体与新兴媒体相互融合进行劳模精神宣传，充分利用工厂、广场、社区、车站、旅游景点等社会公共场所宣传、弘扬先进劳动模范与劳模精神。三是完善劳动保障制度以及功勋荣誉表彰制度。习近平总书记明确指出："全社会都要贯彻尊重劳动、尊重知识、尊重人才、尊重创造的重大方针，维护和发展劳动者的利益，保障劳动者的权利。要坚持社会公平正义，排除阻碍劳动者参与发展、分享发展成果的障碍，努力让劳动者实现体面劳动、全面发展。"因此，需要构建一套完善的劳动保障制度。然而，当前对于劳动模范的参评、表彰或奖励等工作，大部分是以文件通知的形式宣传的，缺少法律层面的权威性认定与保护。因此，可以通过完善劳模的评选、表彰、保障等管理机制与办法，把物质与精神奖励结合起来，鼓励劳动者发挥模范带头作用，增强劳模的获得感和荣誉感，激励更多的劳动者学习劳模身上的美好品质，从而产生强有力的社会导向作用。

总之，每个时代的劳模精神都有其独特的时代特点，劳模精神的内涵也在不断变化；同时，每个时代产生的劳动模范既是时代背景下的先进典型，也是劳模精神内涵的具体体现。无论时代如何发展变化，劳动模范始终是人民追求的榜样，劳模精神也朝着满足时代要求与人民幸福的方向发展，是各个时期劳动人民奋发向上的精神力量源泉，是中华民族伟大复兴的重要精神动力。

任务演练

1. 寻找大众熟悉的劳模人物，并搜集该劳模人物的鲜活素材，与同学们分享。
2. 寻找身边的劳模人物，并搜集、整理他们的故事，与同学们分享。

第四章

传承并弘扬大国工匠精神——培育大国工匠

本章导读

　　习近平总书记在党的十九大报告中提出，要"建设知识型、技能型、创新型劳动者大军，弘扬劳模精神和工匠精神，营造劳动光荣的社会风尚和精益求精的敬业风气"。工匠精神具有深厚的文化意蕴，不仅体现在对作品细节的注重、对完美品质的追求上，更体现在兢兢业业、一丝不苟、持之以恒的专注态度上。在这个生活节奏日益加快的时代，工匠精神能锻造大学生的实干品质，使他们拥有"沉""潜""静"的气质，脚踏实地地为中华民族的伟大复兴作出贡献，为自我价值的实现而奋斗。不同时代对工匠精神的内涵有不同的解读，认识工匠精神的内涵与价值，学习我国劳动模范背后的匠心故事，对培养当代大学生的工匠精神具有非凡的意义。

　　通过本章内容的学习，学生将了解在新时代自身肩负的使命，将以实际行动担负起新时代青年的使命并勇于担当，为祖国事业的繁荣富强添砖加瓦。

第一节　工匠精神的深刻内涵与当代价值

学习目标

1. 深刻认识工匠精神的深刻内涵。
2. 领会工匠精神的当代价值。

一、工匠精神的深刻内涵

(一) 工匠的基本含义

"工匠"一词在中国文化的语境中主要指熟练掌握了某一门手工技艺并以此为谋生手段的一类社会群体,如木匠、鞋匠、铁匠、铜匠、织布匠等。中华民族五千年璀璨的历史中涌现出了大批能工巧匠,代表人物包括技艺精湛的木匠鲁班、铸剑鼻祖欧冶子、造桥匠师李春、微雕大师王叔远等。作为中国传统手工业的代表人物,他们远离了浮躁,心无旁骛、气定神闲地在斗室之中揣摩作品;他们精雕细琢、精益求精,不断创新创作、革新技术;他们耐得住寂寞、守得住节操、经得住诱惑,既敢于探索,也敢于失败,呈献出炉火纯青的作品,并赋予它们历史传承价值。

在西方文化中,"工匠"(artisan)一词本义源自拉丁语中一种被称为"ars"的体力劳动,即从事体力劳动的人,后来随着劳动形式的逐渐丰富,演变为"技能、技巧、技艺"的意思。可见,"工匠"早期主要指从事体力劳动的劳动者,但随着生产力的发展和科学技术的进步、社会分工的细化和职业种类的增多,人们开始重新思考"工匠"一词的含义。有的认为工匠一般指从事器物制作的人,即"手工技艺匠人";有的则认为那些具有工艺专长,并且专注于某一领域、全身心投入某一领域的产品研发或加工过程,精益求精、一丝不苟地完成工序中每个环节的劳动者皆可称为工匠。如今,人们对"工匠"一词有了新的认识与理解,即"工匠"不单指从事手工劳作的劳动者,也指在某一领域具备一定技能,并在生产过程中充分发挥智慧和体力,不断改善产品的人。在新时代,凡是能够在劳动过程中秉持敬业、精益求精、专注、创新等精神的专业人员和生产者都能够称为"工匠"。

(二) 工匠精神的深刻内涵

"工匠精神"一词最早是由平民教育先驱聂圣哲提出的,是一种在时代发展的背景下伴随着时代文明而产生和不断发展的,对技术、实践以及道德方面的永恒的精神追求。从本质上讲,"工匠精神"是一种职业精神,它是职业道德、职业能力、职业品质的体现,是从业者的一种职业价值取向和行为表现。它有狭义和广义之分。狭义的工匠精神是指工匠对自己的产品精雕细琢、精益求精的精神理念。广义的工匠精神是指在所有劳动者身上所具有的在劳作中追求精益求精、勇于创新的态度与品质。

工匠精神，重点不仅在于"工匠"，更在于"精神"。中国哲学对工匠精神有着深刻的认知，即"道技合一"或"匠工蕴道"。其中，"道"是中国哲学最高一层的概念，代表着天地与人间社会的规律或准则(天道、人道等)。因此，工匠精神实际上是通过刻苦训练和反复实践，使技艺臻于完美的境界，从而实现对劳动对象的自然机理之道的深刻把握。在西方文化中，工匠精神是一种伦理德性精神；一切发自人的内在品格、精益求精的态度以及持之以恒的探索创新行为，都是内在德性的展现。具备内在德性的劳动者会付出千百倍的努力，熟练并掌握所从事的技艺，并不断奉献出精雕细琢的作品，为社会提供极致的、完美的享受。

如今，工匠精神代表着一个时代的精神气质，这不仅是劳动者对材料、工艺、造型以及背后承载的文化精神的坚守与传承，更是对作品的专注创新和精益求精的态度与品质。可以说，工匠精神是社会文明进步的重要尺度，也是推动社会不断进步的重要动力。一般而言，工匠精神的内涵有以下几点：

第一，尊师重道的师道精神。尊师重道是工匠精神的起源，尊师的本质就是尊重技艺、遵守职业操守，如我国自古以来就有"一日为师，终身为父"之说；而重道即尊重规律，唯有尊重规律、运用规律，才能成长为合格的工匠。如堪称中国建筑与木匠鼻祖的鲁班，正是在洞悉力学规律与建筑学规律的基础上不断实践，才创造出了锯子、刨子、墨斗等推动历史进步与社会发展的实用工具。因此，学徒学习技艺的过程中要做到尊师重道，认识到诚心、细心、耐心是拜师学习的态度，勤学、勤问、勤听是拜师学习的方法，而成长、成才、成功是拜师学习的目的。简言之，尊重技艺、遵守职业操守、尊重规律是工匠成长的必然路径。

工匠精神作为中华文化的重要组成部分，也传承着尊师重教的文化，极为重视传承的力量。在古代，师徒式传授是工匠学习本领的主要形式，要求师傅不仅要有丰富的工作经验和专业知识，还要将传承技艺和精进技艺视为自我责任。若为师者"露一手，留一手"，甚至藏一手绝技不传，则其技艺、经验和精神会被淡化，行业和社会发展势必会受影响。而学徒是否能学到本领，关键也在于自己本身的才智、对这项技艺的悟性以及刻苦练习的程度，因此，学徒应尊重技艺，虚心求取技艺，才能学好技艺。但这种传承绝不只是技艺上的传承，更是技艺背后所蕴含的深刻的文化信仰和融合在血液中的民族精神的传承，因此，师徒带教既是工匠精神的传承，又是中华文化的继承和发扬。

第二，敬业乐业的职业精神。敬业乐业是工匠精神的基础。敬业是从业者基于对职业的敬畏和热爱而产生的一种全身心投入的认认真真、尽职尽责的职业精神状态，也是职业道德的集中体现；乐业是指爱上自己所从事的工作，并以自己的职业为荣，这是一种在敬业之上的职业道德，如《论语》曰："知之者不如好之者，好之者不如乐之者。"乐业是职业道德的最高境界，是职业成长中最好的导师，也是最能够激发人类工作热情、奉献激情、创新灵感的职业精神。

"敬"是一种职业情怀、一种职业虔敬。敬业是任何职业不可或缺的一种精神品质，是职业精神的首要内涵。中华民族历来有"敬业乐群""忠于职守"的文化传统，敬业是中国人的传统美德，也是当今社会主义核心价值观的基本要求之一。早在春秋时期，孔子就主张人在一生中始终要做到"执事敬""事思敬""修己以敬"。"执事敬"是指行事要严肃认真、不怠慢；"事思敬"是指临事要专心致志、不懈怠；"修己以敬"是指个人要加强自身修养以保持恭敬谦逊的态度。此外，敬业精神指的是不管喜欢还是不喜欢这个职业，都应该将分内工作做到自己能力范围内的极致。一个敬业乐业的人，在工作上一定能做到事无巨细，事必躬亲，都会以百分百的注意力来执行，以认真、诚恳的态度来完成，从不掉以轻心。因此，具有敬业精神的人，能够发自内心地热爱自己的职业，有自己的职业坚守，哪怕这种职业并没有给他们带来实益、荣耀，也依然守持初心，自强不息，永不懈怠；具有敬业精神的人，能够恪尽职守、甘于奉献，对待工作秉承着严谨、恭敬的态度，能够专心致志地开展工作。

不仅如此，具有敬业精神的人，对自己的工作有敬畏之心，将职业视作自己的生命。如中央电视台的纪录片《大国工匠·匠心筑梦》中的大国工匠们正是如此，他们其中有的是先天喜欢某个领域的工作，有的是后天源于某件事、某个人而与某个职业结缘，但他们都有着共同的特征，即能够将自身的工作做到行业内的极致，甚至超越极致。因此，敬业乐业要求劳动者要做到热爱自己的岗位，认识到自己职业的价值，更要谦恭、谨慎地对待自己的职业，也唯有打牢敬业乐业的基础，才能使工匠精神绽放出耀眼的光彩。

第三，精益求精的执着精神。工匠精神可以通过具体的造物或服务过程表现出来，精益求精是工匠精神的直接表现，是一个动态的、漫长的过程；在这个过程中，工匠们需要抵制外界的干扰，凭借专注与执着从平凡中脱颖而出。精益求精的执着精神表现在工匠自身进行长期的技术实践积累并对技术技艺进行理性思索，对前人的发明制品或技艺进行改良式创新，从而得到"青出于蓝而胜于蓝"的技术制品或技术服务上。

精益求精的第一表现是"苛刻"，即工匠需要不断提升技艺、产品、质量，甚至达到"技可进乎道，艺可通乎神"的境界。其中，技艺的"苛刻"表现为工匠们通过不断雕琢自己的产品，不断改善自己的工艺，使产品在双手中不断升华，在专业的不断精进与突破中演绎出"能人所不能"的精湛技艺；品质的"苛刻"则表现为工匠们对产品细节有极致的要求，对精品有执着的坚持和追求，能够把品质从 0 提高到 1，从 1 做到无穷。

精益求精的第二表现是"精细"。正如老子所云："天下大事，必作于细。"这是中国古代朴素的精益求精的观点。追求精益求精的工匠对工艺的品质有着永不满足的追求，他会以严谨的态度、规范的动作，完成好每一道工序。在这种精神的支撑下，工匠愿意为某一项技艺的传承与发展贡献出毕生的精力。

精益求精的工匠精神体现了工匠对高品质制造和服务的追求，体现了工匠对消费者高度负责的精神，体现了工匠对生产技术和服务工艺永不满足的理念。例如，据《考工记》记载，战国编钟极其精致，可以做到"圜者中规，方者中矩，立者中悬，衡者中水，直者如生焉，继者如附焉"；又如，马王堆出土的汉代素纱襌衣丝缕极细，用料 2.6 平方米，而重仅49 克，"薄如蝉翼""轻若烟雾"，是世界上最轻的素纱襌衣；再如，著名的苏州园林以其意境深远、构筑精致而著称于世，被称为"咫尺之内再造乾坤"。至宋代，冶炼、建筑、织造、陶瓷、茶、酒等技艺已经达到了相当高的水平，民间的许多传统手工制作技艺，比如剪纸、年画、雕刻、皮影、泥塑等也以精巧而著称，古人制造的器物以其精致细腻的工艺造型闻名于世，这些非凡成就的背后都凝聚着中国工匠精益求精的执着精神。

　　第四，"道技合一"的实践精神。"道技合一"是工匠精神的最高境界。高明工匠们追求的往往并不是技艺的精湛和作品的传神，娴熟的技巧对于他们而言，只不过是通往"道"的一种途径。他们希望通过手中的技艺领悟到"道"的真谛，从而实现人生意义的超越。庖丁解牛就是这一典型，《庄子·养生主》曰："庖丁为文惠君解牛，手之所触，肩之所倚，足之所履，膝之所踦，砉然响然，奏刀騞然，莫不中音。合于《桑林》之舞，乃中《经首》之会。"梁惠王赞叹他精湛的技艺，而庖丁则回答："臣之所好者，道也，进乎技矣。"也就是掌握了"以无厚入有间"的规律，才能有游刃有余的技艺。庄子笔下这类故事并不在少数，例如，"轮扁斫轮""佝偻承蜩""运斤成风""大马捶钩""津人操舟"等等，这些人的技艺可以说已经到登峰造极、出神入化的地步。因此，通过传统技艺理解生活的世界，从"游于艺"的状态到达"心合于道"的最高境界，也是工匠精神的最高境界。

　　在现代社会，劳动者要想达到"道技合一"的境界，不仅要付出辛勤的努力和汗水，还要在具体工作过程中不断追求卓越和求实创新。古往今来，热衷于创新和发明的工匠们一直是世界科技进步的重要推动力量。中华人民共和国成立初期，涌现出了一大批优秀的工匠，如倪志福、郝建秀等，他们为社会主义建设事业作出了突出贡献；改革开放以来，"汉字激光照排系统之父"王选、"中国第一、全球第二的充电电池制造商"王传福、从事高铁研制生产的铁路工人和从事特高压、智能电网研究运行的电力工人、"在炸药堆里工作的火药雕刻师"徐立平、"焊接火箭心脏的中国第一人"高凤林等优秀工匠，都是"工匠精神"的模范和传承者，在各自所擅长的领域精雕细琢、精耕细作，且不忘初心、坚守理想。

　　综上所述，工匠精神所涵括的师道精神、敬业精神、执着精神、实践精神仍然是当代重要的思想保证和强大精神动力。当代培育工匠精神既要注重传统工匠精神的历史传承，更要契合当今经济和社会发展的现实需要。作为新时代的大学生，一旦选择了某个行当，就应学会干实事、细事、小事，应沉潜下来，不能心猿意马，要以大国工匠和劳动模范为榜样，做一个品德高尚且追求卓越的人，积极投身于中华民族伟大复兴的宏伟事业中。

二、工匠精神的当代价值

(一) 工匠精神是社会文明进步的重要尺度

　　实现中华民族伟大复兴的中国梦，要将物质文明建设和精神文明建设都搞好，将国家物质力量和精神力量都增强，全国各族人民物质生活和精神生活都改善了，中国特色社会主义事业才能顺利向前推进。也就是说，物质文明与精神文明是推动社会文明进步的"两个轮子"，是实现中华民族伟大复兴中国梦的"一双翅膀"，二者缺一不可。事实上，"工匠精神"的发育程度，与一个社会的物质文明、精神文明的进步程度直接相关。从精神文明来看，"工匠精神"作为一种职业精神，本质上与社会主义核心价值观中的"敬业""诚信"要求高度契合；从物质文明来看，"工匠精神"在物质文明的创造过程中可以发挥强大的精神动力及智力支持作用。

　　工匠精神是浮躁社会中必不可少的一种"解毒剂"。不可否认，当下社会"商人精神"日盛，以市值论英雄，还有疯狂造"星"、浮躁追"星"的现象，也有一天到晚造噱头、炒作话题、模仿抄袭、贩卖情怀、制造概念等，甚至形成了人人焦虑、急功近利、遍地诱惑的不良社会心态。因此，若要克服社会中弥漫的浮躁风气，形成理性平和的良好社会心态，必须大力弘扬工匠精神，推动社会良好风气的形成与精神文明的建设。

工匠精神的核心是专注，能真正唤醒源自人内心的真善美，能够让人克服浮躁心理，不忘初心、追求卓越。中国青年报社社会调查中心对 2654 名青年进行的调查结果显示，95.9%的受访青年认为，在平凡的工作岗位上也要践行"工匠精神"，73.2%的受访青年指出，践行"工匠精神"能帮助自己摒弃浮躁，踏实奋进。可见，工匠精神在青年人心目中已经有了正面积极的影响。因此，弘扬工匠精神，能够在全社会形成观念上的共识，树立劳动光荣的理念，形成热爱劳动的社会主义价值风尚，更有利于社会文明进步和良好社会风尚的形成。

(二) 工匠精神是中国制造前行的精神源泉

随着第四次科技革命的推进，创造、质量和品牌已成为经济发展支撑的大势，以质量、品牌抢夺经济发展制高点，提升核心竞争力已成为全球共识。"推动中国制造向中国创造转变、中国速度向中国质量转变、中国产品向中国品牌转变"，这既是中国制造的行动指南，也是中国制造走向世界的关键目标和举措。

经过改革开放 40 多年的发展，我国早已成为世界第一制造业大国。尽管成了"世界工厂"，贴着"MADE IN CHINA"标签的产品在世界随处可见，大到汽车、电器，小到笔、鞋，国内许多产业的规模居于世界前列，但这里面依然缺少真正由中国创造的产品。在许多业内人士看来，我国制造业大而不强，产品质量整体不高，背后的重要根源之一就是缺乏具备"工匠精神"的高技能人才。为实现中国从全球制造大国到制造强国的跨越，2015年 5 月 8 日国务院正式印发《中国制造 2025》，提出了实施制造强国战略第一个十年的行动纲领。伴随"中国制造 2025"宏伟战略的深入实施，全社会越来越意识到"工匠精神"的重要性。目前，尽管我国科技前沿领域赢得了许多突破性成就，但同世界科技强国相比，许多关键技术受制于人的整体格局仍没有变，科技基础、科技原创力仍然薄弱，根本原因在于缺乏一大批具备"工匠精神"的大国工匠。中国要迎头赶上世界制造强国，成功实现中国制造 2025 战略目标，就必须在全社会大力弘扬以"工匠精神"为核心的职业精神。只有当敬业、精益、专注、创新的"工匠精神"融入生产、设计、经营的每一个环节，实现由"重量"到"重质"的突围，中国制造才能赢得未来。因此，为了弘扬工匠精神，迫切需要造就一大批具有国际水平的战略科技领军人才、青年才俊和高水平创新团队，向科技要原动力、用质量提竞争力、靠品牌增影响力，助力"中国制造"迈向"中国创造"。

(三) 工匠精神是技术技能型人才的目标指引

技术技能型人才在职业生涯发展中实现个人价值必须具备两种实力：一种是硬实力，主要指主体所具备的知识水平、技能水平；另一种是软实力，主要指主体所具有的职业精神和职业道德。技术技能型人才需要做到敬业、专注，只有正确看待自己的职业，才能在工作岗位上做到专注与认真，进而完善个人职业素养。美国旅馆业巨头康拉德·希尔顿年轻时曾在酒店打工，最初，上司安排他打扫卫生，刷马桶是其中的必要环节，而希尔顿对这份工作并不满意，对待工作很懈怠。有一天，一位年龄稍长的女同事见他刷的马桶非常不干净，就亲自为他做示范，并告诉他，自己刷完的马桶，是有信心从里面舀水喝的。这件事对年轻的希尔顿触动很大，从此他一改对工作的懈怠应付，逐渐树立起踏实认真、一丝不苟的职业精神。后来，希尔顿拥有了自己的酒店，且在行业内独树一帜。回顾他的成功之路，不难发现，他年轻时所经历的"喝马桶水"的职业精神教育这一课，是他成长、成才、成功的重要精神财富。

　　技术技能型人才除了应有硬实力之外，还应具备软实力，即以职业精神和职业道德为支撑，才能有效提高其人力资本的附加值，拓展其职业生涯空间。例如，《大国工匠》中的24位工匠人物代表都具有浓郁的工匠精神，在职业精神和职业道德的支撑下，他们克服了常人难以想象的困难，在平凡的岗位上创造出不平凡的业绩，也造就了出彩的人生。"工匠精神"作为一种职业精神，是企业员工提升个人精神追求、完善个人职业素养、实现个人成长进步的重要道德指引。事实上，一个劳动者所具有的高尚职业操守和强烈的"工匠精神"，同拥有较高专业知识技能一样，是其自身立足于职场的重要条件，也是在未来职业生涯中脱颖而出的制胜法宝。

　　总的来说，工匠精神有利于社会文明进步和良好风尚的形成，有利于中国智造和技术技能型人才个人价值的实现。在新征程上，工匠精神被赋予以创新为导向、以技术为生命、以质量为追求的新内涵，弘扬工匠精神，就是为强国梦的实现打造千千万万基础扎实、技术过硬、甘于奉献、敬业专注、务实创新的建设者大军。

任务演练

1. 工匠精神的内涵是什么？试从国家层面、社会层面和个人层面进行解读。
2. 讲述你所了解的大国工匠人物，并阐述其身上所体现的工匠精神。
3. 作为一名新时代的青年大学生，应该怎样弘扬工匠精神？

第二节　　中华文化的工匠人物与匠心故事

学习目标

1. 认识中国传统文化中典型的工匠人物。
2. 了解工匠人物背后的匠心故事，感悟大国工匠精神。

　　中华民族在漫长的历史发展过程中，形成了许多珍贵的优良品质，其中，"勤劳善良、艰苦朴素"作为一种传统文化基因，已深深地植入中华民族生生不息的血脉之中。上古时期的神农氏、尧、舜、禹等先圣都十分重视劳动，随后自夏朝以来的各个朝代都坚持农业立国的基本国策，农业生产劳动为中国历代统治者所重视。此外，中国历代的礼仪制度、学校教育、家训家风、历代的诗词歌赋中，都不乏对劳动赞美、对劳动者歌颂的佳作，而中华民族勤劳朴实的优良传统也在传统文化中得以继承和发扬。本节通过列举中华文化中典型的工匠人物及其匠心故事，让读者能在历史故事中寻找到先辈们的劳动身影，走进由劳动人民创造的中华优秀传统文化。

一、诗词歌赋中的劳动故事

　　热爱劳动、甘于奉献、善于创造是中华民族的优良传统，而在我国的古代诗词中也留下了不少脍炙人口的劳动赞歌。

诗经·豳风·七月(节选)

七月流火，九月授衣。

一之日觱发，二之日栗烈。

无衣无褐，何以卒岁？

三之日于耜，四之日举趾。

同我妇子，馌彼南亩，田畯至喜！

　　这是一首古老的农事诗，描写了一幅瑰丽的农耕图，叙述了农夫一年四季的劳动生活，记载了当时农业生产知识和生产经验。

归园田居·其三

东晋·陶渊明

种豆南山下，草盛豆苗稀。

晨兴理荒秽，带月荷锄归。
道狭草木长，夕露沾我衣。
衣沾不足惜，但使愿无违。

该诗平淡自然，清新质朴，言简意赅，以朴实无华的语言描绘了一个宁静、纯美的天地，表达了作者对田园生活的热爱以及享受田园劳作的惬意、闲适。

下泾县陵阳溪至涩滩
唐·李白
涩滩鸣嘈嘈，两山足猿猱。
白波若卷雪，侧足不容舠。
渔子与舟人，撑折万张篙。

诗句中"渔子与舟人，撑折万张篙"让人印象深刻，诗人感叹船夫和渔人一年里恐怕要撑折一万支船篙。该诗句展现了劳动人民危险艰辛的生活以及他们顽强拼搏的斗争精神。

悯农二首·其二
唐·李绅
锄禾日当午，汗滴禾下土。
谁知盘中餐，粒粒皆辛苦？

该诗生动地刻画出即使在烈日当空的正午农田，农民依然在田中辛勤劳作，一滴滴汗珠洒在灼热的土地上的情景，以告诫人民粮食来之不易，要珍惜粮食。

清平乐·村居
南宋·辛弃疾
茅檐低小，溪上青青草。
醉里吴音相媚好，白发谁家翁媪？
大儿锄豆溪东，中儿正织鸡笼。
最喜小儿亡赖，溪头卧剥莲蓬。

该诗描绘了农村五口之家的环境和生活画面。作者把一家老小不同的面貌、情态以及他们美好的农家生活描写得惟妙惟肖，具有浓厚的生活气息，表达了诗人对农村宁静生活的喜爱。

二、古代典型工匠人物及其故事

(一) 蔡伦与造纸术

蔡伦改进的造纸术被列为中国古代"四大发明"之一，对人类文化的传播和世界文明的进步作出了杰出的贡献，千百年来备受人们的尊崇。然而，造纸术的形成过程极其不易，蔡伦总结以往人们的造纸经验，革新造纸工艺，终于制成了"蔡侯纸"，充分体现了蔡伦的工匠精神。

在改进造纸术之前，文字大多刻在竹简上编成册，而"竹简"笨重，不方便阅读和携带；最轻薄的当属绢帛，写字也十分清晰，但绢帛是价格高昂的布料，只有贵族才用得起。因此，蔡伦想要造出一种轻便、便宜、易于保存的写字材料，可这种材料不易寻找，一开始以寻找替换材料为主，历经屡次失败后，一次偶然的发现让他确定了这种材料。蔡伦在河边观察到妇女们洗蚕丝和拍蚕丝的"漂絮"的过程，他发现好的蚕丝被拿走后所剩下的破乱蚕丝，会在席上形成薄薄的一层东西，晒干可以用来糊窗户、包东西。蔡伦从中得到了巨大的启发，为此，他到造纸作坊向造纸的工匠们请教，学习和总结工匠们多年积累的丰富经验，渐渐地掌握了造纸的基本技术。他开始收集树皮、废麻、破布、旧渔网等原料，在宫廷作坊施以锉、煮、浸、捣、抄等法，试用植物纤维造纸；经过蔡伦日复一日的埋头研究与试验，最终他采用"漂絮"的方法，即用席子捞纸浆，抛去沉淀物，留下一些纤维并摊开在筐中晒干水分，而剩下的纤维便成为纸张。同时，蔡伦整理了造纸过程、方法并写成奏章，连同造出来的植物纤维纸一起呈报给汉和帝，和帝大加赞赏并将改进的造纸术在全国各地逐步推行。人们把这种纸称为"蔡侯纸"，全国"莫不从用焉"。

造纸技术的改进，使人类梦寐以求的价廉质优的书写材料终于诞生并且技术迅速成熟。直至公元3—4世纪，纸基本取代简帛，成为我国唯一的书写材料，有力地推进了我国科学文化的传播和发展。

(二) 李春与赵州桥

李春是隋代造桥匠师，隋开皇十五年至大业初建造了赵州桥(后改为安济桥)。在唐中书令张嘉贞《安济桥铭》中便有记载："赵州洨河石桥，隋匠李春之迹也，制造奇特，人不知其所为。"而李春也成为中国乃至世界建筑史上第一位桥梁专家。

隋朝统一中国后，赵州是南北交通要道，经此地北上可达重镇涿郡(今涿州)，南下可通京都洛阳。然而，赵州被汹涌澎湃的洨河之水阻隔。为了便于南北统一、发展经济、巩固政权，隋朝决定在洨河之上修建一座大型桥梁。经过层层筛选，这个历史使命落在了李春肩上，李春随后到洨河进行实地考察，因地制宜设计并建造桥梁。李春先是根据自己丰富的实践经验，经过严格周密的勘查、比较，选择在洨河两岸较为平直的地方建桥。其次，李春就地取材并创新砌筑方法，选用附近州县生产的质地坚硬的青灰色砂石作为建桥石料，并采用纵向(顺桥方向)的砌置方法进行砌筑，即整个大桥由28道各自独立的拱券沿宽度方向并列组合而成，每券各自独立、单独操作，每券砌完至完全合拢后就形成一道独立拱券，砌完一道拱券，移动承担重量的"鹰架"，再砌另一道相邻拱券。最后，李春为了加强各道拱券间的横向联系以保持大桥稳定性，采取一系列技术措施将28道拱券紧密连接组成一个有机整体。例如，每一拱券采用了下宽上窄、略有"收分"的方法，使每个拱券向里倾斜，相互挤靠以增强其横向联系。这些巧妙设计均充分体现了李春的创新性智慧。

赵州桥是现存最大的石拱桥，也是世界上现存最古老、跨度最长的敞肩圆弧石拱桥。其精美的建筑艺术和施工技巧等，充分体现出中国古代劳动人民在桥梁建造方面的丰富经验和高度智慧，是一座浓缩了中华民族劳动人民智慧结晶的标志性桥梁，更是开创了桥梁建造的崭新局面，为中国桥梁技术的发展作出了巨大贡献。

(三) 宋应星与《天工开物》

《天工开物》是宋应星的惊世之作，被称为中国第一部关于农业和手工业生产技术的百科全书，书中记载了一百三十多种生产技术和工具。

明代末年，宋应星与许多文人一样出身于官僚地主家庭，参加过科举，在江西做过教谕，后来又当过安徽亳州的知州。当时大部分文人普遍轻视劳动和劳动人民，宋应星却不然，他强调要重视劳动，重视农业生产，更要弘扬劳动的精神。

因此，宋应星根据当时的生产状况，写了一部以农业、手工业为主的科学技术著作——《天工开物》。这部书按照吃、穿、用的生产作业部门，分为十八卷：上卷记述农作物种植、收割、加工的方法，纺织工具的操作方法，以及制糖、制盐的工序；中卷记述制造砖瓦陶瓷器、车船交通工具，开采煤炭、硫黄、白矾以及榨油造纸等方法；下卷记述五金开采及冶炼，兵器、火药、朱墨、颜料的制造和珠玉采琢，矿石的开采、洗选、冶炼、分离技术，金属合金的冶炼及半连续化生产系统。对中国古代的各项技术进行了系统分类和总结，全面反映了中国工艺技术的成就。

《天工开物》这部书把生产条件中的劳动力、工具、技术看成一个整体，总结了明代以前有关农业、手工业的生产经验，成为研究古代生产技术的完整资料，被誉为"中国 17 世纪的工艺百科全书"。

三、工匠艺人与匠心精神

(一) 文物修复师的匠心故事

在游览故宫时，你可曾想到，摆在面前的稀世珍宝，纵使是不起眼的门窗和贴画，都曾经历过断裂残损和惊心动魄的修复。它们生于千年前，却一直延续至今，而这得益于一代又一代兢兢业业的宫廷修复师们。

《我在故宫修文物》是一部为纪念故宫博物院建院九十周年而制作的纪录片。在雄伟壮观的故宫宫殿的一个角落，有那么一群匠人，每天和文物打交道，他们的工作是将破损的文物修复，恢复其千百年前的光彩。文物修复项目中难度最大的是修复古籍，修复师凭借一双巧手，通过"望、闻、问、切"修复时光碎片，延长文物寿命，让珍贵的古代书画作品的生命得以延续，用匠心守护古人智慧。他们精湛的手工技艺也通过师徒传承的方式代代相传，我国的珍贵文物如著名的《五牛图》《弘历鉴古图》《乾隆万寿图》都是靠他们的一双双"补天之手"涅槃的。

每件古画的修复都需要复杂的工序和漫长的周期，耗时最长的需要一年，最短的也要三个月。古书画一共有四层，一层画心、一层托心纸、两层背纸。其中最难的是"揭"的环节，需要分离出最薄的那一层宣纸，即画心部分。该环节要求既要"揭"得干净，又不能让画心受到丝毫的损伤。揭画心的手法是"搓"，把附着画心的那层托心纸缓慢搓下来，"揭"出来的画心厚度仅 0.009 毫米，可以说是薄如蝉翼。由于古画需要在完全浸湿的情况下"揭画心"，因此手指力道的拿捏十分关键，"搓"的力道大了，则会对古画造成不可逆的二次损坏。一位修画师需要经过多年的训练、上万次的反复练习，才能拿捏住这

"搓"的手感和力道。

单嘉玖是一位书画修复师，已坚守岗位 30 多年，经她的双手修复的古画将近两百件。她曾经修复过一件明代的绢本——《双鹤群禽图》，该画的画面上有许多虫蛀破洞，修复过程极具挑战性。原本可以采用整幅绢托在画作后面的方式把所有的洞都补上，但是百年以后托补的这片整绢也会糟朽，就会和古人的画作粘连在一起而无法分离，后人也就再也无法修复这张画。为了延长古画的生命，她选择一个洞、一个洞地单个织补，她埋头修补将近四个多月，才将几百个小洞一一补好。

单嘉玖的父亲单士元曾任故宫博物院副院长，十七岁进入故宫，在那段风雨飘摇的战争年代用生命保护着文物，直到九十一岁辞世，单士元一生都没有离开过故宫。单士元给子女们定下了家规——"搞文物不玩文物"，要求从事文物工作的子女不许收藏、交易文物，单嘉玖始终不敢忘记父亲的教诲。从事文物修复工作后，她从未染指过文玩市场，三十多年来在故宫这个小院落里，始终如一地静心修复着每一件文物。跟随单嘉玖学习文物修复的徒弟说最大的收获不是修复技术，而是深切体会到了师父对文物的那种敬畏之心。单嘉玖最大的心愿就是将传统的书画修复技艺完整地传给下一代，将完美的紫禁城完整地传承到下一个 600 年。

文物是有生命的，其意义就在于它的身上承载着历史长河的烙印，流淌着源远流长的文化底蕴。在文物修复工作者的眼中，修复文物不仅仅是将物品的原貌再现，而是在工作中与文物对话、交流；他们将古昔作品在今日重现，使我们在重温历史的同时受到文化的熏染。他们都在传承着一种精神——匠心精神。

(二)《千里江山图》的匠心魅力

在 2008 年北京奥运会上，一幅《千里江山图》徐徐展开，惊艳了全世界。其为绢本，卷纵长 51.5 厘米，横长 1191.5 厘米，是青绿山水画的经典之作，是中国十大名画之一。《千里江山图》由年仅 18 岁的北宋画家王希孟所绘，此画无论题材还是画功技法都堪称一绝，画中山河脉络多得闽赣之神韵——庐山的雄秀、鄱阳湖的渺漫、九鲤湖飞瀑的奇景都在笔墨丹青中尽情舒展。而丹青中隐藏的人文印记、华夏文明千载的底蕴和传承，却成为逐渐褪色的记忆，在这些记忆的背后，是那些孤独的传承者们终其一生的耕耘。

《千里江山图》流传千年依旧色彩艳丽，璀璨夺目，与其所用颜料有关。在绘制的过程中，有许多复杂的步骤。第一遍，先用水墨画好山水画；第二遍，上红色(赭石色)，为后面的绿色做铺垫，形成冷暖对比，让画面更鲜亮；第三遍，上石绿(绿松石或者孔雀石)；第四遍，再叠加一层绿；第五遍，上青色，即青出于蓝而胜于蓝的"青"。王希孟的作品没有用人工合成的颜色，而是用矿石提取的颜色，层层描绘出了一个完美的色彩体系，最终成就了这一幅丰富的、多层次的、千年不褪色的旷世巨作。

然而，将矿石变成绘画颜料也是极为困难的。央视《国家宝藏》第一期节目中，仇庆年通过宋代王希孟的《千里江山图》，将其国画颜料制作技艺搬上了大众视野。仇庆年展示了矿石变成颜料的过程：先到深山寻找到矿石，用榔头敲碎，再过筛，得到细致的粉末，加水研磨，每天碾 8 小时，碾 20 天，最终才能达到画家要求的精细度，然后过滤筛掉杂质，最终得到可用于作画的颜料。仇庆年指出，国画中的色彩都取法自然，工匠们为了丰富颜料色系，踏遍青山，把自然界的色彩"封装"成颜料，每道工序既费时又耗力。也正是这些工匠们对颜料的精益求精,我们才能在千年后的今天还能看到《千里江山图》这样震撼的惊世画作。

(三) 汝瓷的"前世今生"

"天青色等烟雨 而我在等你"是许多人都熟悉的歌词,不仅表达着情侣间的爱慕之情,也展现出天青色这种颜色的珍贵。天青色多出于我国宋代五大名窑之首的汝窑。八百多年前,正是由于宋徽宗的一句"雨过天青云破处,诸般颜色作将来",才有了含蓄淡雅、气质脱俗的汝瓷。

汝瓷号称"青如天、面如玉",每一件汝瓷的产生都要经历大大小小七十二道工序,可见,要烧制出这么美丽的瓷器,工艺也是极为复杂的。虽然汝瓷贵为宋代五大名窑作品之首,但由于宋金交战、汝窑遭到极大破坏,汝瓷随之消亡;一代名瓷,从兴到衰,只用了不到三十年的时间。即便之后历代仿烧不断,但始终无一成功。而近代汝瓷之所以能够复烧成功、让汝瓷重新走向繁荣,还要从一位老人说起,即中国工艺美术大师孟玉松。

20 世纪 70 年代初,为了响应国家"恢复五大名窑生产"的号召,汝州开始筹建汝瓷厂,孟玉松被选入了技术攻关小组,从此开始了汝瓷的研制之路。当时,人们主要通过发掘的古瓷碎片来研究汝瓷。孟玉松通过外出考察,把古瓷碎片和古窑址原料带了回来,研究比较古瓷片矿石的化学成分;经过反复化验、调整配方,成功析出了汝瓷豆绿釉,此后,还研究出天蓝釉。此时,汝瓷四大经典釉色中,只剩下天青釉未被恢复。为了最大程度地还原天青釉的神韵,孟玉松获准进入故宫研究传世汝瓷珍品——弦纹樽;经过 300 多次试烧,他于 1988 年 4 月烧制出了可以媲美北宋汝窑的天青釉,最终失传 800 多年的北宋汝瓷生产工艺得以全面恢复。

中国传统文化是中华民族血脉的源头,也是国家精神的集中体现,更是中国人源源不断的精神食粮。作为当代青年大学生,要积极吸收中华优秀传统文化中的劳动育人元素,在工匠人物与匠心故事的浸润下产生情感共鸣,不仅可以自发养成高尚的道德规范、正确的行为操守、优雅的审美情趣,还可以树立正确的劳动观,养成良好的劳动习惯,全面提升自身的综合素养,将五千年历史的中国传统文化传承下去。

任务演练

1. 讲述你心中的劳动榜样与其能够打动你的匠心故事。
2. 谈一谈你从中华历史文化中的劳动榜样身上学习到的精神。
3. 作为一名新时代的大学生,你认为应该怎样涵养"匠心"。

第三节　　培育大学生工匠精神的基本路径

学习目标

1. 了解大学生工匠精神的培育路径。
2. 深刻体会工匠精神的价值意蕴。

习近平总书记强调："我国经济要靠实体经济作支撑，这就需要大量专业技术人才，需要大批大国工匠。"同时指出，"技术工人队伍是支撑中国制造、中国创造的重要力量。"无论是突破"卡脖子"技术，实现高水平科技自立自强，还是建设制造强国，在推动经济发展质量变革、效率变革、动力变革过程中，大国工匠始终都是重要的和直接的推动力量。进入新时代，高校要勇立时代发展的潮头，将自身未来和祖国未来牢牢绑在一起，敢于迎接挑战，敢于把握机遇，激发创新精神，打造出具有"工匠精神"特色的中国教育。塑造学生的"工匠精神"，不仅要关注学生的理论知识，更要重视学生的思想观念和实践训练，充分利用实践教学指导学生进行有效的思考与实践，培养学生精益求精的"工匠精神"，让学生的个人成长与国家的发展实现"共振"。

一、从思想上加强价值引领，厚植工匠精神

国无德不兴，人无德不立，正所谓"大学之道，在明明德，在亲民，在止于至善"。工匠精神展现的就是"德"，是每个人都应该学习的一种崇高精神。因此，高职院校在培育大学生工匠精神的过程中应坚持以价值为引领，贯彻落实党的十九大精神的同时，将工匠精神贯穿立德树人的全过程。坚持价值引领，是沿着正确的方向促进大学生全面发展和自我实现的现实需要，是大学生工匠精神培育的时代呼唤，更是高校全面打造、培育工匠精神的能动因素。

在新时代背景下，培育具备工匠精神的高素质人才，最根本的就是要坚守社会主义价值信仰，即坚守我国社会主义性质，培育的社会主义事业的建设者和接班人也应当是具有社会主义价值信仰的"大国工匠"。因此，培育大学生工匠精神应明确目标，加快构建"大国工匠"人才制度体系，锻造合格的"工匠"。

具体来说，可以"以实践为抓手"，融入自身的思想教育。例如，可以将工匠大师、手工艺人、非遗传承人等民间艺人引入学校、请进课堂，发挥榜样示范和引领作用。央视新闻推出了八集系列节目《大国工匠》，讲述了不同岗位劳动者用自己的灵巧双手匠心筑梦的故事。这些故事都是鲜活的案例，高校要将各行各业的工匠大师聚集起来，讲述他们的故

事，与学生亲切互动；工匠们的感人事迹和崇高精神能为学生起到很好的示范作用，从而使学生将工匠精神内化于心、外化于行。

二、从文化上加强人文浸润，弘扬工匠文化

(一) 将工匠精神融入校园文化建设

校园文化是一种群体文化，能营造出一种教育文化氛围，对师生的思想品德、道德情操有潜移默化的影响。校园文化最重要的特质是能鼓舞、激励大学生，最重要的使命是激发大学生学习和生活的动力。弘扬工匠文化，将工匠精神融入校园文化建设中，能使校园文化与工匠精神相互融合成一种校园文化，能帮助大学生在校园学习成长过程中逐步培育和涵养工匠精神。弘扬工匠文化，构建与工匠精神相互融通的校园文化，将工匠精神融入校园文化建设的大系统，是帮助大学生感受工匠文化、培育工匠精神的最好方式，也是保障工匠精神在高校扎根、发展的有效途径。因此，高职院校应该将工匠精神纳入校园文化建设的范畴，加强校园文化建设，弘扬工匠文化，使其能充分发挥出人文素质教育功能，营造劳动光荣、技能宝贵、创造伟大的校园文化氛围，从而帮助完善大学生人格，提升大学生品质，培养大学生社会责任感。在将工匠精神融入校园文化建设方面，学校可以通过在文化宣传栏张贴大国工匠事迹介绍、开展学习大国工匠精神征文比赛、开展大国工匠精神文明学习月活动等，让学生在校园文化中了解和学习工匠精神，在健康、积极、有益的校园文化中塑造自身的人生观、价值观。

(二) 打造个性化的校园工匠文化

个性化的校园文化承载着高校的理想和信念，是高校发展的灵魂，是凝聚师生力量、展现学校精神风貌、保障学校高效运转的强大力量，也是影响学生人文素质教育的重要因素。高职院校要将当地文化特色和自身文化底蕴结合起来，培植工匠文化土壤，培育工匠精神，让个性化的校园工匠文化对培育在校大学生的工匠精神发挥出强大的影响力。

打造个性化的校园工匠文化氛围，就要将工匠精神融入校园文化环境中，让学生在潜移默化中感受工匠精神的文化气息，促进大学生劳动观念和劳动习惯的养成。一是要着重加强校园人文环境和自然环境的有机融合，充分调动一切自然、人文因素，将工匠精神物化于楼宇、雕塑、绿化、书画等校园实物景观中，让工匠文化在校园里绽放传播。二是要重视并加强校园工匠文化在精神层面的建设，使学校的历史文化背景和人文环境特点相结合，深入发掘并选树校园中的优秀工匠以弘扬其工匠精神，在校园内形成良好的精神文化氛围。此外，还要将工匠精神的培育渗透到大学生的日常生活中，投入更多的精力在校园文化环境的构建上，使工匠精神之花在校园盛开，让每一位学生都能感受到工匠精神的力量。

因此，学校校园作为大学生工匠精神培育的主要场所，应当具备丰富的工匠精神文化环境，要以建设优良的校风、教风、学风为核心，形成理论知识和社会实践相结合的文化氛围，打造个性化的校园工匠文化，为大学生的成长成才提供良好的环境。

三、从实践上加强平台建设，锻造工匠品质

进入新时代，我国要实现"中国制造 2025"的目标，成为世界范围内的制造强国，面临着从"制造大国"向"智造大国"的升级转换，对技能的要求直接影响到工业水准和制造水准的提升，因而更需要将工匠文化在新时代发展条件下发扬光大。《关于加强新时代高技能人才队伍建设的意见》为新时代加强高技能人才队伍建设指明了方向，强调要加大高技能人才培养力度，到"十四五"末，力争让技能人才占就业人员的比例达到 30%以上，高技能人才占技能人才的比例达到 1/3。高职院校的学生群体是"中国制造 2025"目标实现的主力军，其创新意识、创造潜能直接关乎着我国制造业的未来，为此，高职院校必须重视实践平台的建设，锻造学生的工匠品质。

(一) 着力打造实践平台，挖掘创新潜能

《国家创新驱动发展战略纲要》着重强调了创新驱动在创新发展中的重要地位。当今，现代机械制造尤其是现代智能制造，对创新提出了新的要求，对技艺提出了越来越高的难度和精度要求，要求从业者不仅要有娴熟的技能，而且要能够进行技术创新。例如，《大国工匠》纪录片中的那些卓越工匠，不仅具有高超的技艺，而且具有强烈的创新意识和创新能力，纪录片中的高凤林在他所参与攻关的多个重大项目中，不断改进工艺措施，不断创造新工艺，攻克一个个难关，从而达到了世界第一的水准。可见创新能力不是对以往工艺墨守成规，而是对现有的生产技艺的大胆革新，给行业技艺带来突破性贡献，促进生产技艺水平提升，以推动社会经济高质量发展。

实施创新驱动发展战略中，高校是创新驱动发展战略的参与者，新时代大学生则是推进创新发展的中流砥柱，因此，高校要想系统地提升对创新人才的培养、加强学科建设和提高科技研发的整体水平，一是要着力打造实践平台，将工匠精神纳入创新驱动发展战略的大工程，提高大学生的劳动意识和创新意识；二是要在教育实践活动中引导大学生走近劳动、了解劳动，在劳动创新中不断感悟劳动，形成自己的劳动观念和劳动价值标准；三是要在创新实践中充分挖掘学生潜能，大力推进创新驱动发展战略，将创新作为大学生工匠精神培育的主要生成点，培育具备工匠精神的高素质人才，使其在产业革命中发挥应有的作用。

(二) 完善创新课程设置，培养创新意识

习近平总书记指出："创新是一个民族进步的灵魂，是一个国家兴旺发达的不竭动力。"工匠精神的核心要素是创新精神，一个民族的创新离不开技艺的创新。而传统技艺是在传承与创新中得到发展的，因此要将传承与创新统一起来，在传承的前提下追求创新。

学校教育是大学生获取专业知识、传承工匠精神、提升大学生创新创业能力的主要途径。高校要完善创新创业课程的设置，建立创新创业的专业课程体系。一是将工匠精神和专业设置结合起来，通过借鉴、引进国外创新创业教育的成功范例，编写适合本校学生的创新教材。二是要设置更多创新选修课，传播以工匠精神为内涵的创新创业专业知识，以培养大学生的创业意识、创业品质。例如，把专业教育和创新创业教育纳入学分体系，建

立起多层次、系统化的培养体系，使学生在跨专业学习过程中形成交叉学科知识结构，拓宽学生的知识面，提高学生的综合素质与创新能力。三是要加强对创新创业师资队伍的建设，通过聘请社会优秀创业领军人才来校兼职任教，积极开展创新创业学术交流活动等，提高本校教师的"双创"水平，以更好地引导大学生提高创新创业能力。此外，作为青年大学生，应积极参加创新创业技能大赛或深入企业参加各类见习，通过实践不断提高自身的业务水平。

(三) 强化实训基地建设，提升创新能力

要提升大学生的创新创业能力，应通过实践实训将工匠精神内化为真正的职业精神。因此，高校应加强创新基地建设，开展更多的实践活动项目。一是要加强创新基地和实训基地的集群建设，积极开展大学生创新创业的社会实践项目，锤炼大学生的创新创业能力。二是要深入开展产教结合、校企合作项目，形成规模化的大学生创新创业基地，促进高校产学研的一体化开展。三是要鼓励大学生积极深入企业实习，企业也要给学生创造更多实习机会和平台，形成高校、企业和政府支持创新创业的合力互助模式。此外，高校和社会组织还应积极举行创新创业技能大赛，通过真正的社会竞赛与淘汰，遴选一批可行性高、操作性强的创新创业项目进入实际实施阶段，提升大学生创新创业的实践体验，实现学以致用、学用相长。

作为青年大学生，也要积极参与社会实践，重视创新创业的实际体验，以提高自身的实践能力，促进自身的专业技能在应用领域的发挥。同时，青年大学生还要不断提高自己应对社会风险及困难、坎坷的能力，通过深入参与社会实践，充分培养和磨砺自己的尚德、敬业、严谨、认真、耐心、专注、勤奋、坚持、毅力等品格，学习大国工匠的精神品质与执着坚守精神。大学生在参与专业实习实训过程中应做到以下几点：第一，纯粹，即要坚持自己的本心，不为外界的名利所诱惑，不管从事什么工作，都应尽力做到最好，恪守本心。第二，勇于创造，即要从枯燥的工作中寻找不同的乐趣，并融入自己的想法，创造出独一无二的佳品。第三，极致。伟大的匠人都拥有一颗执着的匠心，他们会用毕生的心血打造出最好的艺术品，因此，任何一位从业者，都应该像工匠一样热爱自己的事业，把自身所从事的事业当成一件艺术品一样去雕琢，并将自己的理解和审美赋予其中，做到极致，自成境界。总之，大学生要在专业实训中不断提高自己的综合素质与创新能力，为自身创新创业能力的提升奠定内在基础。

拓展阅读

一位身着西装矿工的采煤梦

在一个年产量高达 600 万吨的煤炭开采矿场，周围高树环绕、高楼林立，没有一丝灰尘，一位采煤工人西装革履地坐在控制大厅熟练地操作着电子按钮。陕西省黄陵县黄陵矿业一号煤矿的"国产智能化无人开采系统"能够把矿工从艰难危险的环境、繁重的体力劳动中解放出来。这一套系统开创国内先河，领先世界同行。该系统的开发不得不提到一个"大国工匠"——符大利。是他，圆了我国 600 多万矿工地面采煤的梦想。

符大利自小在矿区长大，目睹过瓦斯事件和机械伤人的惨痛教训。因此他一直希望某一天能实现煤矿工人不下井就能采煤的梦想。2014 年初，一号煤矿 1001 工作面薄煤层，国产智能化无人开采成套技术装备工业试验正式展开。符大利作为项目负责人，全程参与任务。为了解决技术难题，符大利一头扎进工作面，井下巷道风大，患有面瘫的符大利见不得风，他便把中药、西药全部装在兜里，一旦不舒服就吃上几颗。符大利经常要连续在井下工作 30 个小时以上，他曾经一连三天都在井下吃住，没有筷子，他就用两根铁丝挑起方便面吃。为了早日实现梦想，他带领团队对整个设备进行整体优化，反复测试，完成了 11 项技术改造。其中符大利个人就有 8 项专利应用到国产智能化无人开采技术上，2 项获国家发明专利。

皇天不负有心人。2014 年 5 月，一号煤矿 1001 工作面国产智能化无人开采成套技术装备工业试验实现了"无人跟机作业连续运行"，煤矿矿工地面采煤成为现实。符大利的新计划就是把这套国产智能化无人开采成套技术装备推广到全国，让 600 万矿工兄弟都不用下井就能实现地面开采，让中国煤矿工人体面工作、快乐生活！

在激烈的市场竞争和转型升级压力下，"工匠精神"被赋予以创新为导向、以技术为生命、以质量为追求的新内涵。把原来不存在的事物创造出来的人就是创造者，其最大的特征就是有意识地对现有事物进行颠覆、探索或革命。支撑创新驱动的根本动力是创新型人才，在新时代新征程中，青年大学生应努力学习科学文化知识，锻造自身本领，力争在平凡的岗位做出不平凡的业绩，抛弃不当劳动观念、劳动态度和劳动习惯，向着成为一名拥有精湛技艺并不断追求完美与创新的"新工匠"目标前行，用实际行动为祖国的繁荣富强添砖加瓦。

任务演练

1. 在你的大学日常生活中，有哪些事情能体现出工匠精神？试从多个角度进行解读。
2. 新时代背景下，工匠精神的再度回归反映出怎样的社会变革与生产发展需要？

下篇 实践篇

第五章

创造井井有条的家庭生活——承担家庭责任

本章导读

　　家庭是基于婚姻缔结和血缘关系而产生的社会组织，是我们生活的港湾、情感的归宿、精神的乐园。家务劳动是指家庭成员在日常家庭生活中必须从事的一种无报酬劳动，包括洗衣做饭、清洁卫生、整理家居物品等。俗话说"家和万事兴"，我国传统的家庭伦理观念推崇"家庭本位"和"以和为贵"的思想，重视礼法制度和家庭教育。正如《礼记·礼运》所言："父子笃，兄弟睦，夫妇和，家之肥也。"承担家庭责任是营造幸福家庭氛围的坚实基石，也是和谐家庭教育的核心所在，由此，每位家庭成员理应自觉承担家庭责任。

　　本章通过清洁居住环境、收纳日常物品、制作家常菜肴等三个方面来描述承担家庭责任的途径，让广大学生能够认识到家庭责任的重要性，通过力所能及的家务劳动，能积极主动地承担家庭责任，与家人共同创造温暖有序的家庭生活。

第一节　清洁居住环境

学习目标

1. 能够养成定期清洁居住环境的习惯。
2. 能够掌握简单的居住环境清洁技巧。
3. 能够从家庭劳动中获得幸福感和成就感。

俗话说："久入兰室不闻其香，久住脏屋不觉其乱。"居住环境对人的心态行为及幸福指数会产生极为重要的作用。干净明亮的居住环境可以提升我们的幸福感，能陶冶情操、愉悦身心，使人们在劳累了一天之后，得到充分的休养生息，精神饱满地迎接新的一天。反之，混乱的居住环境会严重降低人们的生活质量，甚至影响与家人之间的亲密关系。

东汉时期的少年陈蕃，独居一室而龌龊不堪。其父之友薛勤批评他，问他为何不把屋子打扫干净来迎接宾客，他回答说："大丈夫处世，当扫天下，安事一屋？"薛勤当即反驳道："一屋不扫，何以扫天下？"劳动是人类生活的基础，生活劳动是最基本的劳动，是做好其他劳动工作、成就一番事业的基本前提。因此，通过掌握最基本的生活劳动技能，如清洁居住环境、收纳房间物品等日常生活劳动，能养成热爱劳动、保持清洁的好习惯。

一般来说，居住环境大致可分为卧室、书房、客厅、厨房、卫生间、卫生死角等六个部分，以下内容将展示各个环境的清洁要求及基本内容，学习时要注重把握清洁流程、科学操作。

一、清洁卧室

1. 物品归类

(1) 衣物：把睡衣、拖鞋和准备洗涤的衣物分别放在指定位置。

(2) 台面：把梳妆台、卧室柜、床头柜上的物品按使用功能归回原位，清理时要收好贵重物品。

2. 整理床铺

(1) 床被：将需要叠好的床被折叠整齐后放入卧室柜，需要铺开的床被以四面对称的方式铺平。

(2) 枕头：将枕头按生活习惯整齐地摆放在床头或放入卧室柜。

(3) 床罩：将床罩铺开，四面对称铺平。

（4）其他：用床刷将散落在床上的毛发清扫干净，要特别留意枕边处、床头与床垫接合处的灰尘等。

3. 清洁其他物品

（1）床头板、穿衣镜：先用湿布后用干布擦拭。

（2）衣柜：将衣柜外表从上到下、从里到外用抹布擦拭干净。

（3）其他：擦拭时避免湿布玷污墙壁，影响美观。整理后再检查一遍，查看各处是否干净、平整，对不符合要求之处再稍作相应整理。

二、清洁书房

1. 字画

根据字画物品的不同质地，分别用鸡毛掸或软布轻轻拂去表面灰尘，不可用湿布或化学制剂擦拭，以防损坏作品。

2. 书橱

用抹布将书橱表面擦拭干净。

3. 电脑

电脑关机后才可清洁，以防止信息丢失。用软布或软刷清扫灰尘，可用抹布蘸酒精擦拭后用干布擦干。鼠标表面的灰尘用软布擦拭或用专门清洁剂擦拭，严禁用水擦洗。

4. 写字台

先整理好写字台台面上的文件、纸张，再用鸡毛掸清扫写字台、椅子等表面的浮尘，然后用抹布擦拭干净。擦拭高级台面时，避免尖锐物品划伤台面。

5. 其他物品

（1）台灯：先关闭电源，再用软布擦去表面尘土，油渍处可蘸清洁剂或醋擦拭，灯口处要保持干燥。

（2）工艺品：对于玻璃制品或陶瓷制品，可直接用湿抹布擦拭，小物件可直接用水冲洗，然后用干抹布擦净。切记轻拿轻放，以防损坏。

（3）金属饰品：一般用软布擦去灰尘。如果特别脏，可用湿布蘸少量洗涤剂擦拭；如果有锈迹，可用细砂纸轻轻磨去锈迹再进行清洗。

三、清洁客厅

通常客厅中的家具、物品较多，除清洁门窗、地面等基本设施外，还应将沙发、座椅、茶几、电视机、空调机等擦拭干净。沙发、座椅的清洁应区分不同的材质，采用不同的清洁方法；清洁茶几的同时，要注意将茶几上的茶具清洁干净，若茶具内茶渍较重，可挤少量牙膏在茶具上面，用手或棉棒均匀地涂在茶具表面，约 15 分钟后用水冲洗干净；清洁电视机等电器之前，应切断电源，再用抹布轻轻擦拭；对于空调机，每周应擦拭 1～2 次。

1. 清洁家具的基本方法

家具的清洁方法可分为干擦和湿擦两种。干擦就是用干软布擦拭；湿擦就是用浸湿的干净抹布擦拭。一般家具都可以先用干净的湿抹布轻轻擦拭，再用干抹布擦净；油污较多的餐桌或其他家具，可先用干净的湿抹布蘸清洁剂擦拭，再用干净的抹布擦干。

清洁家具的顺序要掌握"六先"和"六后"，即先高处后低处，先上部后下部，先里边后外边，先桌面后桌腿，先大件家具后小件家具，先较干净处后较脏处。如家居上摆放了饰品，应先擦拭饰品后摆放。

清洁家具时要经常换水，抹布要经常洗涤，保持清洁；不同用途的抹布不能混放，要分开使用，避免交叉污染。

2. 家具的清洁与保养

市场上的家具种类繁多，家庭中常见的家具主要有以下四种：

(1) 木制类家具：木制家具的特点是怕潮、怕烫、怕磕碰，因此清洁时要注意方法和技巧。详细内容见表 5-1-1。

表 5-1-1　木制类家具的清洁与保养

把握重点	清洁与保养方法
去油污	用抹布蘸剩茶水或洗涤灵擦拭，然后将抹布用清水洗干净，反复擦拭家具上的油污即可。注意不能用开水或碱水擦洗，以防脱漆
去水渍	水滴在家具上若不能立即擦干，则会泛起水渍痕迹，可以用潮湿的布盖在水印上，然后用熨斗小心地按压湿布数次，促使水分被蒸发出来，水渍痕迹便被消除
去烫痕	家具表面出现的白色烫斑，一般只要及时擦抹就会除去。若烫痕过深，可用抹布蘸碘酒、酒精、花露水、煤油、茶水擦拭，或在烫痕上涂上凡士林，两天后用软布擦拭
防虫蛀	将卫生球或樟脑球放在木制家具中，可以免除蛀虫对家具的咬噬。如发现家具被虫蛀蚀，可将大蒜削成棒状塞进蛀孔，用腻子封口，将洞内蛀虫杀灭
保光泽	经常用蘸有花露水的纱布轻轻擦拭家具表面，光泽暗淡的家具会焕然一新。用抹布蘸浸泡鲜蛋壳的水擦拭家具，会增加光泽。用抹布蘸淘米水擦洗木制家具，再用干布轻轻擦干，家具表面会光亮如新

(2) 皮革类家具：在皮革清洁、保养中，禁止使用酒精来擦洗。皮革上光时，要等皮革全部晾干后才能进行。皮革类家具的清洁与保养方法见表 5-1-2。

表 5-1-2　皮革类家具的清洁与保养

把握重点	清洁与保养方法
清洁	可用潮湿的软布或吸尘器把家具表面的污物、灰尘清除干净。如果局部有不溶于水的污垢，可用中性清洁液在局部擦洗，再用清水擦洗干净
保养	皮革家具应 1 个月左右打一次上光蜡。方法是：皮革家具表面去尘后，将皮革上光蜡均匀地喷洒在皮革表面，然后用干净的、柔软的抹布加以擦拭，直至皮革表面无液体蜡为止

(3) 布艺类家具：布艺类家具的清洁与保养方法见表 5-1-3。

表 5-1-3　布艺类家具的清洁与保养

把握重点	清洁与保养方法
除尘	可用吸尘器或干净毛巾将黏附在布艺家具表面和缝隙里的灰尘、泥污等清理干净。如果局部有擦拭不掉的污迹或污垢，可以用湿毛巾压在污迹上面"闷"一会，再擦拭。如果有不溶于水的污迹，可以把清洁剂倒在毛巾上，压在污迹上面"闷"一会，再擦拭
清洁	将毛巾浸入已经配置好的清洁剂的水桶里，等到毛巾充分吸收清洁剂后尽量拧干，按照从上往下的顺序进行擦拭清洗，然后再用同样的方法用清水清洁一遍。如果有污染严重的地方，可以用小毛刷进行局部除污
吹干	用吹风机将布艺家具吹干

(4) 金属类家具：金属类家具的清洁与保养方法见表 5-1-4。

表 5-1-4　金属类家具的清洁与保养

把握重点	清洁与保养方法
防潮	用潮湿、干净的软布擦去表面灰尘，如上面有水迹，要及时擦干，最好不要用水冲洗
防碰	清洁时不要碰撞硬物，更不要用钢丝球等擦洗，以免漆皮脱落
防锈	锈蚀不严重时，可用少量醋涂抹，再用软布蘸温水擦拭。不可用砂纸等摩擦，更不能用刀刮。一般用软木塞蘸食盐水或石蜡溶液擦拭，再用软布蘸温水擦拭。镀铬的金属家具要经常用干纱布蘸少量防锈油或缝纫机油擦拭，可保持家具表面光亮如新

3. 清洁地面的基本方法

应根据不同的地面类型来选择不同的清洁方法，详见表 5-1-4。

表 5-1-4　不同种类地面的清洁方法

地面类型	清洁方法
水磨石地面	先用笤帚将表面污物清扫干净，再用潮湿的拖布按照清洁顺序反复擦拭，直至擦拭干净为止。这种地面也可采用清水直接冲刷的办法清洁
地板砖地面	先用笤帚将表面污物清扫干净，再用潮湿的拖布按照清洁顺序反复擦拭，直至擦拭干净为止。由于瓷砖吸水力较差，拖布应洗净并晾成半干擦拭。高档地板砖地面可用潮湿抹布擦拭
木质地板	先用笤帚或吸尘器将表面污物扫净，再用半干的拖布或抹布按照顺序擦干净。做好定期打蜡(用抹布将木质地板表面的灰尘擦净后，将适量的地板蜡倒在地板上，用抹布蘸蜡均匀抹开，30 分钟后才能进入房间，以免影响打蜡效果)，这样才能使木质地板保持光亮，延长寿命。木质地板要注意防潮，怕火、怕尖硬物品
花岗岩地面	先用笤帚或吸尘器将表面污物扫净，再用潮湿的拖布或抹布擦拭。拖布、抹布蘸煤油或清洁剂直接按顺序擦污物处均可。对于这类地板，应注意不要用重物、硬物碰和砸，以免破碎
复合地板	以上各种清洁保养方法都适用这类地板，禁忌较少
地毯	要经常使用吸尘器除尘，地毯粘到污垢后可用胶带粘取。如局部因重压出现凹陷，可用蒸汽熨斗熨平。定期在地毯上撒一些樟脑粉防虫。对于这类地板，应注意防潮、防虫、保持干燥清洁，防止局部受损

4. 清洁居室门窗

居室门窗的清洁方法详见表 5-1-5。

表 5-1-5 清洁居室门窗的方法

步 骤	具体清洁方法
去除污垢	清洗前，先用一块干净的毛巾擦拭一遍门、窗的边框和门窗玻璃，以清除黏附在上面的灰尘和泥污。如果有擦拭不掉的污迹，可用玻璃刮刀或家具清洁剂进行清除
清洗纱窗	将纱窗取下，掸去上面的浮土后用清水冲净、擦干，等待玻璃洗毕后再把纱窗装回原位(小窍门：将废报纸浸湿后贴到纱窗上，再用刷子刷，这样灰尘和绒毛都会黏在报纸上)
玻璃擦洗	将抹水器浸入配置好清洁剂的水桶里，等到清洁剂完全浸入抹水器里，拿出用手捋一下，然后用抹水器把清洁剂均匀、反复地推擦在玻璃表面。擦洗完后，用玻璃刮从上往下垂直地将残留在玻璃表面的污水刮干净
擦拭框架	门框、窗框的清洁主要是除尘擦拭，这个环节注意要先除尘、后擦拭。除尘的方式可根据实际情况灵活选用掸子、小笤帚、吸尘器等各种除尘方法。除尘后，用湿毛巾擦拭，最后用干毛巾把水迹擦拭干净
清理窗槽	先用毛刷(或小型吸尘器)除去浮尘，再用毛巾擦拭槽内污垢即可
作业收尾	门窗清洁完毕后关好门窗，并把窗台擦拭干净。然后把窗台上的摆设、饰品放回原位

5. 清洁挂饰、摆饰

挂饰、摆饰的清洁要根据各种饰物的不同质地来处理，详见表 5-1-6。

表 5-1-6 挂饰、摆饰的清洁方法

挂饰、摆饰类型	清 洁 方 法
织物挂饰	一般厚重的、纯棉的、毛织品不宜用水洗，可用吸尘器除尘或干洗，也可以晾在阴凉通风处，用小木棍轻轻敲打除尘
金属饰品	一般用软布即可擦去灰尘，若污垢较重，可用湿布蘸点洗涤剂擦拭。若是金属饰品有锈迹，可用细砂纸轻轻磨去锈迹再进行清洁
陶瓷制品	一般陶瓷制品都不怕水，清洁时可直接用潮湿的抹布擦拭，小件的可直接用水冲洗。陶瓷制品多易破碎，清洁时一定要轻拿轻放，以免损坏
塑料制品	塑料制品一般不怕水，可用湿布擦拭或清水直接冲洗，也可用洗涤剂清洗或刷子刷洗，但不要用汽油、酒精等化学制品清洗

四、清洁厨房

1. 炊具、餐具的清洁

(1) 洗涤餐具的基本顺序是：先洗不带油的餐具，后洗带油的餐具；先洗小件餐具后洗大件餐具；先洗碗筷后洗锅盆。洗涤餐具时要边洗边码放好。小孩及病人用的餐具最好单独洗涤、码放。

(2) 铁质炊具、餐具：铁质炊具容易生锈，因此用完后要马上清洗，可直接将其置于水龙头下用炊帚刷洗。如果铁锅有腥味，可以在锅内加水放些菜叶一起煮开，倒掉水冲净即可除腥。铁锅洗净后要用净布擦干以免生锈。铁制餐具的清洁方法同上。

(3) 铝质餐具、炊具：铝锅脏了可在煮饭后趁热擦洗。用纸或湿布擦去表面污物，经常擦拭可使铝锅明亮如新。注意：不可用盐水或碱水擦洗，更不能用铁刷擦洗。铝质餐具的清洗方法同上。

(4) 不锈钢炊具、餐具：用过的炊具、餐具要及时清洗、擦干，并放在通风干燥处；不要使餐具受潮，更不要长期用水浸泡；对有水迹的餐具，最好用软布擦去水迹；不要用硬物擦洗餐具，以免划伤餐具。

(5) 清洗油锅：油锅直接用清水不易洗干净，可以用淘米水浸泡，再用清水冲洗干净；或用洗洁剂刷洗；还可以倒些清水，煮开趁热冲洗。若是刚炒完菜的油锅，则直接置于水龙头下趁热放清水清洗最为方便，边冲边用炊帚刷洗。

2. 刀具、菜板的清洁

(1) 洗涤、保养菜刀：刀用完后必须用清洁抹布擦净，长期不用应涂一层油，以防生锈。刀生锈了可以浸泡在淘米水中，然后擦净除锈，也可以用萝卜片、土豆片或葱头片除锈。如果刀沾上了鱼腥味，可用生姜片、葱或蒜擦去腥味。菜刀最好不要用来砍骨头、剁鱼，应另备一把砍刀。

(2) 菜板的使用、保洁：菜板最好用木制的，但木质的有拼缝或蛀孔，容易滋生病菌，所以要经常洗刷消毒。夏天空气潮湿，菜板容易生霉，每次用完应置于通风处晾干，但又不能过于干燥，以防止干裂。菜板洗刷可直接用清水冲洗，也可以用开水烫，还可以用刀刮，必要时可用洗涤剂清洗。

3. 碗柜的清洁

碗柜是存放餐具的地方，这里应该经常进行擦拭清洁、洗涤，以保持干净卫生，避免餐具的二次污染。每天应用清洁抹布擦拭碗柜的表面和隔层，如果隔层上有垫纸，应经常更换垫纸。应定期将碗柜内的物品取出，然后用清洁剂彻底清洁 1 次。碗柜应防蛀、防鼠、防蟑螂等。

4. 油污玻璃的清洁

油污的玻璃一般不易清洗，但使用专门的清洁剂擦拭则相对容易些；若没有专用去油污剂，也可用抹布蘸些湿热(温度不能过高，以免损坏玻璃)的食醋擦拭，还可用醋与食盐的混合液来刷洗。使用煤油或白酒的擦拭效果也很好。

5. 油污地面的清洁

(1) 用醋拖地。如果地面油污较多，可以在拖布上倒一些醋擦拭地面。

(2) 用碱水擦。如果是小面积的污迹，可用布蘸点碱水擦拭。

(3) 用洗涤灵或洗衣粉擦。用洗涤灵或洗衣粉可去除污迹，不过应该注意要用清水清洗干净。

6. 燃气灶的清洁

燃气灶的使用环境比较恶劣，烟熏、火烤、油煎、积尘等往往很快就会沾上油污且难以清洗。因此，燃气灶最好的清洁方法是用完后立即清洁。

(1) 及时清洁：随用随擦，这是最简单也是最好的办法。

(2) 用纸擦拭：灶具沾上油点或汤汁时，马上用纸擦拭，比抹布的吸水性、去污力更强。

(3) 除油腻：可用油烟净类清洁剂、肥皂水或漂白粉溶液清洁擦洗。

(4) 除锈迹：灶具生了锈，可先用硬刷子把铁锈刷掉，再用适量的石墨粉用水调匀，然后用软刷子蘸着石墨粉汁均匀地刷在灶具上，然后擦拭干净即可除锈。

五、清洁卫生间

清洁卫生间同样应按照自上而下的顺序进行清洁，定期消毒，保持卫生间干净、无异味。清洁卫生间的具体方法如下：

(1) 卫生间的面盆、浴盆、墩布池等多为白色的陶瓷制品，清洁时，可用去污粉兑少许水擦洗，定期用消毒液消毒5～10分钟，再用清水冲洗干净即可。

(2) 清洗坐便器、便池等，可在冲水后将洁厕灵喷入便池内壁，再用刷子刷洗，最后用清水冲刷干净。坐便器的坐板和盖板可用喷壶喷涂消毒剂，然后用水冲洗，用干毛巾擦干。

(3) 清洁镜面时，可用抹布蘸稀释后的玻璃清洗剂，自上而下反复擦洗，再用清水擦洗，最后用刮水器自上而下刮干水，或用干毛巾擦干水。擦拭镜面的过程中要避免液体从镜子边缘渗入而损坏镜面质量。

(4) 清洁卫生间的过程中，应及时将各部位的物品，如洗脸巾、浴巾、洗发水、沐浴露、各类化妆品等依个人习惯放置整齐。

六、清洁卫生死角

家居清洁容易留下卫生死角，因此在清洁过程中要留意死角的部位，掌握合适的清理方法，做到心细、到位、彻底无遗漏。

(1) 沙发下面、有较大空隙的家具及大型家电下面，应先用小型吸尘器吸尘，然后用拖布伸到里面反复擦拭。

(2) 卧室柜、大衣柜的顶部，装饰画、博古架、古玩柜、画柜、窗帘盒、镜子、门框的上沿等部位，要先用鸡毛掸子轻轻掸去浮尘，再用潮湿毛巾擦拭干净。

(3) 房屋的边角在冬春两季容易滋生塔灰(蜘蛛网)，可用鸡毛掸子经常轻掸这些位置，或用旧毛巾包裹扫帚头轻拂。

(4) 灶台的底部容易积攒油垢、油污，日常保洁中要用抹布蘸有除油性能的碱性清洁剂擦拭。

(5) 污水池、坐便器周边最容易积存污垢，日常保洁时一定要用除渍剂重点清理，然后用湿抹布擦净。

(6) 地漏和下水口要经常清理，以免被头发、菜屑等异物堵塞。

劳动实践任务：打扫卫生间

一、任务描述

本次家庭实践活动以清洁家里卫生间为主，通过前期了解到的清洁步骤与方法，对家里的卫生间进行清洁。

二、任务目的

通过卫生间清洁活动，进一步改善家庭环境卫生，营造干净整洁、舒适优美的家庭居住环境。同时，锻炼学生吃苦耐劳的品质，提高学生的动手能力。

三、预期目标

知识目标：学习相关的卫生间清洁知识。

技能目标：掌握卫生间清洁的相关技巧，能独立完成卫生间的清洁工作。

态度目标：培养学生不怕苦、不怕累的美好品质

体能目标：通过学生的亲力亲为，在一定程度上锻炼学生的体能。

四、任务实施

【劳动准备】

1. 确定活动地点和时间

本次活动主要在学生自己的家中进行，活动时间根据课程进度安排。

2. 组织学习清洁卫生间的相关知识

在活动开展之前，教师在课上讲授相关知识，并借助多媒体工具播放相关视频等，让学生能更加直观地学习。此外，学生可以自主借助书籍、互联网等各类信息渠道，认真了解相关知识。

3. 准备相关的清洁工具

学生应提前准备本次活动需要使用到的基本保洁工具与清洁物料，如抹布、毛巾、便池刷、消毒水、废弃的牙刷等。在本次活动中还要准备相关的劳动保护用具，如手套、口罩等。

【劳动实施】

1. 基本准备

进入卫生间，打开门窗通风。

2. 清洗坐便器、便池

先冲水，倒入洁厕粉，泡一会儿，洗完面盆后再用便池刷进行刷洗。坐便器、便池内四周表面及外部表面均要清洗，检查冲水是否正常，有没有堵塞。

3. 清洁墙壁污迹

用湿毛巾配合便池刷清洁卫生间墙壁上的污迹、乱涂乱画的字迹等。

4. 清洗洗漱台和面盆

用清洁剂和百洁布刷洗脸盆。从左到右抹干净洗漱台面，用不掉毛的毛巾从上到下将镜子擦拭干净，并将洗漱台上的物品整齐地放回原位。水龙头也要清洗干净，保持光亮。

5. 清扫地面

地面上较脏的位置要使用清洁剂，特别注意清洁便池周边地面和地漏上的毛发。

6. 清倒垃圾

及时清倒垃圾，清洗垃圾桶，更换新的垃圾袋，将垃圾桶摆放在固定位置。

7. 查漏补缺

清洁完毕后，应环视一遍整个卫生间，看是否有遗漏和不彻底之处，如有遗漏应及时补做。然后喷洒适量的空气清新剂，注意擦手纸和卫生纸是否用完。最后收拾好工具和用具，注意保洁用具存放于指定地点。

【注意事项】

(1) 注意自我保护。清洁时应戴好保洁手套和口罩预防细菌感染，并注意防止清洁剂损坏皮肤。清洁结束后，应及时使用药物肥皂洗手。

(2) 注意卫生间的通风情况，根据环境开关通风扇或者窗扇。

劳动评价

"家庭清洁"劳动评价表

专业		班级		姓名	
学号		小组成员			
劳动项目		清洁卫生间			
劳动流程	小组准备	组成劳动小组，对劳动任务分工明确，并能精心准备劳动实施步骤(如果在校整理宿舍，则成员为本宿舍成员；如果在家中，则成员为家庭成员)		15 分	
	工具准备	根据清洁的劳动需要，能准确选用适宜的工具		10 分	
	劳动态度	积极参与劳动，不怕脏，不怕累，能充分发挥个人作用		15 分	
	劳动纪律	严格遵守劳动纪律，执行规范的劳动操作规程		15 分	
	团队配合	具有团队意识，具备分工合作能力和解决问题的能力，能遵守团队劳动纪律		15 分	
劳动成果		1. 能对卫生间自觉进行清理 2. 按照清洁任务能够采取有效的劳动方式 3. 高质量地完成家庭清洁任务		30 分	
自我评价	优秀□	良好□	合格□	不合格□	
小组评价	优秀□	良好□	合格□	不合格□	
教师评价	优秀□	良好□	合格□	不合格□	
综合评价	(综合评价由指导劳动实践教师填写，作为劳动实践学分评定的依据)				

任务演练

阅读以下案例并思考：该高校学生的行为反映了什么问题？应如何改善这一情况？

某位高校学生称，进入大学以前，其父母会照料他的一切生活起居，其目标便是认真读书。但进入大学后，他基本无法完成洗衣服、打扫宿舍等日常家务。同时，他也不能习惯寄宿生活，无法与室友友好相处。然而，现实生活中，要求孩子"两耳不闻窗外事，一心只读圣贤书"的父母不在少数。为了考上重点中学、理想大学，孩子的全部生活仅仅围绕着学习与考试展开，结果却丢掉了"生活"本身。现实生活中，不知道大米从何而来、无法辨别小麦与韭菜、不会洗衣做饭的学生比比皆是。这样的学生日常生活劳动意识淡薄，劳动技能缺乏，人际交往有障碍，给将来的独立生活埋下了隐患。

第二节　收纳日常物品

学习目标

1. 掌握基本的收纳方法，学会收纳日常物品。
2. 养成收纳物品的生活习惯，提升生活幸福感。

　　舒适温暖的家居空间、整齐有序的收纳环境，有利于提升我们生活的舒适度与幸福感。反之，零碎混乱的家居环境会让我们产生心理压力，心情烦躁、焦虑不安，从而降低大脑工作的积极性以及生活的幸福感。在现今的生活中，收纳早已不是一个简单的话题，它既是一门技术，也是一门艺术。由此，学会收纳整理，让每一本书、每一件衣服、每一个锅碗瓢盆都物有所踪、各得其所，从而使得家居空间更开阔自由、精神更放松安逸。本节将从客厅收纳、书房收纳、衣帽间收纳等方面介绍如何收纳日常物品，让我们的生活变得井井有条、热气腾腾。

一、客厅收纳

　　客厅在人们的日常生活中是最重要的居所，集放松、游戏、娱乐、进餐等功能于一体，能很好地提升生活的幸福指数。然而，客厅往往会塞满各种各样的家具与杂物，对客厅进行整理收纳就显得尤为重要。

1. 试着打造一面满墙的电视柜

　　新家装修之时，不妨在客厅打造一面满墙的电视柜。根据自己家庭用品的类目及收纳习惯，提前用电脑绘制好尺寸和格局，再交给全屋定制公司按家庭需求来划分。打开一扇扇柜门，就是一个个清晰明了的收纳空间，收纳功能强大；关上门就好像一面完整的墙，整齐美观，与客厅装修风格融为一体。

2. 购置带有收纳功能的茶几

　　在客厅有限的储物空间中，茶几也是一件可以用于收纳的重要家具，在挑选的时候可以购置一款带有收纳功能的茶几。带有收纳功能的茶几具有较大的实用性，既能收纳客厅的小物件，又能起到待客的作用。

　　客厅少不了会出现纸巾、杯子、遥控器、充电线、小零食等各种各样的小物件，这些物品多且容易杂乱，因此选择一款高度合适、带有抽屉和置物隔板的多功能茶几就显得很有必要。在收纳的时候，纸巾、杯子、遥控器这类物件可以摆放在茶几上，随手要吃的零食则可以利用茶几抽屉来收纳，用的时候还需要注意随手归位，这样才能提升使用的幸福感以及收纳的效率。

二、书房收纳

书房对于大部分家庭来说，是一个用来学习和工作的场所。书房经常会充斥大量书籍与办公用品，如果书房混乱不堪，各种书籍和办公用品随意摆放，这样不仅影响学习工作的效率，更影响心情，降低生活幸福感。阶段性的整理是治标不治本的，因此在进行家居整理时，很有必要对书房进行整体性、系统性、全局性的考量与收纳。

1. 学会整理书柜

首先要将书籍进行分类整理，再根据书籍的使用频率与人体工学习惯，从中间开始摆放，辐射向四周，这样可以方便拿取，提升工作效率。此外，要记得将书籍随手归位，而不是随意乱放，这样才能保持书籍摆放整齐，快速找到自己需要的书籍，不至于散乱无章，无从寻觅。

2. 学会对文件进行分类收纳

文件是影响办公效率的关键性因素，它大致可以分为两类：待存文件和必存文件。可以准备一个专门放置"待存文件"的收纳盒，有新文件需要归档时可以先放置在这个盒子里，再定期整理。必存文件包括各类证件证书、合同、报告、说明书等，可以根据各类文件的不同特性来选择合适的收纳工具，分类整理好，再集中收纳在文件柜里。

常用的文件收纳工具如下：

(1) PP 文件盒：可以存放 A4 纸、文件册，还可以搭配不同的文件盒使用。

(2) 卡扣文件盒：可以将重要的合同文件，如房屋买卖合同等，用它分类装好，侧面贴上小标签，配上 PP 收纳盒，这样拿取查找很方便。

(3) 索引文件夹：可以存放同类文件，如保险合同、体检报告等，侧面贴上索引标签，这样查找一目了然。

(4) 风琴文件夹：厚薄可以随意伸缩，可以存放各类电器的说明书等，分格存放，侧面贴上标签。

(5) 活页夹：搭配拉链袋，可以存放户口本、护照等，还可以存放电卡、水卡、燃气卡、银行卡等。

(6) 发票夹：可收纳各种重要票据、发票等。

3. 学会打造适合自己的书桌布局

书桌是人们学习办公不可缺少的重要家具，因此整齐有序的书桌收纳对提升工作效率很有帮助。书桌收纳可以依照以下三条简单有效的原则来进行。

(1) 将物品分门别类放置，收纳位置由使用频率决定。同类型的东西放在一起，使用频率高的东西放在手边的开放空间。

(2) 利用竖向空间打造分层布局，尽量少叠放。一般来说，桌子面积都比较有限，在有限的面积里，要把日常学习办公需要用到的东西整理好，充分利用竖向空间不失为一个好办法。此外，分层分格的布局也很值得借鉴。

(3) 物品用完后及时物归原处。认真践行这条原则，不仅能够长期保持整洁的收纳状态，还可以提高学习、工作的效率。如果总在同一个地方存放、拿取东西，就会形成长期的记忆，每次想用那个东西的时候，就可以快速获取。

一般来说，书桌收纳可用的空间区域可以分为五类：桌面、桌旁、桌边、桌下和抽屉。可以根据自己的喜好和物品的使用频率，合理布局这五类空间区域。比如：桌面是使用频率最高的区域，不要放华而不实的东西，这样会妨碍日常使用的便利性；抽屉可以分类装学习用具或者办公用具等。

三、衣帽间收纳

(一) 衣物收纳前需要做的工作

1. 进行衣物"大盘点"，做好衣服归类

如果所有的衣服只进不出，只增加不淘汰，再宽敞的衣橱都有塞满的一天，所以在购买衣服时要审慎消费。若无法控制购物欲，就要想办法合理取舍。因此，收纳前要懂得去芜存菁、分门别类，才能做到有效收纳。在整理衣物前，先审视有无放了两季以上很少穿的旧衣，切实执行"清除旧物，该丢就丢"的原则。

在整理换季衣服时，可以根据自己的实际情况，做一个衣物盘点清算表(见表 5-2-1)，彻底检视自己和全家人的所有衣物，这样不仅能够盘点清楚现有的衣物，及时清理不再需要的旧衣，还可以作为当季添购新衣的参考，而不至于多买了不常穿的衣物又继续堆放，可以有效地省下收纳的精力和时间。

表 5-2-1 衣物盘点清算表

种 类	色 系	材 质	总数量	使用频率
长大衣				
短大衣				
夹克				
外套				
衬衫				
毛衣				
T恤				
吊带				
长裤				
短裤				
长裙				
短裙				
帽子				
丝巾/围巾				
领带				
袜子				
贴身衣服				
备注				

2. 依据需求或季节分类整理

分类的方式依自己衣服的数量、穿用习惯、空间大小等作调整。可以依颜色、季节、外出或居家、厚薄等条件进行分类，再依据使用频率决定摆放的位置，就比较好处理了。下面列出几条衣物整理技巧供参考：

(1) 秋冬常穿的针织衫、上班族的裤装裙装等套装衣物，可以利用干洗店附赠的塑胶套套上，集中挂在柜内的吊杆上，兼具保养及收纳功效。

(2) 厚毛衣、有垫肩的厚衣服，由于质料厚重，不适合挤压折成小件，应该从袖子的地方往内折，再往上对折后平整地收进抽屉。

(3) 棉质布料居多的 T 恤、休闲服等，可从肩膀的地方把袖子往内折起来，宽度大约是抽屉宽的 1/3 或 1/4。最好再从衣服的中间往上对折再对折，最后刚好露出有花色的地方，这样的折法，可以一件件像站立式的样子放进抽屉、置物网篮里或层架上，寻找容易，且相当节省衣柜的置放空间。

(4) 上班族的套装、裤裙、衬衫及女士的洋装等，可以一套一套、一件一件挂在衣架上，然后再依不同色系及长度分成长、中、短三类挂在衣柜内部的吊杆上。这样一来，衣柜空间下面刚好形成一个梯形空间，正好可把收藏过季衣物的透明塑胶盒依据高度层层相叠，充分利用好衣柜空间。

(5) 体积小、量又多的配件，如贴身的内衣、袜子、领带、皮带、手表等适合用抽屉来收纳。可以利用格状置物盒，先把抽屉隔成一格一格的，再将小东西分开放好。袜子从脚跟的地方对折后卷成筒状，就可直立放进格子内。皮带及贴身内衣裤也可以用同样的方式收纳。

(6) 如果卧室里放有收纳功能的上衣柜，或使用睡床原有收纳的柜子，就可以把厚重的棉被、床罩等物品折叠好，用塑胶收藏袋装好后收起来，换季储藏时再配合大型真空压缩袋缩小体积，棉被等大型物也能收纳得漂亮整齐。

3. 规划衣橱收纳空间

许多衣橱已经固定，不容易进行空间的改变，如果有需要，可以给衣柜做加大容量的改装。根据有效规划空间的原则，依据衣橱的尺寸和衣物的种类，选择多样五金配件，选择易拖拉、不锈钢、不易坏的材料，或者直接买收纳盒做搭配。常见的收纳盒材质以塑料、藤为主，尺寸选择也多，只要多思考、多对比，不难生出新空间。排列方式按照使用频率高者放上头，重量重者置于下方。

4. 在收纳之前将衣物清洗干净

在把衣服进行收纳之前，一定要清洗干净，因为穿过的衣服多少会沾上灰尘、汗水等污垢，如果没清洗干净就收纳，会在日后形成霉斑或污渍，反而更难处理。衣服洗过后，也一定要等衣服全干以后才能放入衣橱，不然会有水汽挥散在衣柜中，影响衣柜和其他衣物，造成发霉的情况。

5. 去味、防潮、防虫不可免

衣柜收纳空间的处理，需要把握去味、防潮、防虫三大重点。使用新衣柜时，要打开橱柜通风让有机溶剂挥发；茶叶、花香袋、芳香剂等则可让橱柜散发好闻的味道；活性炭、木炭、滤水器滤芯或干燥剂也可以达到不错的防潮效果；樟脑丸、防虫剂或胡椒粒、干烟草等有良好的驱虫效果。

(二) 衣柜收纳具体步骤

对衣柜来说，首先从常规的角度出发，不论大小，从高到低可以分为存储区、悬挂区和叠放区，如图 5-2-1 所示。接着，从使用频率和拿取方便的角度为不同的分区配备不同的收纳工具。

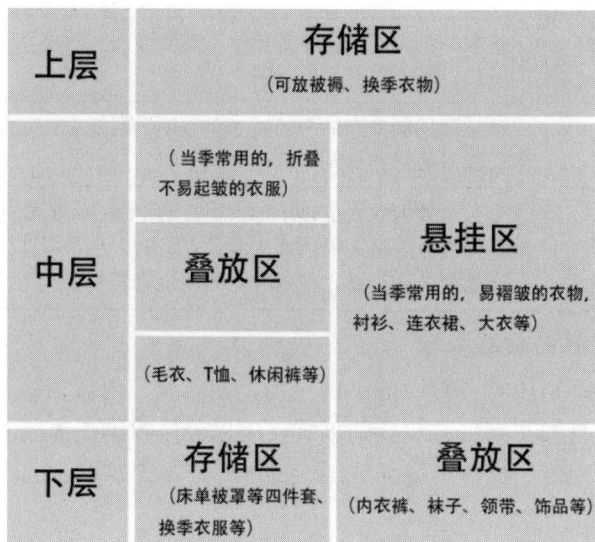

上层	存储区 (可放被褥、换季衣物)	
中层	(当季常用的，折叠不易起皱的衣服)	悬挂区 (当季常用的，易褶皱的衣物，衬衫、连衣裙、大衣等)
	叠放区	
	(毛衣、T恤、休闲裤等)	
下层	存储区 (床单被罩等四件套、换季衣服等)	叠放区 (内衣裤、袜子、领带、饰品等)

图 5-2-1 衣柜分区参考图

1. 各分区的特点

(1) 存储区：高处不方便拿取的空间，可存放被褥和换季衣物等。日常更换的床单被罩一整套叠在一起，用其中一个枕套打包，收纳在方便拿取的低处存储位置。

(2) 悬挂区：悬挂当季最常用的易起皱褶的衣物，如衬衫、长裙、大衣等。可以将此区域划分出长衣区和短衣区，短衣区挂上下两层，长衣区下面配合抽屉使用。

(3) 叠放区：叠放当季最常用的不易起皱褶的衣物。叠放区有在中层的，也有在下层的，中层可放毛衣、T恤、休闲裤等，下层可放内衣、内裤、袜子、领带、饰品等。

2. 适合各分区的收纳工具

1) 适合存储区的收纳工具

(1) 高层存储区推荐带拉手的透明收纳箱。高层的东西不常用，但是也要考虑到拿取方便，带拉手容易取下来。例如，可使用底部双拉手式透明收纳箱。

(2) 下层存储区推荐有一定承重能力的带盖收纳箱。一般放在下层存储区的收纳箱，箱顶都会放一些东西，所以需要一定承重能力的收纳箱。不推荐布艺类的，因为布艺类收纳箱放久了容易"塌方"。收纳箱推荐底部双拉手式透明收纳箱、透明 pp 环保材料的塑料收纳箱。根据存放需求，也可以选择底部带滑轮的透明收纳箱。

2) 适合中层叠放区的收纳工具

中层叠放区一般放时下最常穿的、可折叠、不易起皱褶的衣物，如 T 恤、休闲裤、打底衫等，所以，使用的收纳箱一定要拿取方便。另外，一定要分层分格存放。一来可以分类存放衣物，如 T 恤一层，裤子一层等；二来可以避免日常频繁拿取衣服导致乱糟糟的情况。如果采用一体的大收纳箱，在拿取收纳在位置靠下的衣物时，很容易把上面的衣物弄乱。中层叠放区推荐透明抽屉式收纳箱、可推拉的分层收纳篮和衣柜收纳伸缩分隔板，详见表 5-2-2。

表 5-2-2　中层叠放区收纳箱参考

收纳箱类型	功　　能
透明抽屉式收纳箱	拿取非常方便，非常适合使用频率特别高的衣物；分格抽屉，抽取衣服的时候，不会弄乱其他衣服
可推拉的分层收纳篮	满足使用频率高的中层"拿取方便"的要求；可叠加的设计可以根据需求选择层数，充分利用衣柜纵向空间
衣柜收纳伸缩分隔板	分层可伸缩隔板可以增加衣柜收纳空间；免订无痕安装，适应范围广泛。购买伸缩分隔板之前需要先测量衣柜的大小，再匹配购买。注意要装防滑垫，使用时需要注意它的承重能力，不然容易滑落

3) 适合下层叠放区的收纳工具

下层叠放区一般都是放时下常用的小件衣物，如内衣、内裤、袜子、领带等。这些小物件堆放在抽屉里容易找不到自己想要的款式，所以分格收纳更方便有效。下层叠放区推荐分格抽屉收纳盒，一格一物，折叠存放，一目了然，方便拿取。

4) 适合中层悬挂区的收纳工具

中层悬挂区一般收纳不宜折叠、易起皱褶的衣服，如衬衫、裙子、大衣、西裤等，这就需要用到衣架了。悬挂区的容量通常比较有限，一般一个衣架只能挂一件衣服。如果需要悬挂的衣物太多，可以选择扩容衣架来利用垂直空间，这样可以多挂一些衣物，同时也要注意悬挂的重量限制。表 5-2-3 为中层悬挂区收纳工具参考。

表 5-2-3　中层悬挂区收纳工具参考

收纳工具类型	功　　能
多功能、多孔衣架	可横放或竖放。如果衣柜比较深，可以选择横放的形式，以利用柜深空间；如果衣柜比较高，可选择竖放的形式，以利用纵深空间
多功能折叠衣架	具备与多功能、多孔衣架同样的功能，按需选择即可
多功能可调节裤架	易起褶皱的裤子、半身裙等不合适折叠存放，这种多功能可调节裤架不仅可以科学收纳易起皱的下装，还可以有效节省空间
推拉移动伸缩裤架	安装在衣柜悬挂区中下部分，不用叠裤子，方便存放拿取，还可以释放悬挂区的空间给其他的衣物(如衬衫、裙子等)

劳动实践任务：收纳整理房间

一、任务描述

宋·洪迈《夷坚志》有云："高堂素壁，无舒卷之劳；明窗净几，有坐卧之安。"学会整理自己的房间，收纳自己的日常用品，能让自身的居住环境更加敞亮舒适。本次"收纳整理房间"活动的参与对象是校内学生，任务内容是学生在家收拾整理好自己的房间，主动并独立完成，要做好拍照记录，填写劳动评价表。

二、任务目的

通过本次活动，让学生在收纳整理自己的日常用品的过程中，培养正确收纳的理念，掌握一定的生活常识，从中体验到劳动的幸福感与成就感。

三、预期目标

知识目标：了解并学习收纳整理的相关知识等。

技能目标：能够对自己的个人物品进行分类，收纳整齐并放置在合适的位置。

态度目标：建立正确的家居收纳整理观念，树立辛勤劳动的理念。

体能目标：通过这次收纳整理活动来达到锻炼体能的目的。

四、任务实施

【劳动准备】

1. 确定活动地点和时间

本次活动主要在学生自己的家中进行，活动时间根据课程进度安排。

2. 组织学习物品收纳整理的相关知识

在活动开展之前，教师在课上讲授相关知识，并借助多媒体工具播放相关视频等，让学生能更加直观地学习。此外，学生可以自主借助书籍、互联网等各类信息渠道认真了解相关知识，学习物品收纳整理的具体细则。

3. 准备工具

学生应提前准备本次活动需要使用到的相关工具，包括收纳盒、收纳袋、抽屉式收纳箱、真空袋、伸缩隔板、伸缩杆、透明胶带、剪刀等收纳工具。在本次活动中还要准备相关的劳动保护用具，如手套、口罩等。

【劳动实施】

劳动实施具体包括以下五个步骤：

(1) 清空：把一大类物品全部取出，把收纳场所腾空，然后按照自己喜欢的方式对物品进行分类，如衣物类、书籍类、饮食类、清洁类、亲子类等。

(2) 分类：对拿出来的衣服与书籍分别进行分类和细分类。

(3) 取舍：对每一类物品做筛选，把不需要的东西清理出去。

(4) 规划：根据实际情况和个人需求对收纳空间和收纳工具进行配置。

(5) 放置：用恰当的方法把物品放到合适的位置。

【注意事项】

(1) 每一次都只处理一个类别，时刻提醒自己现在的目标是什么，遇到其他类别的物品就先放在一边，先不要管它。

(2) 按照五个步骤的顺序一步一步进行，该分类时分类，该取舍时取舍，在当前步骤没有做好之前，不提前思考其他步骤，不必提前去想"该放在哪里"这个问题。

劳动评价

"收纳整理房间"劳动评价表

专业		班级		姓名	
学号		小组成员			
劳动项目		收纳整理房间			
劳动流程	小组准备	组成劳动小组，对劳动任务分工明确，并能精心准备劳动实施步骤(如在校收纳整理宿舍，成员为本宿舍成员；如在家中，成员为家庭成员)			15分
	工具准备	根据收纳日常物品的劳动需要，能准确选用适宜的工具			10分
	劳动态度	积极参与劳动，不怕脏，不怕累，能充分发挥个人作用			15分
	劳动纪律	严格遵守劳动纪律，执行规范的劳动操作规程			15分
	团队配合	具有团队意识，具备分工合作能力和解决问题的能力，能遵守团队劳动纪律			15分
劳动成果		1. 能够自觉收纳日常物品，养成良好的收纳习惯 2. 按照收纳任务，能采取有效的劳动方式 3. 高质量地完成家庭收纳任务			30分
自我评价	优秀□	良好□	合格□	不合格□	
小组评价	优秀□	良好□	合格□	不合格□	
教师评价	优秀□	良好□	合格□	不合格□	
综合评价	(综合评价由指导劳动实践教师填写，作为劳动实践学分评定的依据)				

任务演练

1. 结合自身家务经历，谈一谈你对收纳物品的认识。
2. 收纳客厅，尝试创新收纳小技巧。

第三节　制作家常菜肴

学习目标

1. 掌握简单的家常美食制作方法。
2. 了解中国饮食文化的寓意及内涵。
3. 从家常饮食的制作中获得劳动幸福感和成就感。

一、中国饮食文化概述

常言道"民以食为天"，饮食在中国民间占据着重要地位。中国作为饮食文化之邦，经过数千年的发展，形成了丰富多彩的饮食习俗，并以其独特的文化内涵享誉世界。中国饮食文化丰富内涵大致可以概括为四个字：精、美、情、礼。这四个字，分别从不同的角度概括了中华饮食文化的基本内涵。精与美侧重于饮食的形象和品质，情与礼则侧重于饮食的心态、习俗和社会功能。但是，它们并不是孤立地存在的，而是相互依存、互为因果的。唯其"精"，才能有完整的"美"；唯其"美"才能激发"情"；唯有"情"，才能有合乎时代风尚的"礼"。这四个字，不仅反映了饮食活动过程中饮食品质、审美体验、情感活动、社会功能等所包含的独特文化意蕴，同时也反映了饮食文化与中华传统文化的密切联系，形成了中华饮食文化的最高境界。

具体来说，中国饮食文化大致有以下主要特征。

1. 风味多样

我国幅员辽阔，地大物博，长期以来，在饮食上形成了许多独特风味。我国一直有"南米北面"的说法，口味上有"南甜北咸东酸西辣"之分，主要有巴蜀、齐鲁、淮扬、粤闽四大风味。各地由于气候、物产、生活环境和生活习惯的不同，人们的口味也不尽相同，如南方人口味清淡，北方人口味较重。

根据食材和做法、风味与口味的不同，我国很早就形成了具有地方特点的菜肴文化。如清代出现了"帮口""帮口菜"的名称，还有"扬帮""川帮""扬帮菜""川帮菜"等叫法。从 20 世纪 50 年代开始，中国有"四大菜系"之说，即山东(鲁)、淮扬(苏)、四川(川)、广东(粤)菜系；后又有"八大菜系"之说，即上述"四大菜系"再加上浙江(浙)、安徽(徽)、湖南(湘)、福建(闽)四大菜系；还有"十大菜系"之说，即上述"八大菜系"再加上北京(京)、上海(沪)两个菜系。各大菜系各具特色。

2. 四季有别

中国饮食文化传统具有非常丰富的内涵，岁时饮食风俗便是其中一个重要的内容。一年四季，人们依据季节特点来吃，是中国烹饪的一大特征。与年节风俗相关的一系列饮食活动及许多有特色的饮食品类，更是一道道美丽的风景。中国的大部分地区，都是四季分明、物产丰富的地区。在这种饮食与气候地理环境相适应的情况下，各地形成了诸多特色的节令饮食风俗，不管是在炎热的夏季还是在寒冷的冬季，我们都有相应的节令食物，这不仅丰富了饮食生活，而且活跃了节日气氛。

夏日炎炎，难耐的暑热令人食欲不振，于是清淡的祛暑饮食成了最受欢迎的节物。例如，冷面便是夏令最受欢迎的大众食品之一。冬季的节令与夏季正好相反，人们于冰雪中取温暖，于寒冷中求热烈。冬天味醇浓厚，夏天清淡凉爽；冬天多炖焖煨，夏天多凉拌冷冻。

饮食有一个不言自明的首要目的，就是强健体魄。《墨子·辞过》中提道："其为食也，足以增气充虚，强体养腹而已矣。"中国岁时饮食也涵盖了"强健体魄"这个实用功能。人们常会因季节变换导致身体失和而生病，所以在不同季节，人们会设计不同的食谱，以护卫自己的健康。

3. 讲究美感

中国菜肴不仅用料多样，烹饪技术精湛，而且有讲究菜肴美感的传统，注重食物的色、香、味、形、器的协调一致。中国饮食美感还体现在厨师们的选料、刀工、火候、烹饪、调味、调汤、拼盘、搭配、上菜等方面。同时，对菜肴美感的表现是多方面的，无论是一个红萝卜，还是一个白菜心，都能够在厨师们精细的刀工下被摆放出各种各样独树一帜的造型，从而达到色、香、味、形、美的和谐统一，给人以精神与物质高度统一的特殊享受。

4. 注重情趣

我国烹饪很早就注重品味情趣，不仅对饭菜点心的色、香、味有严格的要求，而且对它们的命名、品味的方式、进餐时的节奏、娱乐的穿插等都有一定的要求。中国菜肴的名称出神入化、雅俗共赏。菜肴名称既有根据主、辅、调料及烹调方法的写实来命名的，也有根据历史典故、神话传说、名人食趣、菜肴形象来命名的，如"全家福""将军过桥""狮子头""叫花鸡""东坡肉"等令人过目不忘的菜名。

5. 食医结合

食医结合是指利用食物原料的药用价值，做成各种美味佳肴，达到防治某些疾病的目的。我国的烹饪技术与医疗保健具有源远流长的联系，在几千年前便有"医食同源"和"药膳同功"的说法。

唐初医药学家孙思邈，少时因病而学医，不求功名，一心致力医药学研究。他著有《千金方》和《千金翼方》等，这两部著作有专章论述食疗食治，对食疗学的发展产生了深远的影响。孙思邈认为，人安身的根本，在于饮食；疗疾要见效快，就得凭于药物。不知饮食之宜的人，不足以长生；不明药物禁忌的人，没法给人解除病痛。平日里的饮食，要注意节俭，若是贪味多餐，对着饭碗饱食，食完觉胀肚短气，有可能得暴疾，或有霍乱之害。

二、菜肴制作的前期准备——合理选购食品原料

合理的营养搭配是形成和保持健康体魄、满足体力及脑力劳动需要的巨大能量所必需

的前期准备。一个人每天摄入的营养量是由年龄、性别、身高、体重、新陈代谢和活动量等要素决定的。合理营养就是指一日三餐的食物应提供合理的热量与营养并完成每日训练的运动量以保持平衡。因此，选购食品原料应按照确定用餐人数、确定购买数量、确定购买地点等有计划地进行。例如，在购买原料时，要注意选择采买方便、物美价廉、货源可靠的购物地点。例如，蔬菜、肉、蛋、禽、水产类食品要到大的菜市场购买，奶制品、速冻制品、调味品等要到正规超市购买。

1. 选购安全食品

(1) 判断原料品质：可以运用感官，依据经验来判断原料的品质，如用嗅觉鉴别原料的气味，用眼睛观察原料的外部特征，用舌头分辨原料的滋味，用手触摸原料了解其弹性和软硬程度，摇动或敲击原料听其声音等。具体鉴别方法详见表 5-3-1。

表 5-3-1　"四看法"鉴别原料品质

四 看	鉴 别 方 法
看原料食用价值	包括营养价值、产地、质地等。即使同一种原料，由于其产地、品种不同，食用价值也会有差别。原料食用价值越大，品质越好
看原料的成熟度	原料的成熟度与培育、饲养的时间以及上市季节有着密切的关系。原料的成熟度处于最佳时期时，其品质最好。比如：夏季的西瓜口味好，营养价值也高；秋季的螃蟹肉质肥嫩，味美色香
看原料的纯净度	优质原料均表现为无杂质、无异物；反之，品质差的原料，杂质多，加工起来费时费事，消耗成本高，口味也差
看原料的新鲜度	这是识别原料最直观、最基本的方法。原料存放时间过长或保管不善，都会导致新鲜度下降，甚至引起发霉变质

(2) 判断卫生程度：要观察购物环境是否卫生，如有没有苍蝇、水源是否干净；人员操作是否规范，如口罩、抹布、案板、容器及相关工具是否规范使用。

(3) 识别食品标签：识别食品标签主要关注三个方面。一是认证标志。很多食品的包装上有各种质量认证标志，如无公害食品标志、有机食品标志、绿色食品标志、QS(质量安全)标志等(见图 5-3-1)，这些标志代表着食品的安全品质和管理质量。二是生产日期和保质期。食品标签的保质期是指食品在标签标明的条件下保存、食用的最终日期，是食品的最佳食用期，超过此日期则表示该食品不宜再食用。我们从生产日期和保质期上可以识别食品的新鲜程度。三是食品重量和净含量。食品的净含量是指除包装外的可食用部分的重量。有些食品包装得又大又漂亮，内容物却很少；有些食品看起来便宜，但如果按照净含量计算，很可能会比其他同类产品更贵。

图 5-3-1　食品认证标志示例

2. 选购健康食品

在考虑家庭消费观念的基础上，应优先选择无公害食品、绿色食品等。另外，要特别注意食品的营养价值，尽量做到科学搭配、合理膳食。人体所必需的营养素有蛋白质、脂肪、糖类、矿物质、维生素和水六类。这些营养素主要通过以下食物获取。

(1) 粮食类：主要含有淀粉，其次是含有蛋白质、无机盐和维生素及人体所需的其他微量元素等，粮食是膳食纤维的重要来源和生命活动的主要承担者。

(2) 蛋白质食品类：包括各种肉、鱼、禽蛋、大豆及其制品等。它们主要含有优质蛋白质和脂肪及部分无机盐和维生素等，营养价值较高，有利于提高人体免疫力，并且易于消化和吸收。

(3) 蔬菜和水果类：主要含有维生素、无机盐和膳食纤维。水果中含有维生素 C，可增强人体抵抗力，预防感冒。另外，水果中含有丰富的葡萄糖、蔗糖和果糖，能直接被人体吸收，产生热能。蔬菜和水果中还含有很多纤维素，并含有果胶，能促进肠蠕动，预防便秘，有利于体内废物和毒素的排泄。

(4) 油脂类：这类食品主要提供热能，含有不饱和脂肪酸和部分脂溶性维生素等。

三、家常菜肴制作方法

1. 调制菜肴口味

调味是菜肴制作中的"点睛之笔"，具有除异味、增美味，增加菜肴的色泽，保护和增加菜肴的营养价值，以及使菜肴品种多样化等作用。

(1) 调味的分类：调味的种类很多，概括起来可分为两大类，即单一味和复合味。单一味又称基本味，就是调味品的原味，如咸、甜、酸、辣、麻、香、苦等。复合味是由两种或两种以上的调味品调和而成的味道，通过调味品之间相乘、相抵、对比等而形成各种不同的风味。

(2) 调味的原则：调味品的使用与选择直接关系到菜品的质量，恰当使用调味品是保证调味成功的关键。调味时要掌握四个原则。一是恰当、适时地调味。一般烧菜时，黄酒、糖、酱油等调味品应先放，尤其是黄酒，时间越长，香味越大；味精应晚放，早放或放多了会出现似涩非涩的胶水味或苦味，味精适应的温度为 $70 \sim 90 ℃$。二是严格按规格调味。所谓规格调味，是指调味品要按调味配方加放。不同的调味配方，加放不同量的调味品。三是顺应季节变化调味。夏天味淡一些，冬天味重一些。四是按原料性质灵活调味。鲜活原料应弱化调味，以突出原料的本味；带有腥膻味的原料，应加重调味；本身无滋味的原料，应适当增加鲜味。

(3) 调味的方法：通常归纳为调味三阶段，即原料加热前调味、原料加热过程中调味、原料加热后调味。原料加热前调味又称基本调味，主要目的是使原料先有一个基本滋味，一般适用于在加热过程中不宜调味或不能很好入味的烹调方法，如蒸、炸、炒、熘、爆等。原料加热过程中调味又称决定性调味，大部分菜肴的口味都经过这一过程确定，适用于烧、炒、熘、炖、煨等烹调过程。原料加热后调味又称辅助调味，主要用来补充前期调味的不足，使菜肴更加完美，如食品炸后加花椒盐、涮料，浇淋卤汁等。

2. 冷菜的制作方法

冷菜就是"热制冷吃"或"冷制冷吃"的菜肴，其口味甘香、口感脆嫩清爽。冷菜的制作方法较多，这里列出常见的几种，仅供参考。

(1) 拌：把生料或熟料加工成丝、片、条等较小形状，用调味品拌后直接食用。一般以植物性原料做生料，动物性原料做熟料，其成品脆嫩清爽。由于调料的不同，其味也有诸多变化，如咸鲜味、甜酸味、酸辣味、芥末味、椒麻味、麻辣味等。其菜品如葱油拌海蜇、麻辣肚丝等。

(2) 腌：将原料置于调味汁中，利用盐、糖、醋、酒等溶液的渗透作用使其入味的一种烹调方法。其成品脆嫩爽口。按调味汁不同可分为盐腌、醋腌、糖醋腌等。其菜品如酸辣黄瓜条、糟鸡、醉蟹等。

(3) 卤：采用调味料、水、香料等配好的卤汁反复烹制菜肴的方法。卤有白卤、红卤之分。白卤是放盐、水和香料烹制；红卤是放酱油、糖、水和香料烹制。卤菜成品酥烂香浓。其菜品如卤鸭、卤肫等。

(4) 酱：其制法与红卤相似，不同的是卤不收汁，酱收汁，酱汁比卤汁浓稠。其菜品如酱鸭、酱牛肉等。

(5) 冻：将烹调成熟后的原料在原汤汁中加胶质汁(琼脂或肉冻)，冷却后凝结成透明如水晶状。其成品凉爽不腻，适合做夏令冷盘。其菜品如水晶鸡、水晶虾仁等。

(6) 炝：将切配成小型的原料初步加工，经过简单处理后，趁热加入调味品调拌均匀成菜。其菜品如炝西兰花。

(7) 油炸卤浸：原料经油炸后，在配制好的调味中浸渍或加热收汁，使调味渗透到原料内部。其成品味浓醇厚。其菜品如油爆虾、油爆鱼等。

3. 热菜的种类及烹饪方法

我国饮食文化源远流长，历史悠久。古人云"食不厌精，脍不厌细"，人们对食物烹饪方法也极为讲究：或炒或蒸，或煎或炸、炖，根据不同食材、不同时令制作不同的美食。下面介绍几种常用的烹饪方法。

(1) 蒸：以蒸汽加热使经过调味的原料成熟或酥烂入味，其方式主要包括三种。一是旺火沸水速蒸，适用于质地较嫩的原料，水开以后蒸 10～15 分钟即可。二是旺火沸水长时间蒸。凡是原料体大、质老需蒸熟烂的采用此方法，一般需蒸 1～2 小时。三是中小火沸水慢慢蒸，适用于原料质嫩或经过精细加工要求保持鲜嫩的菜肴。

(2) 炒：将切配后的丁、丝、片等小型原料用中油量或少油量以旺火或中火快速烹制成菜的烹调方法。根据工艺、特点和成菜风味，炒可分为滑炒、生炒、熟炒、清炒、爆炒等。

(3) 炖：将经过加工处理的原料放入炖锅或其他陶制器皿中，添足水用小火长时间烹制，使原料熟软酥烂。炖制菜肴具有汤多味鲜、原汁原味、形态完整、酥而不碎的特点。汤清且不加配料炖制的叫清炖，汤浓而有配料的叫浑炖。

(4) 煎：锅中加少量油加热，放入经刀工处理成扁平状的原料，用小火煎至两面呈金黄色，酥脆成菜的烹调方法。

(5) 煮：将经初步熟处理的半成品切配后放入汤汁中，先用旺火烧沸，再用中火或小火煮熟成菜的烹调方法。煮菜具有汤宽汁浓、汤菜合一、口味清鲜的特点。

(6) 炸：将经过加工处理的原料用调味品拌渍，再经拍粉或挂糊，放入较大油量的油锅中加热成熟的烹调方法。其成品外香酥、里鲜嫩。

劳动实践任务：为家人做一顿美味营养餐

一、任务描述

本次活动主要是通过学生亲手为家人制作一顿既美味又具有营养价值的菜肴，帮助学生重视日常家务劳动，提高家庭责任感，培养感恩之心。

二、任务目的

通过制作菜肴，掌握一定的烹饪方式和技巧，增强大学生的动手能力与生活自理能力，同时促进家庭和睦。

三、预期目标

知识目标：掌握基本家常菜的烹饪理论与方法。

技能目标：学习烹饪方法，掌握一定的烹饪技巧。

态度目标：通过亲手制作菜肴，让学生切身体会到"一分耕耘一分收获"的意义。

体能目标：通过亲自完成菜肴制作，在一定程度上锻炼学生的体能。

四、任务实施

【劳动准备】

1. 选择菜肴

每名学生根据家人的口味精心选择一道热菜，在确定菜肴后认真了解烹饪所需的食材、烹饪步骤以及方法等。

2. 录制视频

把制作过程录制后编辑为 90～120 秒的短视频，短视频中要说明(文字/语音)选择这道热菜的原因、菜品制作难点及解决方案，并记录家人品尝后与自己的谈话内容。

3. 撰写心得体会

每名学生写一份 500 字左右的心得体会。

【劳动实施】

1. 划分人员

教师将学生按照 6～8 人划分小组，组内成员一起观看小组内每个人制作的视频，并对心得体会展开讨论，然后汇总成本组的心得体会。

2. 上台展示

每组推选一名代表上台演示自己的视频，并分享心得体会，其他小组可以对其进行提问，小组内其他成员也可以回答提出的问题。通过问题交流，将每一个需要研讨的问题弄清楚。

3. 教师点评

教师根据各组在研讨过程中的表现赋分，对各组分享进行分析、归纳、总结，引导学生重视日常家务劳动，懂得感恩父母。

【注意事项】

厨房是我们每天都要接触的地方，有些容易忽略的细节如果没有注意，便有可能出现问题甚至发生危险。因此，在制作菜肴的过程时，一定要注意防止油锅起火、触碰利器等安全问题，掌握一定的厨房消防安全知识。

劳动评价

"制作美味菜肴"劳动评价表

专业		班级		姓名	
学号		小组成员			
劳动项目		制作美味家常菜肴			
劳动流程	小组准备	组成劳动小组，对劳动任务分工明确，并能精心准备劳动实施步骤			15分
	工具准备	根据制作菜品和主食的劳动需要，能准确选用适宜的工具			10分
	劳动态度	积极参与劳动，对劳动项目认真负责，并能发挥个人作用			15分
	劳动纪律	严格遵守劳动纪律，执行规范的劳动操作规程			15分
	团队配合	具有团队意识，具备分工合作能力和解决问题的能力，能遵守团队劳动纪律			15分
劳动成果		能根据提供的食材进行搭配，制作出美味可口的菜品和主食			30分
自我评价	优秀□	良好□	合格□	不合格□	
小组评价	优秀□	良好□	合格□	不合格□	
教师评价	优秀□	良好□	合格□	不合格□	
综合评价	(综合评价由指导劳动实践教师填写，作为劳动实践学分评定的依据)				

任务演练

阅读以下案例并思考：参与家庭劳动教育对个人成长有哪些价值？

为响应国家重视青少年劳动实践的号召，普及健康营养的生活理念，某校劳动综合实践科组开设了烹饪与营养系列课程，致力于"让中小学生学会做饭"，培养德智体美劳全面发展的孩子。热爱劳动、热爱学习的孩子们在老师和家长的引导陪伴下，学习并亲手制作了一道冬日"美味佳肴"——钵仔糕。传统的钵仔糕首创于广东省台山县，已有数百年的历史。清朝咸丰年间成书的《台山县志》对此就有记载。后人将钵仔糕之法传承下来，成就了如今的广东钵仔糕。同学们在老师的引导下，探究式讨论了该特色小吃的制作方法，然后老师从原料配方与工具步骤两个方面，为孩子们抽丝剥茧地揭开了钵仔糕这一特色美食的神秘面纱。

第六章

建设清香四溢的美丽校园——丰富校园生活

本章导读

　　大学校园是新时代青年生活、学习、交际和劳动的重要场所，是大学生活的重要组成部分。校园生活不仅承载着青春最美好的时光，还能潜移默化地影响当代大学生的身心发展和健康成长。因此，建设一个清香四溢的美丽校园，能够营造浓厚的校园文化，培育新时代校园精神；能够极大地丰富大学生的校园生活，提升大学生的生活幸福感、环保责任感和实践获得感；能够起到净化心灵、提升情趣、激发潜能的强大作用。

　　本章通过对打造最美寝室、共建绿色校园、践行勤工助学等活动的介绍，帮助学生树立正确的劳动观念、增强环境保护意识，掌握建设美丽校园、丰富校园生活的基本方法，最终通过亲身参与和主动实践，积极投身到共建美好校园的行动当中。

第一节　打造最美寝室

学习目标

1. 掌握共同建设大学生最美寝室的基本方法。
2. 加强劳动实践，开展"打造最美寝室"实践行动。

晋代诗人陶渊明在《归园田居》中这样描写："户庭无尘杂，虚室有余闲。"其诗句的意思是：庭院内没有世俗琐杂的事情烦扰，静室里有的是安适悠闲。陶渊明认为庭院与静室是美好生活的重要组成部分，可见良好的寝室环境与人们的幸福生活息息相关。在校园生活中，寝室是大学生学习、休息或娱乐的重要场所，一个安静、和谐、舒适的寝室环境有助于大学生养成良好的行为习惯，对大学生的身心健康发展具有至关重要的作用。因此，营造一个温馨洁净、安全舒适的寝室环境能够在很大程度上提升大学生日常生活中的幸福感。

一、大学生寝室内务现状

(一) 安全管理问题

高校寝室是学校安全管理工作的重中之重。据统计，多数学生有三分之二的时间是在寝室度过的。作为学生学习、休息或娱乐的主要场所，寝室的安全问题与学生的人身和财产安全紧密相连。然而，从思想层面上，许多学生仍未意识到寝室安全管理的重要性；在行动层面上，部分学生在学习生活中仍未能严格遵循寝室的相关安全规定。例如，学生在寝室违规使用热得快、电饭煲等大功率电器，或者随意点蚊香、点蜡烛等，造成火灾隐患；或者没有妥善保管自身的贵重物品，造成财产损失等。

(二) 卫生维护问题

尽管大部分高校都高度重视学生的寝室卫生问题，但由于部分学生不重视环境卫生问题，对处理和保持环境卫生的态度不端正，甚至有部分学生对学校管理中心的扣分、通报等惩罚措施视若无睹，学生寝室卫生脏、乱、差的状况难以真正得到解决和改进。寝室卫生问题也表现在许多方面，如学生在床上随意堆放衣服或零食，长期不清洗地板、收拾垃圾等，这些不良行为习惯使室内充斥着各种异味，滋生各种细菌。这样的寝室环境不仅会影响学生的精神面貌，也会影响学生的身体健康。

(三) 人际关系问题

寝室是高校的最小群体单位，也是大学生最直接参与人际交往的地方。和谐融洽的寝室关系，能够凝聚人心，激发积极向上的学习热情；而恶劣的寝室关系，则会大大消耗学生的精神能量，使其丧失进取心，最终影响到学业乃至正确价值观的确立。由于大学生在性格习惯、生活作息、适应能力等方面的差异，寝室内部之间可能会产生误解，发生矛盾、摩擦甚至争执、对立等人际关系问题。例如：有些学生随意翻动室友的物品，侵犯他人隐私，触怒室友；有的因生活习惯等不同而被室友孤立，频繁更换宿舍，始终无法融入寝室群体当中，严重影响自身的学习状态和心理健康。

二、产生寝室问题的主要原因

(一) 对寝室内务管理认识不足

培根曾在《习惯论》中提道："认知决定思维，思维决定行为。"对寝室内务管理的认知偏差，让部分学生产生了片面、错误的观点和判断，如大多数学生认为整理寝室仅仅是为了应付宿舍管理人员的检查、避免受到批评，因而大部分学生只会在寝室管理员检查之前被动地开展内务整理，这样的观点使学生缺少主动整理寝室的动力，不会主动地维护寝室的安全和保持寝室的卫生。

(二) 生活自理能力较差

生活自理能力是指人们在生活中独立照顾自我的一种行为能力，包括打扫卫生、处理关系、承受压力等方面。部分学生专注学习知识、提高成绩，没有意识到提升生活自理能力的重要性；或是家里的家务更多由长辈承担，父母无微不至的照顾使孩子缺少对生活自理能力的锻炼。因此，多数学生缺乏基本的生活自理意识，当学生开始独立生活时，难以独自处理好生活琐事，逐渐展现出惰性，无法养成良好的生活习惯和培养生活自理能力。

(三) 缺乏集体荣誉感

集体荣誉感是指一种热爱集体、关心集体，自觉地为集体尽义务、作贡献、争荣誉的道德情感，是一种能够激励人们奋发进取的积极心理品质。由于现在较多学生是独生子女，从小备受长辈的宠爱和呵护，习惯独来独往，自我意识较强，而有的家长溺爱自己的孩子，导致他们不关心他人、不关心集体，缺乏集体荣誉感，因此，部分学生认为寝室内务管理属于个人管辖范畴，是否整理完全取决于个人意愿，而忽视了自身行为对于寝室的影响，忽视集体荣誉。

崇尚劳动、尊重劳动是中华民族的传统美德，也是培养德智体美劳全面发展的社会主义建设者和接班人的必然要求。新时代大学生应学会尊重劳动、热爱劳动，而热爱劳动应从热爱寝室做起。为解决寝室内务管理中出现的问题，学校应积极开展"打造最美寝室"等相关实践活动，让学生亲身参与到实践中，共同构建整洁、温馨、和谐的寝室环境，培养定期打扫卫生、按规定整理内务的好习惯，保障当代青年学生身心健康和个人安全，帮助他们树立正确的劳动观念，学习必要的劳动技能，提升生活自理能力，以营造劳动光荣、共同进步的良好氛围，形成积极向上的寝室文化，切实弘扬新时代劳动精神。

三、打造最美寝室的基本要素

(一) 形象方面

(1) 整洁卫生的环境。人们生活在环境中，环境也会对人产生影响，因此居住环境与人的身体健康状况密切联系。窗几明亮、地板清洁、物品整洁的卫生环境能够让居住者在工作和生活的各个方面都处于健康状态。大学生的寝室是集体性寝室，空间不大，个人活动空间有限，这就要求每个人都要树立起维护环境卫生的"共识"，按照每个人分配到的区域做好物品分类和摆放，共同维护好公共空间的安全和卫生。例如：要将书本、衣物等日常用品进行分类归纳，及时归位；认真做好垃圾分类，及时处理日常垃圾，保证宿舍的整洁、有序，维持干净整洁的内务环境。

(2) 充足的收纳空间。应避免乱堆乱放日常生活中的个人物品，要善于利用衣柜、桌子以及收纳架等空间，将日常"生活零件"分类收纳，保持有序整洁的个人内务。大学寝室的空间有限，个人可供收纳的空间较小，因此学生应以主要的生活必需品为主，尽量减少个人物品的堆积，及时清除囤积的非必要物品。此外，还可以购买储存空间较大的收纳柜来储存物品，并从美观的角度进行综合考量，努力做到收纳空间的颜色、大小与宿舍整体协调。

(3) 良好的生活习惯。良好的生活习惯决定了人们的生活质量，体现了个人的道德修养。家庭是社会的细胞，寝室是学生在学校的"家庭"。大学寝室是学生共同生活的地方，不但是个人的"安乐窝"，还是进行交际的场所，是所有人应当共同维护的公共环境。在寝室生活的人员要化个性为共性，形成寝室活动"公约"，用心呵护珍爱这个"家"。例如，要定时定点清理地面、窗台、阳台，及时收拾台面，处理垃圾，清洗衣物。通过公约，明确基本规定，如不能携带有异味的食物入室，不能使用刺激性香水，拒绝使用违规电器等。

(二) 文化方面

(1) 定好规矩——要有寝室公约。无以规矩不成方圆。寝室是学生生活作息的地方，集各种性格特征的人于一室，需要定好"寝室公约"作为共同的生活行动指南。例如，可以从维护寝室秩序和管理的需要出发，明确规定作息时间、规范宿舍行为、界定义务责任、制订劳动计划，并确保所有寝员遵守规定，维护集体利益。此外，寝室作为生活的重要场所，可采取趣味性的表达方式制定"公约"，适应生活需要而不必生硬"作规"。

(2) 富有个性——要有设计感。寝室是学生的"安乐窝"，为创造良好的生活环境，应学会动手装扮美寝，营造温馨舒适的生活氛围。因此，可以从以下几个方面入手，设计出符合或者突出自己个性的寝室环境：

一是突出自身专业特色。学生可以结合自身所学专业，积极动员舍友运用所学专业知识或切合自身专业特点改造寝室。例如：建筑设计专业的学生可以采用手绘，以大胆的手法创作出具有工业风特色的作品，装扮悬挂在室内；服装设计专业的学生可将服装设计的元素融入宿舍的整体氛围，彰显出专业特色。

二是结合自身兴趣爱好。喜欢花艺的学生可以在桌面实践插花艺术，喜欢读书的学生可以在宿舍的小角落设置自己的迷你书柜，喜欢动漫的学生可以在案头摆放自己的心头好物。总之，一个寝室总有一个人的专属区域，将个人的兴趣爱好陈设在宿舍里，既是一种展示，也是与他人的一种分享与交流。

三是寻求有机统一。从空间上讲，寝室中每个人的布置是相对统一的，具有一样的空间、布局与床位，但从个体上看，每个人对自己的空间设计与陈设都是不同的。因此，我们既要满足个体在有限的空间里展现自己的审美，又要做到个性与整体的和谐共存。换言之，进行寝室的整体布局与设计时，既要充分顾及每个成员的需求，也要使宿舍的整体格调是和谐、相融且美观的。

(3) 具有美感——要讲究视觉美。一个美的空间，是一种视觉上的享受。寝室"美"的灵魂并不限于形式上的存在，学生应该通过勤劳、专业、灵巧的双手，借助绿植、饰品、布局、颜色搭配等形成视觉上的舒适和愉悦。

(4) 讲究和谐——要讲究团结精神。寝室美不美，并不仅仅由环境来决定，最重要的决定因素是"人"本身。寝室中最美好的、最可赏的首先是居于其间的人。居住者之间是否和谐、是否能够融洽相处、是否注重寝室卫生等因素将决定该寝室的整体环境，而团结友爱的集体则从根本上决定这个寝室的面貌。在寝室中若拥有其乐融融的集体生活，这些精气神能够与美好的环境相互融合，构建一个真正的美的空间，有利于学生的健康成长。

四、打造最美寝室的基本措施

(一) 选好"带头人"

如果将寝室看成一个家庭，那么寝室长就是"家长"，是打造最美寝室的"带头人"，更是连接室友与学校的桥梁和纽带。一位认真负责、敢于作为的寝室长，可以增强寝室的凝聚力、向心力，带领整个团体共同营造良好的寝室卫生环境，积极推进寝室文化建设，努力打造最美寝室，最终形成团结友爱、文明互助、关心集体、热爱劳动的良好寝室风尚。因此，作为寝室领头羊，寝室长需要肩负起保障寝室安全、管理寝室内务、协调寝室关系等重要职责。一是负责寝室安全工作，防火防盗，如发现隐患，应及时处理；二是遵守规定、以身作则，在培育良好生活习惯方面起到模范带头作用；三是平等对待每一位室友，不搞小团体，同时积极开展各类集体活动，营造温馨和谐的寝室氛围。

(二) 拟定寝室公约

家有家规，寝有寝纪。寝室虽然是学校最小的群体单位，但对其进行管理却并非易事。原因有三：其一，寝室具有公共属性，多个学生同居一室，他们具有多样的性格特点和多元的生活习惯，如果没有一定的管理约束，没有共同遵守规矩的意识，则很难维护寝室的卫生、安全和舒适度；其二，寝室是学生放松、休息的场所，容易产生慵懒情绪，甚至部分学生不喜欢受管束，因此若缺少寝室行为公约的约束，则难以营造出良好的寝室环境和氛围；其三，寝室的管理具有持续性与综合性，只有坚持遵循寝室公约，协调寝室关系，才能延续寝室的管理，营造良好的生活环境和寝室风尚。例如：有的学生不守纪律，休息时间还在消遣游戏，会扰乱宿舍其他人的正常生活作息秩序；有的学生不及时保持宿舍清洁，随意将个人物品与生活垃圾乱丢乱放，则会形成恶劣的住宿环境，给学生的生活和未来发展带来不可忽视的负面影响。

那么，如何制定一份寝室公约？具体包含哪些内容呢？

先来看看某个大学寝室的《寝室守则》——

第一条：休息时间禁止喧哗，禁止随意走动、打游戏、外放音频；

第二条：休息时间做到不串门，不交谈，不打电话；

第三条：每天按照轮值表清洁卫生，做到不留死角，打扫完毕后要清洗工具并摆放整齐；

第四条：每天坚持浇花，进行绿植养护，及时清除黄叶；

……

看了以上几条寝室公约，你有什么感觉呢？

这份内容"板正"的寝室公约，比较适合用于公共场合，但如果悬挂在寝室里，难免显得太过刻板，缺乏生趣。寝室是学生的共同生活空间，在制定寝室公约时可以多采用富有趣味性的表达方式，为生硬呆板的寝室公约增添人情味和趣味性。例如：

1. 发问式：今天你浇水了吗？(养护绿植了吗？)

2. 举牌式：不要吞云吐雾！(不要在宿舍抽烟！)

3. 提醒式：记得每天给我洗脸哦！(清洁卫生提示)

这样的表达形式将使寝室公约更形象生动、朗朗上口，生活化的用词使学生更容易接受。除了中文，还可以使用英文代替个别关键性用语(如 No smoking)，或使用生动趣味且发人深省的图片进行表达。总之，多样化的寝室公约与生活环境融为一体，可有效避免生硬的说教和要求，以喜闻乐见的方式，达到"润物细无声"的效果。

(三) 制订寝室劳动攻略

最美寝室的打造离不开一个好的策划方案，俗称"攻略"。想要制订一个合理可行的攻略，应重点设计好劳动的具体内容。

1. "攻略一"：全员大清洁

划分清洁区域：地板、天花板、阳台、洗手间、墙壁、门窗、桌柜、被褥。

准备清洁工具：扫把、拖把、抹布、水桶、洗洁精、小型铲刀。

考核劳动成效：重点考核三方面，一是消灭灰尘，二是消除粘痕，三是寝室整体整洁明亮。

2. "攻略二"：巧手造美寝

在完成寝室清洁的基础工作后，开始进行寝室建设，主要内容包括准备必要物品，设计、创作和整体布置寝室。

(1) 必要物品建议清单：墙纸若干、大衣物盒子若干、2～5 棵绿植、小收纳盒若干、多层鞋架、床上挂帘；画笔、颜料、宣纸、画框若干。

(2) 设计与创作：依据寝员性别赋予寝室性格特点。例如，给墙壁上漆，女生寝室可取粉红色，彰显寝室特色；悬挂自创的抽象画作，既有意义又凸显个性。

(3) 整体布置：美寝的打造要依据层次逐步进行。大清洁是第一步，设计改造是第二步，最后从审美的角度对寝室的整体性进行搭配和调整，具体包括：

一是从色彩搭配的角度考虑寝室的协调情况。在色彩调配方面，尽量避免采取灰色、黑色或饱和度过高的颜色，因为过于暗淡或艳丽的色彩都会影响睡眠。

二是注意空间物品的搭配。由于寝室空间有限，不宜配置太多物品，避免物品过多造成空间挤压。

三是做好物品摆放和搭配。规范使用和摆放插座、手机充电线等容易杂乱的物品。

3. "攻略三"：美寝创新风

亲手改造寝室是一种实践性创意，是创造性建设美丽寝室的重要环节，而为寝室注入文明风尚才是打造美寝的核心意义。可以辅以各种技能实践活动，丰富和提升美丽寝室建设的内涵。

(1) 开展寝室劳动小能手竞赛。高校应定期或不定期组织劳动竞赛，形成常规性的劳动教育，深化和巩固美丽寝室的建设成果。

(2) 开展美丽寝室创意大比拼活动。高校可以组织开展创意寝室设计竞赛，产生具有创意的设计作品，学生通过参与竞赛能够定期为寝室"换妆"，保持寝室的整洁，增强住宿的新鲜感。

(3) 开展寝室"交流会"或"挑战赛"。学生可以联合其他寝室积极开展利于增进友谊的寝室"交流会"，就室内设计计划和方案等做专业研讨；或者开展各种形式的寝室设计挑战赛，形成宿舍间的赶帮超。

劳动实践任务：劳动让寝室更美丽！

一、任务描述

本项任务按班级竞赛的形式进行。在既定时间内，每个寝室的全体成员共同打扫寝室卫生，要求做到分工合理、共同合作。辅导员进行现场检查评比，并纳入"安全文明宿舍千百十工程"的评比内容之一。

二、任务目的

寝室是我们学习和生活的地方，一个整洁、舒适的寝室环境有利于我们身心的健康发展和学习效果的提高，保持寝室的清洁和卫生，建设美丽寝室，不仅能够保持学生们的身体健康，还能够提高其生活质量和学习效率。

三、预期目标

知识目标——熟悉学生寝室管理规章制度，掌握日常清洁必备要领。

技能目标——掌握寝室内不同物品的清洁方法，熟练使用清洁工具，能合作完成寝室环境清理劳动。

态度目标——体会通过劳动营造整洁、优美的环境的喜悦及成就感，珍惜劳动成果，创造健康生活。

四、任务实施

【劳动准备】

准备好抹布、扫帚、口罩、塑胶手套等物品，了解寝室管理规章制度。科学合理的寝室规章制度和行为规范是打造文明寝室的重要保障。劳动过程中会有粉尘弥漫的情况，所以在劳动时应佩戴口罩，避免吸尘入肺。

【劳动实施】

1. 学习寝室管理相关规章制度

每所高校都有完备的寝室卫生检查制度、文明寝室评比制度等，并定期或不定期对学生寝室开展检查、监督和评比。每个学生都应该自觉遵守各项规章制度，对自己的行为加以规范和约束。文明寝室美化大赛的参赛学生应以寝室管理规章制度为基础和依据，通过共同合作营造一个舒适、整洁的学习生活环境，增强寝室成员间的凝聚力，提升合作精神，创建和谐的寝室氛围，充分彰显青春校园的活力风采。

2. 熟悉了解寝室管理规章制度

本环节将进行寝室管理规章制度集中学习，各系部通过宣讲、研讨等方式指导学生掌握寝室管理的各项规定，确保各项规章制度在寝室卫生清理过程中得到落实。

3. 清洗被罩、床单和衣物

被罩、床单和衣物可以用寝室里的洗衣机洗，贴身衣物最好是自己手洗，洗完后挂到通风处晾晒。

4. 晾晒被子

在天气好时，要定期将被子拿到室外指定地点晾晒，防止滋生细菌螨虫。

5. 整理衣物

将衣物分季节、分类进行整理。

6. 整理床铺

床单四角拉平直，床面不放零杂物品(如电插板)，床边的栏杆用半干毛巾擦掉灰尘。

7. 整理桌面

用半干毛巾擦拭桌面，并将书本、常用的东西分类归纳整理。

【注意事项】

(1) 寝室开展日常清洁消毒工作时，应优先选用物理消毒方法，如通风、晾晒、清扫等，不建议使用化学消毒方法。

(2) 不可大面积喷洒酒精，防止发生燃烧等事故，应将酒精放置于阴凉避光处保存。

(3) 含氯消毒剂对人体有刺激性，使用时应佩戴好手套和口罩，不能与其他清洁剂混合使用，否则会产生氯气，危害身体健康。

劳动评价

"寝室清洁"劳动评价表

专业		班级		姓名	
学号		小组成员			
劳动项目		清洁卫生间			
劳动流程	小组准备	每个寝室组成劳动小组，对劳动任务分工明确，并能精心准备劳动实施步骤(如果在校整理寝室，则成员为本寝室成员；如果在家中，则成员为家庭成员)		15分	
	工具准备	根据清洁的劳动需要，能准确选用适宜的工具		10分	
	劳动态度	积极参与劳动，不怕脏、不怕累，能充分发挥个人作用		15分	
	劳动纪律	严格遵守劳动纪律，规范执行劳动操作流程		15分	
	团队配合	具有团队意识，具备分工合作能力和解决问题的能力，能遵守团队劳动纪律		15分	
劳动成果	1. 能自觉清洁与整理寝室环境卫生 2. 能够按照清洁任务采取有效的劳动方式进行清洁 3. 高质量完成清洁劳动任务			30分	
自我评价	优秀□	良好□	合格□	不合格□	
小组评价	优秀□	良好□	合格□	不合格□	
教师评价	优秀□	良好□	合格□	不合格□	
综合评价	(综合评价由劳动实践指导教师填写，作为劳动实践学分评定的依据)				

任务演练

阅读以下案例，思考"劳动之于人生、国家的意义"。

七十年风雨兼程，四十年砥砺前行。国家的奇迹成长没有奇诀，靠的是每一分子的辛勤劳动。从创造享誉全球的"振超效率"的许振超到一代石油人代表王启明，从人民科学家钟扬到语文教师于漪，从工地上汗如雨下的工人到餐厅里热情微笑的服务员，各行各业的每一分子在用劳动创造自己人生价值的同时，也在创造着国家的美好富饶。一砖一瓦、一米一粟，国家是从最小的单元开始的，而让砖瓦成高楼、米粟成佳肴，离不开每个人的辛勤劳动。

第二节　　共建绿色校园

学习目标

1. 了解环境保护知识，树立环境保护意识。
2. 积极参与校园环保实践，共同维护校园环境。

绿色校园建设是一项全面而复杂的任务，需要学校全体师生的共同参与和努力，以"绿色校园"为载体，营造良好的绿色校园氛围，不断推进学生的素质教育和精神文明建设。通过高校组织领导、提高教师生态文明素养与教学水平、开展多元校园环保教育与宣传活动、挖掘绿色科研潜力等多方面的举措，更好地实现绿色校园目标，为学生提供良好的学习和生活环境，培养具有环保意识和环保行为的未来公民，为社会发展提供高素质的"绿色专业人才"，推动社会的可持续发展。

绿色校园通常指的是一种致力于实现可持续发展和环境友好的校园环境的理念与实践。绿色校园包括以下几个方面：

(1) 环境保护。绿色校园注重保护自然环境，包括减少能源消耗、降低碳排放、保护水资源、减少环境污染、推广可再生能源等，以减少对环境的负面影响。

(2) 资源节约。绿色校园倡导合理使用资源，包括节约用水、节约能源、合理处理废物、促进循环经济等，以减少资源的浪费和减轻对自然资源的压力。

(3) 环境教育。绿色校园强调环境教育，包括推广环境保护知识、培养环境保护意识、提倡环保行为、鼓励环境参与等，以培养学生对环境的责任感和可持续发展的意识。

(4) 社区参与。绿色校园鼓励学校与社区、企业、政府等多方合作，共同推动环境保护和可持续发展的目标，通过参与社会活动、组织环保活动等方式，促进社区的环保意识和提高环保参与度。

(5) 健康与福利。绿色校园关注师生员工的健康与福利，包括提供舒适的室内外环境、鼓励健康的生活方式、提供绿色食品、关注人们的心理健康等，以提高学校成员的生活质量和幸福感。

总的来说，绿色校园的定义是一个综合性概念，强调在校园内推动环境保护、环境教育、资源节约、社区参与、健康与福利等方面的可持续发展实践，以促进校园的可持续发展和全面增强师生员工的环保意识与环境素养。

一、建设绿色校园的重要意义

(一) 有助于师生正确树立生态文明理念

建设绿色校园，不仅是对绿色校园环境和绿色文化的建设，更是对深入贯彻习近平生态文明思想、推进社会可持续发展和生态文明建设的外在体现。建设一个环境优美、氛围绿色的大学校园，既能让师生身心愉悦，也能提升师生对生态文明理念的理解层次，推动提升校园绿色氛围，从而提高社会绿色氛围并形成绿色效应。高校师生应将生态文明理念和绿色意识内化于心、外化于行，积极投身于绿色校园建设和发展生态文明理念的实践活动中，以校园绿色建设带动社会绿色建设，不断推进社会的可持续发展。

(二) 有助于学校科学培养绿色专业人才

建设绿色校园，是新时代经济社会发展对学校提出的重要任务，是培养绿色人才、实现绿色发展、创新绿色科技的基本途径。绿色校园的本质是绿色教育，学校是进行绿色教育的主要阵地。为更好提升当代大学生的绿色素质，学校应通过绿色课程向学生推广绿色理念，通过绿色活动增强学生的绿色意识，将绿色环保理念与专业实践技能相结合，将绿色发展融入办学实践、人才培养、校园建设等过程中，继而激发学生的责任感和主人翁意识，最终使其成为符合经济社会发展要求的绿色专业人才。因此，共同建设资源节约、环境友好、健康美丽的绿色校园，有助于培养绿色专业人才、建设绿色生态平台。

(三) 有助于国家持续实现绿色低碳发展

绿色校园是国家绿色空间基本格局的组成部分，也是国家绿色低碳循环发展经济体系中的重要一环。2021年2月22日，国务院发布的《关于加快建立健全绿色低碳循环发展经济体系的指导意见》中指出，全方位全过程推行绿色设计、绿色生活、绿色环境的重要性。2023年1月19日，国务院新闻办公室发布《新时代的中国绿色发展》白皮书表明，未来将坚定不移走绿色发展之路，推动绿色空间格局的形成和建设，与全球人类携手共建美丽地球新家园。因此，建设好绿色校园，有助于当代青年学生践行绿色生活方式、秉持绿色工作理念、明确绿色发展方向，未来成为国家绿色低碳发展的强大主力军。

二、建设绿色校园的实践路径

(一) 加强组织领导，树立生态文明理念

建设绿色校园是实现高质量内涵发展的必然要求。高校可以成立以院长为组长，分管副院长为副组长，各系、职能部门负责人为组员的绿色校园创建领导小组，制订创建绿色校园规划，定期对学院的节能节约、绿色环保工作开展研究；指导各系、各职能部门深入学习贯彻习近平生态文明思想；利用班会、教职工周会等例会宣讲"两山

理论"等生态文明的意义、作用；组织学习生态保护相关法律法规，切实增强生态文明意识。此外，校园生态文明教育也应做到常态化、阵地化和制度化，建立生态文明教育工作台账，建设生态文明宣传阵地，充分利用校园网、广播站、电子屏、宣传栏、黑板报等设施宣传绿色环保知识，在宣传活动中培育学生的绿色发展意识与生态文明行为习惯。

(二) 挖掘教学资源, 提高环保教育水平

学校应充分发挥课堂教学的作用，在课程中设置环境教育相关课程，如环境科学、生态学、可持续发展等，教授学生环境知识、环保技能和环境理论，引导学生认识、学习环境问题及解决环境问题的方法。同时，为进一步提高教师生态文明素养，学校应积极开展集体研讨、课堂展示等活动，在校内共享生态文明教学教案、专项论文、特色课件等教学与课程资源；鼓励教师与校外同行积极开展交流研讨。教师应深入挖掘课程中有关环境保护的内容，运用各种教学方法和手段，充分利用多媒体教育资源，如环保教育视频、环保教育软件等，将环保知识融入课堂教学，向学生传授生态文明知识，引导学生树立生态环保意识，积极践行绿色行为方式。

(三) 开展多彩活动, 培育绿色校园文化

绿色校园是宣传新发展理念的重要阵地。高校负有义不容辞的育人责任，应大力开展生态文明教育，积极创造"绿色文化"软环境，培养学生的节能环保意识，使学生树立"可持续发展"责任心。学校可以通过组织开展一系列节能环保主题的活动，如绿化与植树活动、生态知识专题讲座及提倡绿色发展理念的课内外实践活动等，促进绿色理念的传播，营造浓厚的校园绿色文化氛围。

1. 开展环保教育活动

校园环保教育是培养学生环保意识和环保行为习惯的重要途径，开展校园环保教育，有利于引导师生了解生态环境、生物多样性和生态平衡的重要性，有利于培养环保意识和环保行为习惯，使环保理念融入学校的教育教学体系。

(1) 组织校园环保主题活动。在学校内组织形式多样的环保主题活动，如环保知识竞赛、环保宣传展、环保讲座等，以寓教于乐的方式引导学生深入了解环境保护的重要性，培养他们的环保兴趣和参与意识。

(2) 进行实地考察和实践活动。组织学生参加环境保护实地考察和实践活动，如参观环保设施、考察野外生态环境、参与环保志愿活动等，学生通过亲身参与体验环保工作，能够加深对环境问题的认识。

(3) 引导学生参与校园环保行动。鼓励学生积极参与校园环保行动，如垃圾分类、节约用水、节能减排等，激发学生的环保责任感和参与意识，培养他们良好的环保习惯。

(4) 成立绿色环保社团。在学校内设立环保角或成立绿色环保社团，吸引学生自愿参与、组织环保活动，培养学生的环保意识和组织能力，推动校园环境保护工作的开展。

(5) 选树环保劳动榜样。可以在校园内选树环保榜样，如开展环保先进个人或团体的评选活动，表彰在环保方面有突出贡献的个人或集体，为学生树立环保劳动榜样，激发学

生的学习兴趣和积极性。

(6) 加强社会合作。学校可以与环保组织、环保企业等社会资源合作，引入外部专业资源，开展环保教育项目，如环保讲座、环保志愿者活动等，丰富学生的环保教育内容和形式，提高环保教育的实效性。

(7) 设置环保示范区和绿色实践基地。在学校内设置环保示范区或绿色实践基地，营造良好的环境保护氛围，为学生提供实际参与和体验环保工作的机会，促使学生形成积极的环保行为习惯。

2. 开展校园环保宣传活动

通过举办环保主题讲座、环保设计展览以及设置环保宣传板等方式，向学生宣传环保知识和理念，提高学生对环保问题的认知和关注度。

(1) 校园公共区域宣传。在学校内悬挂宣传横幅、张贴宣传海报，利用校内公告栏、电子屏幕等渠道进行环保知识、环保意义和环保做法等内容的宣传，提高宣传影响覆盖面。

(2) 社交媒体宣传。利用学校官方网站或学生社交媒体平台，如微信公众号、微博、QQ群等，发布环保相关内容信息，吸引更多学生主动了解和学习环保知识，或组织线上互动和投票环节，增加宣传的曝光度和吸引力。

(3) 校园媒体报道。邀请学校媒体、校园电视台等进行环保相关内容报道，宣传环保的意义和作用，提升环保普及度。

(4) 校外合作宣传。可以与相关的环保组织、设计机构、企业等合作，通过共同宣传获得更多的宣传资源和支持，增加宣传的影响力。

三、以科研创新为引领，挖掘绿色科研潜力

高校应积极引导和鼓励教师、学生进行绿色科技发明，参与绿色科技竞赛。同时，学校还可以发挥有关学科和科研优势，围绕生态文明建设开展绿色创新人才培养研究，开设环境监测、新能源汽车技术等特色专业，为社会培养环境监测、环境污染控制、环境质量评价、新能源汽车等方面的高端技术技能人才。

劳动实践任务：校园垃圾"变废为宝"——手工创意作品展览

一、任务描述

本次活动通过举办环保手工创意作品的展览，帮助全校师生树立节能减排、垃圾分类、资源循环利用等方面的环保意识。学生可以以个人或团队形式制作手工作品，呈现形式可以是具体产品、图案或平面设计等。

二、任务目的

通过手工创意设计形式，鼓励学生关注环保问题，增强环保意识，激发学生创新思维，培养学生的环保行动能力，推动校园环保实践活动的开展。

三、预期目标

知识目标：学习相关的环境保护知识。

技能目标：掌握相关的手工设计技能方法，提高学生的动手能力与创新能力。

态度目标：培养学生吃苦耐劳、奋发向上的美好品质。

体能目标：通过动手创作、制作环保作品，在一定程度上锻炼学生的体能。

四、任务实施

【劳动准备】

1. 确定活动地点

本次手工创意作品展览面向校内师生，活动地点选址于学校的图书馆、学生活动中心、展览厅等场地。

2. 活动时间

建议收集作品时间为 9 月 1 日至 9 月 20 日，9 月的第三个周日开始进行展览。这一天是"世界清洁地球日"，在此期间开展活动，有利于宣传效果的提升。

3. 活动宣传

(1) 社交媒体宣传。组织开展学生线上互动和投票环节，利用微信公众号、微博、QQ 群等社交媒体平台进行宣传拉票，由此吸引更多学生参与，增加展览活动的曝光度和参与度。

(2) 校园媒体报道。学校媒体、校园电视台对活动进行宣传报道，宣传活动的举办意义、参赛作品和获奖名单，提升本次活动的知名度和影响力。

(3) 合作宣传。与相关的环保组织、设计机构、企业等合作，获得更多的宣传资源和支持，使活动走出校园、走向社会，提高本次活动的社会影响力。

【劳动实施】

1. 评选作品

学生在活动地点集合，向评审团说明本次手工创意作品所选用的材料和设计理念。评审团根据学生的讲解和实际呈现的作品，对作品进行专业的评审和指导，并评选出获奖作品。其中，评审团包括校内外专业教师、环保专家、设计专业人士等。

2. 展示作品

将获奖作品置于学校图书馆、学生活动中心、校园网站等地方进行展示，吸引更多学生参与到手工创意设计活动中来，引导学生通过自主设计，表达对环保问题的关注，并构思解决方案。

3. 交流与分享

教师组织获奖学生就所设计的作品进行分享和交流，并邀请环保专家、设计师等举办环保讲座或座谈会，促进学生对环保创意设计的深入理解和交流。

4. 活动奖励

教师为获奖学生颁发获奖证书、奖品和相应奖金，表彰其在手工创意设计方面的优异表现，增加学生的荣誉感和自豪感，提高学生继续参与环保活动的积极性。

5. 后续宣传

学校应开展校企合作、推荐优秀作品参加展览、发布创意作品集等活动，帮助获奖学生进一步展示和推广作品，有利于学生进一步提升创作能力和职业素养。

劳动评价

校园垃圾"变废为宝"——手工创意作品展览活动评价表

专业		班级		姓名	
学号		小组成员			
劳动项目		校园垃圾"变废为宝"——手工创意作品展览活动			
劳动流程	小组准备	组成竞赛小组,对竞赛任务分工明确,并能精心准备竞赛实施步骤			15分
	工具准备	根据比赛需要,能准确选用适宜的工具			10分
	劳动态度	积极参与比赛,不怕苦,不怕累,团结协作,能充分发挥个人作用			15分
	劳动纪律	严格遵守团队纪律			15分
	团队配合	具有团队意识,具备分工合作能力和解决问题的能力,能遵守团队劳动纪律			15分
劳动成果	1. 完成回收废品、制作手工作品的任务 2. 留存制作过程的图片、视频等资料 3. 撰写参与此次环保主题活动的心得体会				30分
自我评价	优秀□	良好□	合格□	不合格□	
小组评价	优秀□	良好□	合格□	不合格□	
教师评价	优秀□	良好□	合格□	不合格□	
综合评价	(综合评价由劳动实践指导教师填写,作为劳动实践学分评定的依据)				

任务演练

阅读以下案例并思考:此次环保行公益活动进社区有何意义?

来自南京师范大学金陵女子学院的暑期实践小分队开展了"绿色风尚绽青春,红心向党展厚生"主题活动,吸引了崇川区学田街道的街坊四邻前来参加。小分队志愿者结合精心制作的幻灯片,给街坊四邻讲解了环保的重要性后,还让大家发挥想象,就如何保护地球、合理利用垃圾、做好垃圾分类等开展有奖知识问答。活动现场,实践小分队还请来了南通科院环资学院的荣梅娟老师,和大家一同发挥想象力和创造力,用废旧纸盒制作环保作品;在老师的指导下,学习勾勒轮廓、裁剪瓦片、点缀草地……通过剪切、组合、涂色,一件件创意环保作品应运而生,整个创作活动充满了欢乐、合作和畅想。

第三节　践行勤工助学

学习目标

1. 了解现有的大学生勤工助学体系。
2. 明确勤工助学的实践意义与重要作用。
3. 参与校内实践，积极投入勤工助学行动中。

勤工助学是组织实施劳动教育的具体实践活动，不仅是实施劳动实践的重要平台，而且是实现劳动教育目标的重要途径之一。勤工助学实践内含树立大学生的劳动价值观念、培养其劳动知识素养、涵养其劳动精神品德等育人功能。因此，做好高校勤工助学工作，对探索新时代大学生劳动教育的有效路径和完善新时代资助育人体系建设具有重要作用。

勤工助学是指学生在学校的组织下利用课余时间，通过自己的劳动取得合法报酬，用于改善学习和生活条件的社会实践活动。自汉代起，就有学生勤工助学的相关记载。汉代太学正式生由政府承担食宿费用，并且免除赋役，但是日常开销需要自理，而非正式学生则需要完全自理所有费用，且私学的费用也不低。当官学和私学的学生数量过多时，必然出现贫困学子没有得到补给以继续求学的情况，因此他们只能依靠勤工助学赚取钱财补贴日常开销以维持生计。

汉代学子勤工助学的方式非常多，其中最为常见的是受雇为劳工，或做手工业，或作为杂役，也可以受雇于地主耕种田地。由于汉代文学昌盛，社会对书籍的需求与日俱增，因此汉代的佣书业相当兴盛，佣书业也为贫困学子提供了勤工助学的途径。如《汉书·匡衡传》记载：父世农夫，至衡好学，家贫，庸作以供资用。由于太学生大部分都具备一定的学识，因而有部分学生会被雇佣为佣书，其工作主要是为官府或者私人抄写书籍。东汉时期的桓荣便是通过当佣书抄写书籍来挣取生活费。班固的弟弟班超也曾依靠为官府抄写书籍挣取生活费来养活母亲。此外，汉代学子还通过给学院做杂役的方式来勤工助学。古代学堂的劳役方式多为在食堂帮厨。《东观汉记》中就记载了梁鸿"同房先炊已，呼鸿及热釜炊"，这是为同窗学子做饭的杂役方式，既能填饱自己的肚子，又能赚取一定的报酬，同时也免去了去外面奔波的辛苦。对古代学生来说在学院里帮厨是较为方便的勤工助学方式。

可见，勤工助学自古以来就是一种良好的中华民族传统美德。勤工助学是一种将知识与实践相结合的科学模式，能够锤炼学生的意志，锻炼学生的技能，培养学生积极向上的务实观念，从而鼓励大学生树立"辛勤劳动、诚实劳动、创造性劳动"等劳动精神。

一、当代大学生资助体系

(一) 完整的保障型国家资助体系

1. 国家奖学金

国家奖学金的奖励对象是普通高校全日制本专科二年级及以上优秀在校学生，奖励标准为每生每年 8000 元。同一学年内，获得国家奖学金的家庭经济困难学生可以同时申请并获得国家助学金，但不能同时获得国家励志奖学金。

2. 国家励志奖学金

国家励志奖学金的奖励对象是品学兼优、家庭经济困难的二年级及以上的普通高校全日制本专科在校生，奖励标准为每生每年 5000 元。同一学年内，获得国家励志奖学金的家庭经济困难学生可以同时申请并获得国家助学金，但不能同时获得国家奖学金。

3. 国家助学金

国家助学金的资助对象是家庭经济困难的普通高校全日制本专科学生(含预科生)，平均资助标准为每生每年 3300 元，具体标准由高校在每生每年 2000～4500 元范围内自主确定，可分为 2～3 档。全日制在校退役士兵学生全部享受本专科生国家助学金，资助标准为每生每年 3300 元。

4. 国家助学贷款

国家助学贷款的贷款对象是家庭经济困难的普通高校全日制本专科生(含预科生)。贷款金额原则上本专科生每生每年最高申请金额不超过 12 000 元。2020 年 1 月 1 日起，新签订的助学贷款合同利率按照同期同档次贷款市场报价利率 LPR5Y-30 个基点(即 LPR5Y-0.3%)执行。贷款学生在校学习期间的国家助学贷款利息全部由财政补贴，贷款学生毕业后的前五年内可只需偿还利息不需还本金，自毕业第六年起开始偿还本金和利息。助学贷款年限按学制加 15 年，最长不超过 22 年、最短 6 年确定。大学新生和在校生可在开学前向户籍所在地县级学生资助管理部门申请生源地信用助学贷款，已申请过生源地信用助学贷款的学生可直接在网上申请续贷。

5. 高校学生服兵役的国家教育资助

高校学生服兵役的国家教育资助的补助对象是应征入伍服义务兵役的高校在校生、毕业生及退役后复学的原高校在校生和直接招收为士官的高校学生。国家对应征入伍服义务兵役和直接招收为士官的高校学生在校期间缴纳的学费实行补偿、对在校期间获得国家助学贷款(含校园助学贷款和生源地信用助学贷款)实行代偿，退役后复学的原高校在校生实行学费减免。学费补偿、国家助学贷款代偿和学费减免的补助标准为本专科生每生每年不超过 12 000 元。

6. 基层就业学费补偿(贷款补偿)

基层就业学费补偿(贷款补偿)的补助对象是高校毕业生，即指全日制本专科的应届毕业生(含高职、第二学士学位)、研究生应届毕业生。高校毕业生到中西部地区和艰苦边远地区基层单位就业、服务期在 3 年以上(含 3 年)的，其学费由国家实行补偿。在校学习期间获得用于学费的国家助学贷款的，代偿的学费优先用于偿还国家助学贷款本金及其全部偿还之前产生的利息。

7. 新生入学资助

国家对经济困难的学生会予以适当补助。以广东省的政策为例，资助对象是当年考入全日制普通高校、广东省户籍的家庭经济困难本专科一年级新生，每人最高不超过 6000 元。考入省高校的广东新生可以在开学时向学校申请，考入省外高校的新生向户籍所在地县级教育部门申请。

(二) 多元的补充型学校资助体系

1. 勤工助学

(1) 制度政策：学生在学校的组织下，利用课余时间通过兼职或参与假期工作获得报酬，用于改善学习和生活条件。学生参加勤工助学的时间原则上每周不超过 8 小时，每月不超过 40 小时。最低小时工资不低于高校所在地当年的最低小时工资标准。

(2) 工作岗位：党委办公室、校长办公室、人事处、教务处、招生就业办、学生处、科技处、安全管理中心(保卫处)、图书馆、大学生综合服务中心、大学生心理健康与发展中心、乒羽活动中心等。

2. 其他资助

(1) 学费减免：全日制公办普通高校中家庭经济特别困难、无法缴纳学费的学生，特别是孤残学生、少数民族学生及烈士子女、优抚家庭子女等，实行减免学费政策。具体办法由学校制定。

(2) 专项奖学金：高校利用从事业收入(民办学校从学费收入)中提取的学生奖助基金、社会组织和个人捐赠资金等，设立奖学金、助学金等，用于奖励和资助本校学生。

(3) 特殊困难补助：补助对象为普通高校全日制本专科学生(含预科生)，高校从学费收入中提取不少于 5%的资金，用于奖励和资助学生。

二、劳动教育视域下高校勤工助学体系的育人价值

(一) 正确树立劳动价值观

劳动价值观是指大学生对劳动的看法和对劳动的价值取向，用于指导大学生的劳动实践活动。新时代大学生以 95 后和 00 后群体为主，该群体具有"在学校中被弱化、在家庭中被软化、在社会中被淡化"等特点，通过多样载体和多元形式直接或间接地引导大学生正确认识劳动的价值，以形成思想上崇尚劳动，行动上积极劳动，情感上热爱劳动，价值上尊重劳动主体、过程和成果等为内容的劳动价值观，用以指导劳动实践。

勤工助学是高校育人的重要形式，它是帮助大学生顺利完成学业的途径之一，既可以减轻学生的经济负担，又能够帮助大学生树立正确的劳动价值观，发挥出高校勤工助学体系的育人功能，达到育人育才的根本目的。同时，大学生勤工助学还包括为家庭经济困难学生提供劳动教育培养平台，为其发展需求提供辅导援助，引导其树立崇尚劳动、主动劳动等正确的劳动价值观。经济支持与全面发展一体两面，共同聚焦于大学生资助目标群体的成长

成才，引导受助学生树立正确的劳动价值观，并将其注入个人的观念态度和成长发展之中。

(二) 培养劳动知识素养

培养劳动素养是劳动教育的直接目的。劳动素养包括大学生在劳动实践过程中所掌握的劳动知识、技能和劳动创新创造能力。劳动知识基本以理论化的课堂教学为主，是大学生劳动素养的核心要求；劳动技能主要通过实践性参与和业务性操作进行培养，是大学生劳动素养的基础要求；创新创造劳动是一种能力，也是一个过程，大学生不仅要在劳动实践的内容、方法上进行创新创造，而且要在该过程中不断提升个人的创新能力。因此，劳动知识、劳动技能和劳动创新创造能力三者相统一，三者相互支撑并相互促进。

勤工助学就是将解决实际困难与培养大学生才能才干相结合，既能够为大学生提供公平的教育机会，又能够培养大学生学习劳动所需的知识、技能和创新创造能力。资助育人通过奖学金、助学贷款、勤工助学等形式为学生提供输入性的物质帮助，保证家庭经济困难学生公平接受教育，提升其专业化、专门化知识技能等素养。此外，勤工助学还通过专门化和定制化的途径与平台，提供与专业知识技能教育、个人发展诉求、社会市场发展需求相适应的劳动实践机会，以培养和发展家庭经济困难学生的潜能、社会需求敏感度和创新创造能力。因此，勤工助学同样具备劳动素养的培养功能。一方面是通过基础性的保障为学生提供公平的教育机会和平台，为劳动素养培养提供外部条件；另一方面是通过体系完整、多元协同的直接劳动实践，满足家庭经济困难学生在发展创新能力层面的需求。

(三) 涵养劳动精神品德

劳动精神品德是大学生对劳动的尊重和热爱的内在表现及其在大学生劳动实践中所展现的德行品质。涵养劳动精神品德，一方面是提升大学生群体对劳动的评价和态度，使他们从认知、情感和思想等层面树立对劳动的尊重和热爱；另一方面则是提高大学生群体在日常劳动、脑力劳动、创新劳动和生产劳动过程中对劳动过程、成果和方法的自觉维护，使他们展现积极、进取、奋斗的精神风貌和人格气质。前者是评价性和认知性等精神内容，后者则是个体和群体在不同程度展现出来的整体状态。评价和态度是劳动精神品德的内核，精神风貌和人格气质是劳动精神品德的外在表达。在劳动教育中，两者的涵养提升协同并进，并且相互促进。

勤工助学的重要作用就是通过帮助解决大学生的经济困难和思想困难，促进大学生树立自立自强的精神面貌和提升积极进取的人格气质。因此，勤工助学工作是解困与"扶志"的综合过程，即包含经济支持和思想教育两个方面，二者均以劳动精神品德为核心，互为抓手和目标。勤工助学最直接的作用是帮助家庭经济困难学生解决经济困难，顺利参与劳动知识和劳动技能的学习，而更重要的作用则是通过大学生的实践参与和教育引导，让家庭经济困难的学生深入理解"劳动创造美好未来"，懂得劳动光荣，明确劳动创造价值的思想认识，树立通过劳动实现自我价值的积极形象。

三、劳动教育视域下高校勤工助学体系的建设路径

(一) 稳固以劳动价值观为核心的勤工助学体系

资助育人的核心在"人"，重点在于"育"，因此，应以劳动价值观教育为核心开展

工作。运用好典型宣传、仪式教育、劳动实践等方式，教育引导受助学生树立积极正确的劳动价值观念。具体来说，就是在开展勤工助学的实践工作中，开展多样化的教育引导活动或收集总结和宣讲典型人物案例，选择关键节点开展文化性、仪式性互动教育，通过多元化载体和途径向受助学生传递劳动崇高、劳动光荣、热爱劳动和尊重劳动等正确的价值观念。因此，勤工助学工作应处理好受助学生的物质帮助和价值认知关系，强化观念教育与实践锻炼结合度，让受助学生在体验劳动过程的基础上，正确认识不同的劳动形式，树立正确的劳动价值观。

(二) 保持经济帮扶与劳动素养培养的协同并进

勤工助学工作应以高校自身的学科、管理和服务特点为基础，在锻炼提高受助学生劳动素质的同时，帮助学生解决经济困难问题。高校勤工助学工作以校内勤工助学为主，其岗位要求设置和工作内容设计应符合高校自身特色，其工作岗位主要设于高校内部的教学、科研、行政和后勤服务部门，由宣传、财务等多个职能部门协同推进，为勤工助学学生提供岗位相关技术技能培训和指导、资金平台的建设和保障，以及评价反馈机制的建立健全。此外，工作内容、组织等方面的设置应与大学生的专业教育捆绑起来，从而不断深化学生的劳动知识、技能和创新创造能力等劳动素养的培养。

(三) 强化精准勤工助学和劳动教育的组织保障

建立高校各职能部门之间的勤工助学嵌合机制，并强化职责职能协同机制，形成实施勤工助学和劳动教育的强力保障。勤工助学不仅是学生事务性工作，还是高校实现"立德树人"根本使命的重要载体。因此，高校一方面要将勤工助学列为各级部门、单位的重要任务，并纳入考核评价内容；另一方面要建立起各职能部门的协同机制，通过财务、管理、科研、教学、团委等多个部门单位协同配合，构筑起部门协同、流程完整、保障充分和运转流畅的协同机制，为勤工助学提供充分的组织和资金、制度和机制等层面的保障。

在组织和机制建设之外，勤工助学工作还需建立明确的培养目标，在政治领导、思想引导、情感疏导、学习辅导、行为教导、就业指导等环节中融入劳动教育，嵌入劳动教育的指导思想、价值认识、知识技能、情感态度、精神品质等内容，结合两者的基础性内容建设和个体化内容需求，定制具有共性的"必修"内容和个性的"选修"方案，从而实现勤工助学与劳动教育的紧密结合。同时，综合考虑和统筹兼顾勤工助学与劳动教育的时代需求，在育人实践中实现二者的创造性结合和教育成效的共同提升。

四、高校勤工助学对大学生成长的意义

(一) 兼顾学业和工作

高校勤工助学既能够帮助学生兼顾好学业和工作，也能够给予贫困学生最为有效的经济支持。学生在校内工作，不仅可降低被校外机构欺骗的风险，而且有利于学生兼顾自身学业。

(二) 锻炼思想品格

高校勤工助学是锻炼当代大学生思想品格的重要途径。参加勤工助学，可以让学生提前体会到生活、工作的艰辛，认识到经济独立、精神独立的实现方式，培养良好的自我约束能力、劳动意识和职业道德。

(三) 提高综合能力

高校勤工助学是大学生从学校向职场过渡的重要环节，可为他们走向社会打下坚实基础。部分用人单位青睐有工作经验的毕业生，而现实中毕业生往往缺少工作经验，参与勤工助学实践可以丰富学生的工作实践经验，展现其语言沟通能力、知识运用能力和专业技术水平等。

劳动实践任务："我的勤工助学故事"征文比赛

一、任务描述

本项任务以个人为主体，在规定时间内，提交 500 字以上符合任务要求的文章。由教师择优评选出若干名次，并进行表彰。

二、任务目的

通过学生自主思考，激发学生对勤工助学的关注，鼓励他们参与并分享自己的勤工助学经历和体会，引导学生树立对勤工助学的正确认识，营造勤工助学文化氛围，推动学校勤工助学工作持续发展。

三、预期目标

知识目标：掌握相关知识，了解勤工助学信息。

技能目标：提高勤工助学岗位技能，提高学生的写作能力与创作能力。

态度目标：塑造大学生劳动价值观，涵养大学生劳动精神品德。

体能目标：锻炼增强学生体能。

四、任务实施

【劳动准备】

1. 设定参考选题(鼓励自主立题)

参赛学生可以撰写关于勤工助学的实践经历、感悟、心得或见解的文章，包括勤工助学的动力、困难和收获等方面。从自己的实际经验出发，真实、生动地表达自己的思想和情感。

2. 设定交稿时间

学生在规定的时间内将征文作品提交给活动组织者，可以以纸质形式或电子形式进行提交，同时附上个人简介和联系方式，便于评审和联系。

【劳动实施】

1. 评审和展示

活动组织者可以组织评审委员会对征文作品进行评选，并选取优秀作品进行展示和宣传，包括在学校官方网站、学生报刊、校园电视台等平台发布获奖作品。评审标准包括作品内容的真实性、深度、表达能力、语言文采等方面。

2. 设置奖项

设置一、二、三等奖，并颁发奖状、奖金或实物奖励，以激励学生参与和分享勤工助学经验。

劳动评价

"我的勤工助学故事"征文比赛评价表

专业		班级		姓名	
学号		小组成员			
劳动项目		"我与勤工助学的故事"征文比赛			
劳动流程	小组准备	组成竞赛小组,对竞赛任务分工明确,并能精心准备竞赛实施步骤			15分
	工具准备	根据比赛需要,能准确选用适宜的工具			10分
	劳动态度	积极参与比赛,不怕苦、不怕累,团结协作,能充分发挥个人作用			15分
	劳动纪律	严格遵守团队劳动纪律,按活动规则行事			15分
	团队配合	具有团队意识,具备分工合作能力和解决问题能力,能遵守团队劳动纪律			15分
劳动成果		1. 完成勤工助学任务 2. 留存勤工助学时的照片、视频 3. 撰写与勤工助学相关的文章			30分
自我评价	优秀□	良好□	合格□	不合格□	
小组评价	优秀□	良好□	合格□	不合格□	
教师评价	优秀□	良好□	合格□	不合格□	
综合评价	(综合评价由劳动实践指导教师填写,作为劳动实践学分评定的依据)				

任务演练

1. 校内勤工助学岗位设置包括哪些方面？

2. 学生参加勤工助学每周不超过多长时间？每月不超过多长时间？

第七章

积极投身于社会公共服务——培育志愿精神

本章导读

　　社会公共服务是新时代大学生劳动实践的主要内容，也是培育大学生志愿精神、热情服务精神和劳动精神的重要途径。为提高大学生的社会服务意识，使学生树立正确的社会服务理念。

　　本章将从普法宣传、垃圾分类、废物利用和社区服务等四个方面来阐述社会公共服务的基本概念、内容和途径，以期广大青年大学生能够认识到社会公共服务的重要性，了解社会公共服务的实践路径，掌握一定的社会公共服务技能，能积极投身于社会公共服务事业，在社会实践中践行和弘扬劳动精神。

第一节　　推进普法宣传

学习目标

1. 正确理解社会公共服务的概念，并认识社会实践活动。
2. 了解大学生"三下乡"社会实践活动和普法宣传活动。
3. 掌握策划、组织和实施普法宣传活动的方法。

一、社会公共服务

社会公共服务是指为满足公民的社会发展活动，通过国家权力介入或公共资源投入等渠道所提供的服务，包括教育、科学普及、医疗卫生、社会保障以及环境保护等领域，其根本目的在于满足公民的生存、生活、发展等社会性直接需求。当前，在科学普及领域常见的社会服务活动包括普法宣传、传播科学思想、讲授科学知识、推广科学技术和传播科学思想等。其中，普法宣传是向我国全体公民进行大规模普及法律常识的宣传教育活动，旨在使全体公民增强法治观念，知法守法，养成依法办事的习惯。深入开展法治宣传教育作为我国社会主义精神文明建设的重要内容，有利于营造良好的法治环境和解决经济社会发展中的各类矛盾，是构建社会主义和谐社会的重要保障。

法律是社会的黏合剂，法律宣传是将法律知识传递给每一个社会公民，让人们在了解法律规范的同时懂得运用法律的武器维护自己的合法权益，是扎实推进依法治理的重要保障。从 1985 年起，全国人民代表大会常务委员会先后通过了五个在全民中普及法律知识的决定，并已连续实施了四个五年的普法规划："一五"(1986—1990 年)普法期间，有 7 亿多公民学习了相关的初级法律知识；"二五"(1991—1995 年)普法期间，有 96 个行业制定了普法规划，组织学习专业法律法规 200 多部；"三五"(1996—2000 年)普法期间，30 个省、自治区、直辖市结合普法活动开展了依法治理工作，95%的地级市、87%的县(区、市)、75%的基层单位开展依法治理工作；"四五"(2001—2005 年)普法期间，有 8.5 亿公民接受了各种形式的法治教育。"五五"普法后，人们进一步增强了普法观念，逐步树立了正确的普法宣传意识。

当前，普及法律知识已经成为全社会共同参与的行动。大学生是我国社会主义现代化建设的主力军，有必要了解和学习我国的基本法律法规。与此同时，大学生在学校里还应积极学习习近平总书记关于全面依法治国的重要论述，主动了解我国基本法律法规相关知识，可以通过参加学校组织开展的"三下乡"社会实践活动向有需求的社会群体宣传法律法规，进行法治建设宣讲。

二、大学生"三下乡"社会实践活动

大学生社会实践活动是指大学生利用业余时间走进社会基层，接触社会，了解社会，回馈社会，扎根实践，接受教育，培养能力，作出自身贡献的社会活动。大学生社会实践活动是培养社会人才不可或缺的重要环节，是大学生树立正确价值取向、增强社会责任感、培养创新精神的有效载体，是大学生提高综合素质和实践能力、增强自身能力的重要课堂。大学生社会实践活动主要包括理论宣传、社会调查、考察访问、生产劳动、社会服务、科技发明、勤工俭学、"三下乡"活动、普法宣传活动等。本节选取了"普法宣传"的内容，在大学生"三下乡"社会实践活动中践行，加强大学生对社会实践活动的认知。

20世纪80年代初，共青团中央首次号召全国大学生在暑期开展"三下乡"社会实践活动。1996年12月，中央宣传部、国家科委、农业部、文化部等十部委联合下发《关于开展文化科技卫生"三下乡"活动的通知》。1997年，"三下乡"活动在全国正式开展。

(一)"三下乡"的内涵

三下乡是中国青年人，通常是大学生参加的一项社会活动。三下乡的"三"指"科技、文化、卫生"；"乡"指中国农村地区。活动主要内容是青年人将城市的科技、文化和卫生知识带到社会发展相对落后的偏远地区，向当地人传授知识。该活动由中国共青团中央发起，地方各级团组织主办，很多时候都以大学生团体或社团组织为单位集体出行。1996年12月，中央宣传部、国家科委、农业部、文化部等十部委联合下发了《关于开展文化科技卫生"三下乡"活动的通知》。1997年，"三下乡"活动在全国正式开展。

(二)"三下乡"的意义

大学生是我国科学技术发展的后备军，应充分发挥知识技能的优势，为社会主义新农村建设服务。我国农村需要大学生发挥聪明才智，在服务农民群众的实践中接触社会，了解国情，增强社会责任感和历史使命感。通过"三下乡"实践活动，大学生可以改造世界观、价值观，把农村建设的需要和青年学生的成长很好地结合起来，走正确的成长成才道路。此外，"三下乡"活动架起了党和政府与农民群众之间的又一座桥梁，通过青年学生的下乡服务，体现了党和政府对农民群众生产生活的关心，又体现出学校培养人才、服务社会的育人功能。

(三) 大学生"三下乡"的主要内容

按照近年来共青团中央的全国学联关于大学生"三下乡"社会实践活动的文件要求，全国大中专学校应组织学生志愿者在暑期开展文化科技卫生"三下乡"社会实践活动。学生志愿者可以按照实践类别组建团队，也可根据学校和服务地的实际情况组建有特色的社会实践队伍。一般情况下，学生志愿者常组建的团队包括理论普及宣讲团、党史学习教育团、乡村振兴促进团、发展成就观察团和民族团结实践团。

1. 理论普及宣讲团

理论普及宣讲团重点围绕迎接习近平新时代中国特色社会主义思想，精心设计开展有内涵、有人气的宣传教育活动。深入开展学习宣传贯彻习近平新时代中国特色社会主义思想主题教育活动，组织引导青年学生深入基层一线，以习近平总书记对青年学生寄语、给青年学生回信精神、《习近平与大学生朋友们》等为主要内容，将理论学习与社会实践贯通起来，将深刻性和生动性统一起来，通过面对面、小范围、互动式宣讲，讲透创新理论、讲好发展成就、讲清形势任务、讲明发展前景。

2. 党史学习教育团

党史学习教育团重点围绕学习宣传贯彻党的二十大精神，把庆祝建党百年激发的爱党爱国爱社会主义的热情传递下去，学习宣传党的百年奋斗重大成就和历史经验，依托各地红色资源，开展重走红色足迹、追溯红色记忆、访谈红色人物、挖掘红色故事、体悟红色文化等多种形式的活动，持之以恒地推进党史学习教育常态化、长效化，引导青年学生学史明理、学史增信、学史崇德、学史力行。

3. 乡村振兴促进团

乡村振兴促进团重点围绕习近平总书记关于"三农"工作的重要论述，帮助和引导青年学生紧紧围绕"国之大者"深刻领会感悟为什么要推进乡村振兴、如何推进乡村振兴等系列重大理论和实践问题。发动青年学生了解乡村，特别是 160 个国家乡村振兴重点帮扶县的乡村发展状况，积极助力巩固拓展脱贫攻坚成果同乡村振兴的有效衔接，广泛实施教育关爱、爱心医疗、科技支农、基层社会治理、生态文明建设等领域的重点项目，帮助发展乡村产业，改善基础设施，美化乡村环境，提升乡风文明，促进乡村公共服务，讲好乡村振兴故事。

4. 发展成就观察团

发展成就观察团重点围绕党的十八大以来党和国家取得的历史性成就、发生的历史性变革，以中国大地为课堂，以脱贫攻坚历史性成就、全面建成小康社会决定性成就等为现实教材，组织青年学生在社会观察、国情考察、基层治理参与、特色产业调研、学习体验中了解国情社情民情，感受祖国的发展变化，感受全过程人民民主的生动实践，引导青年学生深刻领悟党的领导、领袖领航、制度优势和人民力量的关键作用，形成正确认识，坚定理想信念，站稳人民立场，投身强国伟业。

5. 民族团结实践团

为了构筑中华民族共同体意识，共同建设民族团结一家亲的和谐家园，要组织内地新疆籍、西藏籍大学生开展"民族团结我践行"的社会实践活动，组织内地大学生到新疆、西藏等地开展国情考察、地球第三极保护行动等社会实践活动，帮助和引导青年学生通过实地调研和观察，深入了解民族团结现状，充分感知民族地区发生的翻天覆地的变化，当好民族团结的宣传者、示范者和践行者，不断铸牢中华民族共同体意识。

(四) 大学生"三下乡"社会实践活动的开展步骤

(1) 共青团中央在"三下乡社会实践官网"发布《关于开展全国大中专学生志愿者暑期文化科技卫生"三下乡"社会实践活动的通知》，通知内容包括实践主题、整体思路、相关工作要求、重点与专项实践内容。

(2) 全国大中专学校结合实践主题自行选题立项，可结合所在学校实践工作部署、专业特点和个人兴趣提出立项申请，撰写实践立项书和"三下乡"社会实践活动策划书。

暑期"三下乡"活动策划书

一、活动背景

"三下乡"即普及有关文化、科技、卫生等方面的内容知识，促进农村文化、科技、卫生的发展。大力开展文化、科技、卫生"三下乡"活动，是我们党全心全意为人民服务宗旨的具体体现。20 世纪 80 年代初，团中央首次号召全国大学生在暑期开展"三下乡"社会实践活动。我校积极响应号召，鼓励学生开展"三下乡"活动。以习近平新时代中国特色社会主义思想和党的十九大精神为指导，紧紧围绕习近平总书记在纪念五四运动 100 周年大会上的重要讲话精神，弘扬社会主义核心价值观，践行"爱国、励志、求真、力行"八字要求，组织多支大学生实践团队分赴各县(市)区，切实发挥大学生思想活跃的优势，以助力脱贫攻坚、乡村振兴、生态文明建设为重点，按照"按需设项、据项组团、双向受益"的原则，广泛开展形式多样的社会实践活动，为城市发展激发新动力、注入新活力。

二、活动主题

青春心向党，建功新时代。

三、活动目标及意义

通过社会实践，可以锻炼青年学生的实践能力，提高同学们的综合素质，也可为农村的改革与谋求发展吹新风，让"三下乡"活动把先进的文化知识以新的形式送下乡。同时，可以将我校"三下乡"活动作为青年志愿者、共青团员、党员以及入党积极分子的一个社会实践阵地，成为我校一个素质教育典范。本科生志愿者开展暑期文化、科技、卫生"三下乡"活动，发挥大学生的知识智力优势，开展内容丰富、形式多样的文化、科技和卫生服务，推广农业健康可持续发展技术，倡导健康文明的生活方式，促进农村经济社会的发展。

四、活动开展

(一) 活动时间

7 月 15 日—8 月 15 日。

(二) 活动地点

小太阳艺术幼儿园。

(三) 活动前期准备

(1) 6 月 23 日，队长召集全队开会确定团队名称、"三下乡"活动具体地点及活动时间。

(2) 6 月 23 日，同学们向有"三下乡"经验的学姐学长请教，咨询应注意的问题及易忽略的细节，开始撰写策划书。

(四) 活动日程

结合本团队队员的专业优势，根据小太阳艺术幼儿园的教学实际情况进行教学活动。在教学过程中，除了为巩固他们的英语知识和提高学习兴趣，可以逐步开展一系列的英语教学课程以外，为开阔他们的视野和增强他们的课外知识量，进一步全面提高他们的综合素质，我们还增加了普法教育、感恩教育、体质教育等其他课程。

（五）活动后期工作

1. 整理活动期间的影像资料。

2. 宣传组向队员赠送纪念品，如合影等。

3. 队长向全班召开一次班会，展示"三下乡"活动风采与成果。

五、活动预期效果

相信经过大家的不懈努力，此次"三下乡"活动将会取得圆满成功。我们团队通过运用新颖独特的教学方式，在轻松的教学活动中，将激发当地小朋友的学习热情。与此同时，还通过各种有趣的活动来丰富小朋友们的课余生活，比如趣味运动比赛、主题班会等，尤其是通过交流会和主题班会，拉近我们和小朋友们之间的距离，大大方便了我们的工作。通过活动，不仅在当地学校营造了良好的学习氛围，而且引导他们培养了正确、有效的学习方法，提高了他们对家乡文化的归属感和荣誉感，为日后的进一步学习和了解家乡文化打下了坚实的基础。

（3）学校根据学生生源地进行组队，确认项目负责人和指导老师。

（4）在"三下乡社会实践官网"上进行团队登记报备，审核通过后可投稿。具体团队报备流程可在官网查看，每年报备流程大致相同，可参考2022年"三下乡"社会实践活动团队报备流程。

2022年"三下乡"社会实践活动团队报备流程

① 队长创建队伍。团队队长在"三下乡"社会实践活动团队报备系统开放时间内，通过"中青校园"APP创建团队。

② 队长将团队编号告知指导教师和团队成员。

③ 指导教师和团队成员可通过微信小程序搜索加入团队或者通过"中青校园"APP搜索加入团队。

④ 队长审核指导教师和团队成员加入申请。

⑤ 队长进行报备。

（5）在每年7、8月份，学生志愿者团队按照前期策划实施活动即可。活动实施期间，学校进行监督、管理和帮助。

（6）在9—11月份，集中进行实践交流与成果转化。

三、普法宣传活动

普法宣传即法律知识大众化的宣传，是对全体中国公民进行法律知识大众化的宣传教育活动。法律是世界的尺度，法治是坚持和发展中国特色社会主义的本质要求和重要保证。随着法律法规的不断完善，我国公民的法律素质和社会治理的法治水平不断提高，全民普法工作体系也不断完善。开展全国普法工作，要明确和落实"谁执法、谁普法"的责任制，以人民为中心，推进全民普法、全民守法，不断开创全民普法的新局面。同时，要加强法治文化的宣传，有利于提高公众的法治意识，使法律意识深入人心，走深走实。

在大学生社会服务实践活动中，可以将"三下乡"活动与普法宣传工作紧密结合起来，坚持从农村实际和群众需求出发，不断丰富普法内容，扩大普法覆盖面，对当地居民进行"零距离"释法明理，真正把法律知识送入农村，把温暖传递给农民，让法治走到农民身边，走进百姓心里，为有效推进基层依法治理工作，强化法治宣传教育贡献一份力量。

劳动实践任务：宪法宣传进农村

一、任务描述

本次活动主要是通过深入农村基层开展宪法展示、派发宣传单和宪法宣誓活动，引导村民学习宪法知识，让当地村民增强宪法意识，发扬宪法精神。

二、任务目的

通过宣传法律知识，增强广大青年学生的实践能力，帮助当地村民认识和了解宪法，懂得运用法律的武器维护自己的合法权益。同时，该项活动能够培养广大青年学生的社会责任感，激发学生学习法律法规理论知识的积极性，养成一定的法律思维。

三、预期目标

知识目标：学习宪法知识、宪法誓词及我国宪法发展的历程。

技能目标：掌握宪法宣传活动的各项技能，具备基本的沟通表达能力和较好的组织能力。

态度目标：让学生学会与人有礼貌地沟通、交流与合作；对学生进行宪法思想的启迪和宪法精神的弘扬。

体能目标：通过举办宪法宣传活动，让学生事事亲力亲为，在一定程度上锻炼学生的体能。

四、任务实施

【劳动准备】

1. 选择活动地点

本次普法宣传活动对象面向当地村民，为此，活动地点以村口、街道为主。具体地点结合实际情况自主选择，保证活动能够顺利进行即可。

2. 确定活动时间

宪法宣传活动时间可以自由选择，也可以选择每年的 12 月 4 日。由于这一天是"国家宪法日"和"全国法治宣传日"，若能在这一天开展宪法宣传活动则更有意义和价值。

3. 准备宪法宣传活动相关物料

搜集宪法相关知识，用于宣传资料，比如宣传展板和宣传单所涉及的宪法知识；准备音响、相机、桌子、展板等，购买活动礼品，制作横幅、宪法宣传单和展板等物料。

4. 制订活动方案并分配任务

确定本次活动负责人，由负责人制订活动方案，统筹安排本次宪法宣传活动。按照活动方案内容，将本班同学分组。可以分为 4 个小组：第 1 组为协调组，专门负责与活动相关的各项工作的组织与协调；第 2 组为主持组，负责主持活动；第 3 组是宣传组，布置音响设备、贴挂横幅等，负责向参与活动的观众发放宪法宣誓传单，以及宣讲宪法知识；第 4 组是后勤组，主要负责活动所需物资的购买、发放与后勤保障等。

5. 制作宪法手绘展板和设计宪法宣传册

制作宪法手绘展板步骤：

第 1 步，确定与宪法相关的手绘展板主题。第 2 步，设计结构和搭建框架，主题放在突出、鲜明的位置，分板块各自承载一部分内容。比如将整个宪法手绘展板分为主题、宪法概念、特征、公民基本权利和义务、宪法小常识等几个小板块。在划分完展板的结构之后，根据前期准备的相关资料，确定各个版面的内容，书写标题和正文内容，在正文周围手绘装饰，使整个展板实现知识性与观赏性的结合。

设计宪法宣传册步骤：

第 1 步，结合活动主题和准备的相关资料确定正文内容、宪法宣誓誓词。注意宣传单的插图设计时要做到颜色鲜艳、配色合理。第 2 步，列明时间、落款，将本次宪法宣传活动涉及的知识装订成宣传单或者宣传册。

【劳动实施】

1. 布置活动场地

将制作好的宪法手绘展板、桌子、音响、横幅等物料安置在相应的位置，注意展板应摆放在人流量大且不阻碍交通的位置。

2. 各小组分工合作

按照前期分组安排，各小组成员承担相应任务，并与其他组协调配合。主持人按照活动流程主持，带动现场气氛，吸引当地村民、行人围观，为宣传活动营造良好氛围；协调组调试好音响设备，播放音乐；宣传组发放宪法宣传单并宣讲宪法基本知识，邀请村民们参加宪法宣誓活动等。

3. 进行宪法宣誓

主持人及各小组负责组织当地村民进入宣誓活动场所，维持好秩序后由主持人带领参与者进行宣誓。需要注意的是，宪法宣誓场所必须悬挂中华人民共和国国旗或者国徽，装饰和布置应体现庄重、严肃。

4. 活动结束

学生代表发言，带队老师进行总结。所有参与本次宪法宣传活动的成员一起整理活动场所，做到"人走地净"。

【注意事项】

(1) 在选择宣传的法律知识时应考虑到适配性，本次活动的对象是当地村民，在宣传普及《宪法》的同时，可以将《刑法》《道路交通安全法》《治安管理处罚法》《禁毒法》《消防法》《传染病防治法》等法律知识也纳入本次普法活动中，确保村民们在本次活动中真正受益。

（2）本次活动是走进农村开展普法宣传活动，活动开始前，要跟村委会成员充分沟通，确定活动时间和地点，确定车辆接送、物资准备等详细内容。

劳动评价

"普法宣传"劳动评价表

专业		班级		姓名	
学号		小组成员			
劳动项目		普法宣传活动			
劳动流程	小组准备	针对具体的普法宣传活动制订策划方案，按照方案内容进行分工，并了解活动背景资料			15 分
	工具准备	根据活动策划准备普法宣传活动物料及宣传资料，如音箱、横幅、宣传单、展板等			10 分
	劳动态度	积极参加普法宣传，不怕苦、不怕累，通过活动学习法律知识，树立法治观念，增强社会责任感			15 分
	劳动纪律	严格遵守劳动纪律，在普法宣传活动中，不嬉戏打闹，杜绝活动中的危险行为			15 分
	团队配合	团队成员团结一心，听从指挥，遵守普法宣传活动的安排，严格执行各项分工			15 分
劳动成果		1. 完成一次垃圾分类劳动 2. 留存活动照片、视频、活动简报 3. 撰写活动心得体会			30 分
自我评价	优秀□	良好□	合格□	不合格□	
小组评价	优秀□	良好□	合格□	不合格□	
教师评价	优秀□	良好□	合格□	不合格□	
综合评价	(综合评价由指导劳动实践教师填写，作为劳动实践学分评定依据)				

任务演练

阅读以下案例并思考：小李和小王的行为属于什么行为？违反了哪部法律？

17 岁的小李，痴迷于网络游戏《英雄联盟》，经常偷偷跑去网吧打游戏。小李家里家教很严格，于是，他就想出了一招：每天早上假装背着书包去上学，实际上是瞒着父母去网吧，等到放学了再回家。就这样，一直持续了大半年的时间，小李不仅将他父亲给他的学费全部拿去上网了，还骗他父亲要周末补习费、资料费等各种费用。后来到了期末，小李没法向父亲出示成绩单，父亲起了疑心，遂找到学校，在班主任那里才了解到儿子竟然已经大半年没有去学校了，学校这边也没有及时和家长进行沟通。小李父亲痛心疾首，然而，更坏的消息还在后面：小李因为没有钱上网而伙同其同伴小王打劫了一名女中学生身上的 50 元零花钱，最后被法院判处三年有期徒刑，因其是未成年人而缓期执行。

第二节　　　　践行垃圾分类

学习目标

1. 掌握垃圾分类的标准、原则和投放要点。
2. 了解垃圾分类的意义，倡导绿色生活的理念。

　　近几年，垃圾分类工作陆续在京津沪等 40 多个城市展开，大部分城市的垃圾分类刚开始是"倡议"，逐步变成了"要求"，可见垃圾分类已经开始融入人们的生活之中。作为新时代的大学生，应该以身作则，自觉践行和宣传垃圾分类，运用各种途径主动学习和了解垃圾分类的相关知识，积极组织和参与各类以垃圾分类为主题的宣传实践活动，将垃圾分类实践活动推向校园、推向家庭、推向全社会。

一、垃圾分类的定义

　　垃圾分类一般是指按一定规定或标准将垃圾分类储存、投放和搬运，从而转变成公共资源的一系列活动的总称。分类的目的是将废旧物品再利用，提高废旧物品的资源价值和经济价值。垃圾分类有四种：可回收物、厨余垃圾、有害垃圾和其他垃圾。不同的垃圾需要分开处理，以此减少对自然环境的破坏，还能更高效地进行资源回收利用，实现资源的循环再生。

1. 可回收物

　　生活中可以回收的物品主要包括五大类：废纸类、塑料类、玻璃类、金属类和布料类。废纸类主要有报纸杂志、书籍、各种包装纸、办公用纸、广告纸、纸盒等，但要注意纸巾纸和洗手纸不可回收，因为它们的水溶性太强；塑料类主要有各类塑料袋、塑料包装物、一次性塑料餐盒及餐具、牙刷、杯子、矿泉水瓶、牙膏皮等；玻璃类主要有各式各样的玻璃瓶，破碎的玻璃片、镜子、灯泡等；金属类主要有罐头、罐头盒之类的物品；布料类主要有破旧衣服、桌布、洗脸巾、书包、鞋子等。

2. 厨余垃圾

　　厨余垃圾包括剩饭、骨头、菜根、菜叶、果皮等食品垃圾。对于厨余垃圾，就地进行生物技术处理堆肥，每吨可产生有机肥料 0.3 吨左右。

3. 有害垃圾

　　有害垃圾包括需要特别处理的废旧电瓶、废旧日光灯管、废旧水银温度计、报废电池、过期药品等。

4. 其他垃圾

除上述垃圾之外，还包括一些难以回收的砖瓦陶瓷、渣土、厕所废纸、用过的纸巾等废弃物品，即其他垃圾。对于其他垃圾，一般采用卫生填埋的方式，对地下水、地表水、土壤、空气等均能有效降低污染。

我国的生活垃圾分类标志由 4 个大类标志和 11 个小类标志组成，类别构成见表 7-2-1。

生活垃圾分类的基本原则是按不同性质将生活垃圾分类的，并选择适宜且有针对性的方法对各类生活垃圾进行处理、处置或回收利用，以实现较好的综合效益。具体的分类原则主要包括：可回收物与不可回收物分开；可燃物与不可燃物分开；干垃圾与湿垃圾分开；有毒有害物质与一般物质分开。具体的分类方法要根据当地的生活垃圾处理设施条件进行选择。为了让大学生能够在学校生活中准确识别垃圾分类标识，正确投放垃圾，表 7-2-2 将我国现行垃圾分类的标识、垃圾类别、投放要求和应投放的垃圾桶样例进行了归纳。

表 7-2-1　生活垃圾分类标志

序号	大类	小类
1	可回收物	废纸
2		塑料
3		金属
4		玻璃
5		布料(织物)
6	有害垃圾	灯管
7		家用化学品
8		电池
9	厨余垃圾	家庭厨余垃圾
10		餐厨垃圾
11		其他厨余垃圾
12	其他垃圾	—

除上述四大类外，家具、家用电器等大件垃圾和装修垃圾应单独分类

表 7-2-2　垃圾分类指南

类别及标识	垃圾类别	投放要求	垃圾桶样例
可回收物 Recyclable	废玻璃、废金属、废塑料、废纸张和废织物	(1) 轻投轻放； (2) 清洁干燥，避免污染； (3) 废纸尽量平整； (4) 立体包装应清空内容物，清洁后压扁投放； (5) 有尖锐边角的，应包裹后投放	(蓝色)
厨余垃圾 Food Waste	剩菜剩饭、骨头、菜根菜叶、果皮	纯流质的食物垃圾，应直接倒进下水口。 有包装物的餐厨垃圾应将包装物取出后分类投放，包装物对应投放到可回收物或其他垃圾容器中	(绿色)

类别及标识	垃圾类别	投放要求	垃圾桶样例
有害垃圾 Hazardous Waste	废灯管、废油漆、杀虫剂、废弃化妆品、过期药品、废电池、废灯泡、废水银温度计	充电电池、纽扣电池、蓄电池投放时应注意轻放；油漆桶、杀虫剂如有残留应密闭后投放；荧光灯、节能灯易破损，应连带包装或包裹后轻放；废药品及其包装连带包装一并投放	(红色)
其他垃圾 Residual Waste	砖瓦陶瓷、渣土、卫生间废纸、瓷器碎片、动物排泄物、一次性用品等难以回收的废弃物	尽量沥干水分；难以辨识类别的生活垃圾投入其他垃圾容器内	(灰色)

二、垃圾分类的意义

垃圾分类是垃圾终端处理设施运转的基础，实施生活垃圾分类，可以有效改善城乡环境，促进资源回收利用，减少垃圾处理量和处理设备的使用，降低处理成本，减少土地资源的消耗，具有社会、经济、生态等方面的效益。只有做好垃圾分类，垃圾回收及处理等配套系统才能更高效地运转。垃圾分类处理关系到资源节约型、环境友好型社会的建设，有利于我国新型城镇化质量和生态文明建设水平的进一步提高。

垃圾分类的主要优点有：第一，减少占地。垃圾分类可以减少占地面积，减轻土地的严重侵蚀。第二，减少环境污染。废弃的电池等含有金属汞等有毒物质会对人类产生严重的威胁，废塑料进入土壤，会导致农作物减产，因此回收利用可以减少这些危害。第三，变废为宝。1吨废塑料可回炼600公斤无铅汽油和柴油。回收1500吨废纸，可避免砍伐用于生产1200吨纸的林木。因此，垃圾回收既环保，又节约资源。第四，提高民众价值观念。垃圾分类能使人们学会节约资源、利用资源，养成良好的生活习惯，提高个人的素质素养。

劳动实践任务：校园垃圾分类

一、任务描述

本次"校园垃圾分类"活动的参与对象是校内学生和教师，任务内容是学生在校园内搜集生活垃圾并进行集中分类投放。

二、任务目的

通过本次校园垃圾分类投放活动，旨在让学生在垃圾分类投放过程中树立一定的低碳环保理念，为创建绿色校园贡献一份力量。

三、预期目标

知识目标：了解并学习校园垃圾分类的相关知识等。

技能目标：能够识别垃圾分类标识，正确投放各类垃圾。

态度目标：建立正确的校园垃圾分类观念，树立辛勤劳动的理念。

体能目标：通过举行校园垃圾分类活动，达到锻炼体能的目的。

四、任务实施

【劳动准备】

1. 确定活动地点和时间

本次活动主要在校园内进行，具体活动地点涵盖教室、宿舍、食堂和校内商业区。活动的时间建议结合相关节日开展，如每年的 6 月 5 日是世界环境日。

2. 组织学习垃圾分类相关知识

学生和教师自主借助书籍、互联网等各类信息渠道，认真了解垃圾分类知识，学习垃圾分类投放的具体细则。尤其要掌握校园常见垃圾的分类方法，如丢弃的废纸属于可回收垃圾，食堂的剩饭剩菜属于厨余垃圾，用剩的化妆品属于有害垃圾等。

3. 准备工具、保护用具和应急药物

在正式开展活动之前，教师可以向学校后勤部门借用本次活动需要使用的主要工具，包括扫帚、簸箕、垃圾夹子、抹布等。在本次活动中要准备数量相当的劳动保护用具，如手套、口罩等。此外，为避免出现安全事故，应准备一定数量的应急药物，如双氧水、碘酒、纱布、创可贴等。若本活动是在天气炎热时段进行，还应准备饮用水、缓解中暑的药品等。

4. 前期宣传

在本次活动正式开始前，教师组织学生制作横幅、标语和活动海报，做好宣传工作。

【劳动实施】

1. 教师介绍活动流程

学生在活动地点集合，负责教师对本次活动流程进行简单介绍，并宣布活动开始。

2. 分发劳动工具及相关物品

教师组织学生分发劳动工具、劳保用具和应急药物。

3. 组织小组并分配活动区域

教师将学生按照专业、班级分组，并告知各小组具体负责区域。活动区域包括宿舍、教学楼、食堂和商业区等垃圾聚集地。

4. 学生清理垃圾并完成分类投放

各小组将各自负责的区域垃圾清理完毕后就地进行分类，所有垃圾必须按照国家垃圾分类投放标准准确分为厨余垃圾、可回收物、其他垃圾和有害垃圾，待分类完毕再按照垃圾类别运送至就近的垃圾分类投放处或垃圾分类箱。

5. 活动结束

各小组派学生代表对各组分类完毕的垃圾进行消杀，教师联系后勤部门将本次活动清理、分类完毕的垃圾按照当地垃圾分类要求进行处理。此外，活动中使用过的劳动工具应当消毒，整理结束后返还给后勤部门。最后，教师对本次校园垃圾分类活动进行总结。

【注意事项】

教室区域的垃圾以废弃纸张为主，偶有吃剩的食物等；食堂中的垃圾多为剩饭剩菜以及各种被丢弃的生鲜蔬菜，极易腐烂；校园及商业区主要包括校内道路、操场、体育馆以及商业区，这一区域的垃圾类型较为复杂，既有丢弃的食物、饮料等垃圾，也有塑料袋、废弃生活用品等垃圾；垃圾分类进校园活动应当重点关注的区域是学生宿舍。在搜集垃圾的时候，一定要注意卫生和安全，戴好口罩和手套，使用垃圾夹子，避免身体直接接触垃圾，更要防止手指被垃圾中的锐物割伤。

劳动评价

"垃圾分类"劳动评价表

专业		班级		姓名	
学号		小组成员			
劳动项目		垃圾分类活动			
劳动流程	小组准备	了解垃圾分类的知识，根据不同的垃圾分类劳动，策划不同的劳动内容，安排分组和分工			15分
	工具准备	根据垃圾分类的劳动内容准备垃圾分类的工具和宣传物料，如垃圾夹子、一次性手套、垃圾袋、垃圾分类宣传单等			10分
	劳动态度	热心参与垃圾分类活动，不怕吃苦，不怕疲劳，在积极宣传垃圾分类政策的同时，努力学习垃圾分类知识			15分
	劳动纪律	严格遵守劳动纪律，在垃圾分类过程中不嬉戏打闹，防止在劳动中受伤			15分
	团队配合	团队成员团结一心，严格执行各项分工，有序完成垃圾分类劳动			15分
劳动成果	1. 完成一次垃圾分类劳动 2. 留存活动照片、视频、活动简报 3. 撰写活动心得体会				30分
自我评价	优秀□	良好□	合格□	不合格□	
小组评价	优秀□	良好□	合格□	不合格□	
教师评价	优秀□	良好□	合格□	不合格□	
综合评价	(综合评价由指导劳动实践教师填写，作为劳动实践学分评定依据)				

任务演练

阅读以下案例并思考问题：流浪汉沈巍的垃圾分类理念是什么？

几年前，上海的一名流浪汉走红网络，他穿的衣服破烂不堪，蓬头垢面，但谈吐不凡，经常与周边路人讨论名著经典，他就是流浪汉沈巍。沈巍每天除了捡垃圾之外，最喜欢的就是看书。有人就问他为什么20年来一直在坚持捡垃圾，不去找点其他活干，沈巍回答：我是以公益为目的的，就是想为清扫垃圾作点贡献。

沈巍小时候喜欢看书，但因为没有零花钱，于是就靠捡垃圾卖废品来买书。在网上走红后，很多商业公司就想要来帮助他和"包装"他，很多网友也想要给他捐款，但他都婉拒了。沈巍说："我觉得垃圾堆里面有很多好东西被扔掉了，有的垃圾是还可以再利用的，不应该丢弃，丢了就太可惜了，我要把它们捡起来。"

对此，有网友发表观点，沈巍的这种朴实的垃圾分类理念在30多年前很难被大众接受和理解，现在这种垃圾分类的理念已经普遍被世人接受，国家也在大力推广垃圾分类政策。大部分网友受他的影响，在短视频平台里纷纷上传了周边的垃圾分类标语，比如：悬挂有垃圾分类宣传内容的横幅、标有垃圾分类内容的垃圾桶等。有网友评论："网红沈巍坚持这么多年的垃圾分类理念已经开始悄悄影响到普通人，这也是他对社会所作的贡献。"

第三节　巧用废旧物品

学习目标

1. 掌握生产生活中废旧物品的基本分类。
2. 了解废旧物品再利用的途径，强化低碳环保意识。

　　人类在漫长的生存和发展过程中，利用自然资源创造了无数的辉煌成就和具有人类巧思的产品。那些经过我们加工和赋予新意的产品在使用过后，一些被放进了博物馆，另外一些被认为没有价值的物质产品则被随意丢弃、闲置在某一个角落，严重伤害了自然环境、浪费了物质资源。为了走出这种不可持续发展的困境，我们必须树立起节约资源的理念，不断加深对环境保护重要性的认识，将日常生产生活中的废品、闲置物品和陈旧品进行回收、再次利用，提高再生资源的回收利用率，进而协调人类和环境的关系。

一、废旧物品概述

(一) 废旧物品的含义

　　废旧物品是对废品和旧物的统称。废品是指工业生产过程中质量不合格的低劣产品或商品，包括废金属、废电子、废塑料、废电池、废纸和废水等；旧物是指陈旧闲置的东西，可以作为再生资源回收利用的物品。总的来说，废旧物品是指在生产生活过程中所剩余的价值不大的物资，即陈旧、报废、二手、库存、生产生活所产生的物资。

(二) 废旧物品的种类

1. 废金属

　　废金属是指冶金工业、金属加工工业丢弃的金属碎片、碎屑以及设备更新报废的金属器物等，还包括城市垃圾中回收的金属包装容器和废车辆等金属物件。废金属也是一种资源，世界各国均有专门单位经营回收利用废金属业务。回收的废金属主要用于回炉冶炼转变为再生金属，部分用来生产机器设备或部件、工具和民用器具。

2. 废塑料

　　废塑料指的是在民用、工业等用途中，使用过且最终淘汰或替换下来的塑料的统称。在日常生产生活中废塑料的随意处理会造成大面积污染，这些塑料往往需要 500～1000 年才能腐烂。按再利用途径的不同可分为再生塑料、再加工塑料、回收塑料、可重复使用塑料、可回收再利用塑料和不可回收再利用塑料。

3. 废玻璃

玻璃是人类现代生活中常用的一种物质，经过一定加工可以做成各种器具、器皿、平板玻璃等。废玻璃是指生活生产过程中的玻璃制品废弃物，废弃的玻璃和制品可以收集起来实现回收利用，从而化害为利，变废为宝。

4. 废纸品

废纸品泛指在生产生活中经过使用而废弃的可循环再生资源，包括各种高档纸、黄板纸、废纸箱、切边纸、打包纸、企业单位用纸、工程用纸、书刊报纸等。在国际上，废纸一般区分为欧废、美废和日废三种。在我国，废纸的循环再利用程度与西方发达国家相比较低。

5. 闲置服装

随着人们生活水平的上升及购物便利性的提高，越来越多人喜欢购买大量的衣服，这种现象在爱美的女性身上展现得更为明显。据统计，我国每年会有 8000 亿元左右的女装消费总额，而一般衣服的平均使用寿命大约在 2 年，每年约有 4000 亿元左右的女性服装被闲置下来。这些闲置服装很多只是穿过几次，有的则是由于喜好、尺码、款式等原因在全新的状态下被闲置了。事实上，闲置衣服是浪费资源和极不环保的事，一件纯棉 T 恤，全生命周期二氧化碳排放总量为 7 kg，消耗的能量约等于 30 度电。

二、废旧物品再利用

随着物质生活水平的不断提升，人们在衣食住行中产生的废旧物品数量越来越多，这些废旧物品严重浪费了自然资源和物质资源，导致出现了各种各样的生态环境问题。为了解决废旧物品放置场地的问题，日本最先提出"资源循环"的概念，之后废旧物品资源化问题日益引起人们的重视。许多国家相继制定了有关法规，自此，废旧物品由过去的消极处置向积极利用的趋势转化。例如，美国 1965 年制定了《固体废弃物处置法》，1970 年修订成《资源回收法》，1976 年又修订为《资源保护再生法》，明确规定各种废物特别是固体废物不准任意弃置，必须作为资源利用起来。为了实现废物资源化，许多国家采取了一系列鼓励利用废物的政策和措施，如建立专业化的废物交换和回收机构，进行废物的直接有效应用。除了这些管理措施外，各国科技界还提出了许多废物利用的工艺，无论废气、废液还是废渣，均可在合适条件下转化为资源。

我国在 1972 年的联合国人类环境会议上提出"综合利用，化害为利"的环境保护工作方针，在 1973 年的中国第一次环境保护会议上得到确认，写入了 1979 年颁布的《中华人民共和国环境保护法(试行)》，并沿用至今。可见，废旧物品再利用已经成为全世界共识。"变废为宝"并不是一句简单的口号，而是关于环境保护和节约资源的深度思考。废旧物品再利用对保护环境、节约能源和带动社会效益有积极的作用，能够防止废品、闲置物品对地球产生过多的消费累赘，减少垃圾的制造以及原料的消耗，让有害资源得到妥善的解决。

(一) 废旧物品再利用的方法

1. 回收废品

回收废品是指由专业正规的废品回收站或公司进行收购，之后对废品进行科学处理及分类以达到再次循环利用的标准，这是一种有偿性的废品处理生活服务，可对保护环境、节约能源和带动社会效益起到积极作用。

2. 改造旧物

改造旧物也称旧物改造，是以废旧物品为原料，运用巧妙构思，做成各种实用小物件，从而变废为宝。通过对旧物进行设计、加工和翻新，可改变物品的作用，扩展其使用功能，这种方式体现着"低碳、绿色、环保"的新生活理念。

(二) 废旧物品再利用的应用

1. 废金属再利用

当今，金属制品的应用范围十分广泛，小到生活用品，大到建筑钢材，但在使用过程中也会产生大量废旧金属，如果不进行回收利用，不仅对资源是严重的浪费，还会造成环境污染。有人曾做过这样的估算：回收一个废弃的铝质易拉罐要比制造一个新易拉罐节省20%的资金，同时还可节约90%~97%的能源。回收 1 吨废钢铁可炼出 0.9 吨好钢，相当于节约矿石 3 吨，可节约成本47%，同时还可减少空气污染、水污染和固体废弃物。可见，废旧金属的回收和利用十分必要，不仅能够缓解资源需求，对环境起到保护作用，还有着巨大的经济效益。

目前，废金属的回收处理主要是通过火法富集、湿法溶解、微生物吸附等工艺实现资源回收利用，既可减少对自然环境的破坏，又可降低金属冶炼成本。除此之外，废旧金属还可经过加工，成为金属雕塑、工艺品等，实现更高的美学价值。在上海老港的生活垃圾科普展示馆里，废铁就实现了华丽的变身。整个展馆的设计、建造和布展融入了很多废旧金属的元素。比如：门厅背景墙的一尊绿色山水概念雕塑，是利用回收金属板做成的；又如门口广场前的"REDUCE""RECYCLE""REUSE"的英文雕塑是用回收的金属材料锈钢板做成的；展厅中还摆放着用易拉罐制成的展品——"大小眼易拉罐合唱团"。

2. 废旧玻璃再利用

在我们的生活中有着形形色色的玻璃制品，如玻璃杯子、玻璃饮料瓶、玻璃灯具以及手机、电脑的屏幕等，这些玻璃制品由于具有耐用、高耐热性、美观等特性而深受人们的喜爱。日常生活生产中出现的大多数玻璃制品都属于可回收物，废弃的玻璃制品可以收集起来，经过特殊的回收处理方法实现转型利用或者再次利用。比如，玻璃粉碎后被制成玻璃砂，玻璃砂和普通砖可以再制作成发泡防火砖，用其建造房子既环保舒适又安全。此外，废旧玻璃经过再创造可以变为精美的玻璃艺术品和建筑物。

从生活中也可以发现，一些形态完好的、废弃的玻璃瓶、灯泡等玻璃制品经过人们加工、装饰后，可以用来种植花卉、蔬菜，简单又美观。例如：用废旧玻璃饮料瓶种植绿植，如图 7-3-1 所示；将旧灯泡进行装饰、加工，成为一款简约美观的家居装饰品，如图 7-3-2

所示；将啤酒瓶用来插花，既美观又实用，如图 7-3-3 所示。

图 7-3-1　玻璃瓶种植绿植　　　图 7-3-2　玻璃灯泡装饰品　　　图 7-3-3　玻璃花瓶

3. 废旧衣服循环利用

我国是全球第一纺织大国，纺织纤维加工总量占全球的 50%以上。随着人均纤维消费量不断增加，我国每年会产生大量的废旧纺织品。为了补充我国纺织工业原材料供应、缓解资源环境约束，提高生产者和消费者的循环利用意识，2022 年国家发展改革委、商务部、工业和信息化部联合印发了《关于加快推进废旧纺织品循环利用的实施意见》，提出到 2030年，我国要建成较为完善的废旧纺织品循环利用体系。可见，闲置服装和废旧衣物的处理已经不再是个人层面的问题，而是整个社会都要参与的重要举措，回收利用废旧衣物、闲置服装有利于绿色低碳循环经济的发展，对节约资源、减污降碳具有重要意义。

当前，在这个物质资源丰富的时代，喜新厌旧似乎是很多人的通病。没有计划的无节制购物使许多家庭常常或多或少地囤积一定的闲置服装，那么，该怎么处理闲置服装呢？有一些家庭会选择将自己不穿的闲置服装通过合适的渠道捐赠出去，也有家庭则选择对废旧物品进行加工改造、设计翻新，实现重复利用，既节省了资源，又保护了环境。例如，牛仔裤是闲置服装里被重复利用最高的单品，一些具备创造思维和掌握缝制技巧的人会将牛仔裤按照喜好进行裁剪，有些裁缝会将旧牛仔裤裁剪后设计为其他款式各异的坐垫、背包或者是有设计感的新衣服。

4. 巧用废旧纸品

在现代社会里，纸是人们离不开的一种生活必需品。随着经济社会的发展，纸张使用量快速上升，生产生活中会有大量废纸产生。由于利用原木造浆的传统造纸会消耗大量木材、破坏生态，对环境造成严重的污染，因此，近年来我国的一些研究单位和生产单位开始合作研究废纸回收处理技术，旨在提高废纸回收利用水平，实现废纸多次重复利用，进而达到保护环境、保护森林、节约资源的目的，进一步推动生态文明建设。

随着人们对环境保护认识的加深，废纸品的循环利用意识也得到了显著的提升，比如生活中经常出现的废纸箱、纸杯和旧纸筒，经过人们改造加工、剪裁设计成为新的家居用品或者具有环保理念的艺术品、建筑物等。近些年，我国电商行业迅速发展，快递已然成为生活标配，大大小小的快递纸箱成为家家户户亟待解决的问题，有一些家庭会选择将其卖给废品回收站，也有一些家庭认为扔掉可惜，会通过创意 DIY 的方式将其变成家居常用物品。例如：利用快递纸箱和旧衣物的布料可以制作出一个简易的脏衣篓；利用快递纸箱和彩纸可以制作出一款美观的鞋柜；快递纸箱通过裁剪后重新粘贴能够制作成实用的小板凳；等等。

三、巧用废旧物品的经典案例

(一) 将工业废品改造为建筑物

当前，世界各国出现了越来越多的工业固体废弃物，大量的工业废弃物会污染环境、危及人们的身心健康，如何有效处理工业固体废弃问题已经迫在眉睫。然而，总有一些人的思维异于常人，他们凭借丰富的想象力和强大的执行力，将无害工业废品挑选出来进行再次使用。比如，在印度的工业和制造业中心——昌迪加尔，每年都会产生大量的工业废弃物，当地政府为了更好地处理各种废弃物，鼓励人们参与工业废弃物再利用，于是就出现了一座"垃圾公园"。这座公园里没有奇花异草和飞禽走兽，而是摆放着 5000 多件用破瓷砖、电线、插头、陶壶、轮胎甚至机床等各种工业废弃物拼铸成的大小雕像，用煤渣堆积的假山和用电插头做成的墙壁、拱门等。一些艺术家也纷纷加入印度的工业废弃物再利用，比如艺术家奈克·钱德从昌迪加尔市区的工业废料中挑选了一些可回收物品，建造了一座岩石庭院，所有建筑材料都来源于工业废弃物。

(二) 废旧生活用品再利用

随着人民生活水平的逐步提高，日常使用的生活用品种类逐渐丰富，生活必需品更换频率越来越高。一些人考虑到健康问题会经常更换洗护用具、餐厨用具等，这导致很多家庭每隔一段时间都会出现被替换的废旧生活用品，如牙刷、筷子、不粘锅和热水壶等。那么，这些被替换的废旧生活用品该如何处理呢？答案是：当然要考虑环境保护、节约资源和垃圾分类等。其实，大多数被替换的生活用品都是可回收物，可以将其投放至可回收垃圾中，也可以将其留下用作其他用途，比如被替换的厨房用具旧水壶，可以将其清洗干净后在底部钻一个排水口，并铺上一层废弃纱窗网，最后放上沃土和花草，既做到了环保，又具备了观赏性。除此之外，生活中用过的废旧用品也是可以再次利用的，比如：可以将旧牙刷高温清洗、消毒杀菌后用来清理衣服上的小面积污渍或者砖缝中的灰土等；旧筷子在清洗、晾晒后可用作装饰材料，也可以用胶水、麻绳和筷子一起制作隔热垫、物品挂件、灯罩和其他手工艺品等。

(三) 户外废旧物品再利用

近年来，人们的生活方式和生活理念发生了巨大变化，很多人喜欢利用节假日或周末的时间去和亲朋好友登山、露营，借助户外活动来体验自然、亲近自然，增进与家人朋友的关系。然而，随着户外活动爱好者人数的增加，登山和露营这类活动产生了大量难以处理的垃圾，甚至会给环境造成严重污染。因此，人们在进行户外活动的过程中可以因地制宜，将身边的可回收物收集起来，运送至垃圾分类回收站或投放至分类垃圾桶中。对于在露营过程中产生的垃圾，应当做到人人有责，谁的垃圾谁负责，用餐后主动带走食物残渣、饮料瓶和包装袋，营造一个干净舒适的营地环境。在登山过程中，若发现有掉落的树枝、枯木，可以将其捡拾起来带走或者加工改造成动物巢穴，如图 7-3-4 所示。人们用森林中的枯木加工制作成巢穴，并用彩色涂料进行装饰，既给动物提供了可遮风挡雨的巢穴，也做到了环境保护，践行了人与自然和谐共生的发展理念。

图 7-3-4　枯木制作的巢穴

劳动实践任务：废旧物品巧利用

一、任务描述

将生活中常见的易拉罐、废纸筒、饮料瓶、塑料盒等废弃物品进行清洗和简单的消毒处理后，发挥我们手工劳动的本领，将废物改造成新的笔筒、花盆、沥水器等容器，逐步养成循环利用废旧品的习惯，不断地美化我们的生活。

二、任务目的

通过本次废弃瓶罐改容器活动，旨在让同学们体会到直接丢弃这些废旧物品是一种资源浪费和能源消耗的行为。我们要从家国一体的角度，使同学们自觉养成勤劳节俭的习惯，担负起保护环境的社会责任。

三、预期目标

知识目标：了解勤俭节约品质和保护生态环境的深刻内涵。

技能目标：掌握废物再利用劳动所用到的各种工具的使用技巧，并能灵活应用。

态度目标：树立精益求精和创新创造的工匠精神，热爱废物改造劳动。

体能目标：提高手脑并用的协调性和灵活性，增强气息调节把控能力，增强臂部力量和手腕部力量。

四、任务实施

【劳动准备】

剪刀 1 把，各色纸线若干条(彩色纸线以色彩艳丽为佳，要根据改造的废旧瓶罐的大小估量所需纸线的量)，废旧瓶罐若干，双面胶 1 卷，电热熔胶枪 1 把(小功率 20 W 电热熔胶枪)，熔胶枪胶棒 2 根。

【劳动实施】

(1) 在废旧罐体上粘贴上双面胶，将双面胶的纸层揭去，然后将彩色纸线围着罐体旋转，一层层绕在罐体上。注意绕线要均匀，不留缝隙。双面胶不要全部揭下纸层，纸线环绕到时再揭开。

(2) 环绕过程中可以更换不同的纸线，一直环绕到瓶罐的边缘，使用熔胶枪将线头固定。可以先从瓶口环绕，也可以先从底部环绕，根据个人习惯选择即可。

(3) 为增强美观性，可以用纸线环绕成花朵形状，用熔胶枪将胶涂抹在花朵的背部，然后快速粘贴在罐体上。这样一个漂亮的笔筒就制作完成了。

【注意事项】

学生在用电热熔胶枪工具做手工的时候，应注意使用规范，避免烫伤。

劳动评价

"废旧物品巧利用"劳动评价表

专业		班级		姓名	
学号		小组成员			
劳动项目		废旧物品巧利用			
劳动流程	小组准备	针对废旧物品利用的手工劳动，以宿舍为单位组成改造小组，对改造废旧物品劳动进行分工			15 分
	工具准备	根据改造废旧物品手工劳动的需要，提前准备好剪刀、电热熔胶枪、各色纸线、裁衣剪、裁衣尺、缝衣针线、绳带等工具			10 分
	劳动态度	积极参加废旧物品改造劳动，不怕苦、不急躁，精益求精，弘扬工匠精神和劳模精神			15 分
	劳动纪律	严格遵守劳动纪律，使用剪刀、电熔胶枪、缝衣针等劳动工具时，不嬉戏打闹，杜绝危险行为			15 分
	团队配合	团队成员团结一心，废旧物品改造过程中能协助配合，共同创新拓展，创造新的废物利用成品			15 分
劳动成果		1. 将废旧物品改造成高质量的实用物品 2. 将废旧物品改造过程制作成 PPT 加以展示解说 3. 留存活动照片、视频、活动简报			30 分
自我评价	优秀□	良好□	合格□	不合格□	
小组评价	优秀□	良好□	合格□	不合格□	
教师评价	优秀□	良好□	合格□	不合格□	
综合评价	(综合评价由指导劳动实践教师填写，作为劳动实践学分评定依据)				

任务演练

1. 结合生活实际，谈一谈你对废旧物品再回收的理解。
2. 收集身边的废旧物品，并选择一样废旧物品，将其"变废为宝"。

第四节　　　参与社区服务

学习目标

1. 了解社区服务的主要内容。
2. 掌握社区服务的工作方法。

随着人们的生活方式和就业形式逐渐多样化，越来越多的退休人员、下岗失业人员和流动人员进入社区，成为城市治理"最后一公里"的主力军。社区作为国家治理序列的末端基石，是党和政府密切联系群众、全心全意为人民服务的主要阵地。当前，社区居民群众的物质、文化、生活需求日益呈现出多样化、多层次的趋势，经济社会的发展和居民群众的多方面需要给社区服务提出了新的更高的要求。为此，必须不断加快培育发展社会工作专业人才、社区志愿者，加强社会组织人才建设，进而不断满足社区居民对更高生活品质的新期待。

2005 年 10 月 27 日，民政部、全国总工会、共青团中央等九部委联合发布的《关于进一步做好新形势下社区志愿服务工作的意见》中指出"共青团员、共产党员、国家公务员，要积极争当志愿者，每年拿出一定时间积极参与服务活动"。大学生作为中国特色社会主义事业的接班人，应积极响应国家对志愿者服务的要求，深入社区进行志愿服务，发挥自己的专业技能积极服务社区。

一、社区服务的含义

社区服务是在政府倡导和支持下，为了满足社区成员的多层次需要，依托街道办事处和居委会发动社区内的各种力量(包括法人社团、机构、志愿者)开展的具有福利性和经营性双重属性的社区福利服务和社区社会化服务，即政府、社区居委会以及数字社区等其他各方面力量直接为社区成员提供的公共服务和其他物质、文化、生活等方面的服务。

二、社区服务的特征

社区服务作为构建和谐社区的重要举措，它有不同于其他服务的基本特征，包括福利性、公益性、互动性、专业性和地域性等。

1. 福利性

福利性是社区服务最本质的特征。社区服务首先以维护、确保社会弱势群体的最基本生活为出发点和归宿，如老年人、残疾人、下岗失业人员及其他特殊群体等，这是社区服务的福利性最明显的体现。此外，随着国家和社会支持力度的不断加大，社区服务的对象扩大到了社区全体居民。社区服务把社会效益摆在第一位，但并不是不可以营利，也并非所有服务项目都应该是无偿的。由于国家和地方财力有限，为了正常提供社区服务，保持社区服务发展的后劲，某些社区服务项目可以实行有偿服务，但应以低偿为主，这些服务的盈余不能进入主办单位或从业者个人的利润(除商业性的便民利民服务项目以外)，而只能用于社区福利事业。

2. 公益性

社区服务把社会上的社会孤老、残疾人、优抚对象以及失业、下岗人员等急需帮助的群体作为服务的对象和重点。社区居民都有享受社区卫生保健、环境保洁、文化体育等公益性服务和公共空间、公共生态等公共设施服务的机会和权利。公益的本义是使社区居民都有平等地享有公共服务的机会和权利，而不管居民的收入状况和社会地位的高低。因此，从本质上来看，社区服务实际上就是一项公益事业，不以营利为主要目的。

3. 互动性

开展社区服务的一个重要内容，就是要提倡社区居民的生活互动和精神互动，尤其是通过社区志愿者开展扶贫济困，帮助老人、残疾人等弱势群体的活动。通过系列活动，传递爱心和温暖，既体现了我国邻里互助的传统美德，也体现了自己事情自己办的自强自立原则。居民既是服务的参与者，也是服务的受益者。互助服务是社区服务的原始形态，互助服务的实施有助于增进居民间的相互了解和情感交流，有利于增强居民的社区归属感和认同感。同时，这种互动服务也可以填补国家或政府、各种社会机构以及社区组织等无法或不能充分做到的服务空白。

4. 专业性

从社区工作的角度看，社区服务的主体除自助与互助的社区群众之外，更为主要的则是专业化的社区社会工作者。社区社会工作者所做的不仅仅是一般的"送温暖"式服务，而是由专业性决定的资源密集的物质援助、专项服务，如安老服务、残疾人服务、少儿服务以及心理疏导和治疗等内容。专业性的服务不仅要解决眼前的和表面的问题，而且要解决长远的、深层次的问题。

5. 地域性

社区服务的地域性也称为"地缘性"或"社区性"，主要指社区服务所具有的"地方性"特征。我国城市社区服务以街道、小区为依托来展开，农村的社区服务以村、镇为依托展开，每一个社区的社区服务都要做到因地制宜，立足于本社区的客观实际，即由于社区地理环境、文化条件、人口状况等要素的影响，社区服务在服务内容、服务方式等方面都具有明显的地域性特征。

三、社区服务的主要内容

社区服务的内容主要包括统筹社区照顾、扩大社区参与、促进社区融合、推动社区发展和为社区居民提供其他服务及便民利民服务。

1. 统筹社区照顾

社区照顾的服务对象包括社区全体居民，涵盖老年人、残疾人和儿童、青少年等特殊群体。统筹社区照顾指的是为社区居民解决生活居住、学习就业和劳动保障等方面的服务，包括为老年人(特别是留守、空巢、失独、病残、失能、高龄老年人)提供生活照顾、精神慰藉、情绪疏导、关系调适和社会参与等服务；为残疾人提供生计帮扶、家庭支持、社区康复和社会融入等服务；为困境儿童和青少年提供生活照料、救助保护、学业辅导、情感关怀、成长支持等服务。总的来说，社区照顾就是为社区居民提供生活支持、帮扶特殊群体以及关怀居民的情绪情感，落实社会保障福利政策。

2. 扩大社区参与

美好和谐的社区需要人人参与，社区服务是联系社区居民的主要途径，为此，需要协助社区党组织和社区居民自治组织，动员和组织社区居民参与社区协商、培育社区社会组织和社区骨干，提高社区居民参与社区公共事务的意愿，促进社区居民参与自治，主动为居民提供咨询、培训、能力建设等服务。也可以通过组织策划社区志愿服务项目，引导社区居民参与社区志愿服务，开展社区志愿者动员、招募、培训、使用、登记注册、服务记录与证明等工作。

3. 促进社区融合

社区融合是社区工作者通过整合社会资源，建立社会网络，促进社区居民平等享有民主权利、公共服务及相关社会福利，促进社区居民参与政治、经济、文化及社会生活，增强社区认同，促进社区团结，形成社区和睦相处、和谐共进等状态的主要工作。社区融合主要包括协助社区党组织和社区居民自治组织建立本社区与相关政府部门、社会组织、驻区单位、业主委员会和物业公司等单位之间的良好协作关系；参与建立社区居民的互助团体和支持网络，组织社区居民进行互助和自助，推动形成理性平和、宽容接纳、诚信友爱、平等尊重的居民关系；参与社区居民矛盾调解，预防、化解社区矛盾等。

4. 推动社区发展

社区服务是通过与居民的互动、沟通，建设一个氛围和谐的居住环境。为此，社区服务也需要培育社区共同体精神，开展社区居民文化素质与家庭美德、公民道德教育，形成社区居民积极向上的世界观、人生观、价值观及生活态度和行为规范；引导社区居民共同参与社区建设，建立健全社区支持网络，加强社区居民能力建设，增强社区归属感和认同感。通过开展社区通用性培训，举办面向社区居民的文化、教育和科普等活动，提高社区居民文化素养。

5. 提供便民利民服务及其他服务

(1) 卫生健康服务：以妇女、儿童、老年人、慢性病人、残疾人、贫困居民等人群为重点，为社区居民提供预防保健、健康教育、康复、计划生育技术服务和一般常见病、多发病、慢性病的诊疗服务。

(2) 社区文化、教育和体育服务：一些社区通常会建设方便社区居民读书、阅报、健身、开展文艺活动的场所，配置相应的设备器材等，通过调动社区资源和力量，支持和保障社区内中小学校开展素质教育和社会实践活动。其他服务包括为社区居民提供健康教育、社区群众文化、社区环境改善、社区防灾减灾等方面的专业服务。

(3) 社区环境改善：社区环境管理是落实低碳环保理念的基本途径，比如动员社区居民积极参与环保活动，倡导义务植树护草、文明饲养家禽和宠物、节约能源资源、讲究卫生等行为。

(4) 便民利民服务：为了更好地服务社区居民，满足居民在生活方面的需求，一些社区会组织志愿者和社区服务工作者为有需求的居民提供生活援助和代理代办服务等。

四、社区服务的流程与方法

社区工作方法是社区服务中一项具有专业性和服务性的工作方式，它是以社区为对象的社会工作介入手法，通过组织社区成员参与集体行动去界定社区需要，合力解决社区问题，改善生活环境及生活质量；在参与的过程中，让社区成员建立对社区的归属感，培养自助、互助与自决的精神，加强他们在社区参与及影响决策方面的能力和意识，发挥其潜能，以实现更加公平、公正、民主、和谐的社会。

1. 社区服务的流程

一般来说，社区工作者在开展社区服务的过程中会有一定的流程，主要包括需求评估、服务策划和服务执行三个阶段。

(1) 需求评估：通过实地走访的形式，调查、分析社区的地理环境、经济状况、人口结构、文化特色、资源优势等基本情况，再对社区存在的问题进行界定并分析社区社会工作服务的介入层面和类型。

(2) 服务策划：社区工作者需要根据服务机构或社区社会工作者能力设计切实可行的服务计划，包括服务项目的目标和任务，掌握服务对象的特点、能力、兴趣、生活方式、社区关系状况等，以及安排服务场地、人员、财务等服务资源。

(3) 服务执行：这一阶段是社区服务的具体实施，包括确定服务过程的所有环节，进行人员分工，把握服务推进节奏和管理各项资源，应对服务过程变动情况，做好服务中的危机处理等。在实际的社区服务开展过程中，应根据具体实施情况及时进行服务调整并对服务过程和结果进行记录。

2. 社区服务的方法

每一个参与社区服务的劳动者，都需要掌握一定的社区工作服务方法。一般来说，社区服务的具体方法包括社区分析评估方法、社区资源链接方法、社区参与方法和社区支持网络建设方法，如表 7-4-1 所示。

表 7-4-1　社区社会工作服务方法

方法类型	具体内容
社区分析评估方法	**资料收集**：调动社区居民参与，采用走访、观察、问卷、焦点小组等方法收集相关信息，分析社区状况、评估社区需求和风险。 **基线评估**：通过对社区初始状况的研究及测量，建立基线并据此评估介入前后的社区变化，判断社区社会工作者介入成效。 **社区优势和劣势分析**：分析社区自身优势、不足以及外部环境给社区带来的机遇和挑战，将社区发展与社区内部资源、外部环境有机结合起来，在此基础上选择介入策略
社区资源链接方法	**资源整合法**：在本社区内，通过协商、合作等方式，共享工作条件、互通服务信息、联合决策和行动，共同满足多样化社区服务需求。 **资源共享法**：在本社区与其他社区之间，通过协商、合作，发挥各自优势，共享服务资源，协同开展服务，提升彼此社区服务水平。 **资源配置法**：根据社区资源的不同特征，通过计划、组织、培训、咨询、协调、合作、控制、评估等手段，管理配置好各类服务资源，开展社区服务
社区参与方法	**社区动员法**：通过告知、倡导、鼓励、示范等方式，邀请服务对象和社区居民参与到社区各项活动和事务中。 **共识建导法**：通过引导社区居民主动参与，充分表达意愿等，汇集社区居民思想，促进社区居民达成共识。 **参与式社区会议法**：在社区公共议题的设计与讨论中，引导社区居民参与，由社区居民提出问题，共同探讨解决方案，达成一致意见和行动
社区支持网络建设方法	正式支持网络建设通过组织、协调、培训等方式，建立由政府、工作单位、学校、社区组织以及其他社会服务机构、志愿服务组织等所组成的社会支持网络。 非正式支持网络建设通过组织、协调、培训等方式，建立由家庭、亲属、朋友、邻里等组成的社会支持网络

五、社区服务的功能与作用

1. 实现公共福利社会化

社区服务可以把那些本应由社会承担的福利与服务交给社会，把国家、单位或企业的多余负担转移给社会，改变"企业办社会""单位办福利"的状况，补充国家和单位福利的不足，逐步减轻国家和单位的负担，实现公共福利事业社会化。

2. 缓解社会矛盾

了解社区服务的性质、目的和内容以及社区服务的基本职能，互助互济、协调人际关系、转化消极因素、缓解社会矛盾，起到社会稳定的作用，为改革和现代化建设创造良好的社会条件与环境。社区服务作为第三产业的重要组成部分，可以吸纳更多人员就业，扩大就业渠道，实现社会安定和经济发展。

3. 推动精神文明建设

社区服务本身就是尊老爱幼、扶弱助残、互帮互济的活动，是社会主义人道主义精神的具体表现。开展社区服务，组织居民互助自助和参与管理及服务，可以培养居民的自治精神、集体精神和社区意识，有利于巩固社区组织，推动基层民主化建设，增强凝聚力。

4. 有利于建设现代化社会

社区服务的开展有利于社会的现代化建设，完善社会基层的管理和服务功能。我国开展社区服务多年的经验，证明了社区服务在社会生活中的地位和作用越来越突出，受到各级政府的高度重视和群众的欢迎。这一新的社会保障形式显示出越来越大的优势。

劳动实践任务：社区文化墙绘活动

一、任务描述

教师带领学生到学校周边社区开展面向社区群众的社区文化墙绘活动。本次社区文化墙绘活动以"健康、童趣"为主题，活动完成后，将会为社区增添一道亮丽的风景线。

二、任务目的

通过本次社区文化墙绘活动，让学生了解墙绘活动开展的详细过程，在开展过程中，增强学生的协调沟通能力、团队协作能力及绘画功底。通过制订绘画内容和风格，学生需对当地进行走访观察，详细了解村庄房屋风格、村庄布局、人文风俗和整体风貌，并与村干部进行沟通了解，以村庄的特色风景为内容进行设计。

三、预期目标

知识目标：了解社区房子的布局、房子墙面的尺寸等；准备墙绘所需物资，学习设计墙体绘画，用废弃轮胎、木头、水管、铁罐等作为容器种植生态植物等相关知识。

技能目标：掌握墙绘技能，从组织团队参与墙绘活动中提高自己的沟通能力和组织能力。

态度目标：需要与村民们友好对接需要开展墙绘的房子，进行充分沟通，认真如实记录村民对项目规划的意见和期望。

体能目标：通过参与墙绘活动，锻炼学生的动手能力。

四、任务实施

【劳动准备】

1. 提前沟通开展活动的时间和地点

在开展墙绘活动前，做好充分的准备，确定活动的时间和地点。活动时间可以确定在7月上旬，利用暑假时间来开展活动，以便全身心地投入到活动中。

2. 提前到社区踩点，设计好设计稿

前期，可以组织师生志愿者到社区踩点，与社区工作人员和当地的社区村民进行充分沟通，划定可以开展墙绘的具体房子数，并用相机或手机将房子的墙面拍下来带回学校，通过仔细观察墙面来研究设计稿件。

3. 完成策划，提前安排分工

根据与社区工作人员沟通的结果，制订详细的活动策划方案，并且根据策划的活动安排来进行分工，可以分为墙绘组、后勤保障组和宣传拍摄组。各组根据分工，分别准备自己的工作内容。

4. 联系出行车辆、购买活动所需物品

在确定好活动开展的具体行程后，安排车辆敲定出行人数和出行路线，购买墙绘所需物资，如工作服、梯子、简易脚手架、画笔、颜料、水桶、铁锹、扫把、垃圾铲、羊毛刷、角尺、记号笔、垂线、铅笔、橡皮擦、滚筒、地膜等；开展活动所需的其他物资，如防晒霜、帽子、大遮阳伞、风扇、饮用水、拍摄工具(三脚架、稳定器、相机等)等。

5. 组织学生成为注册志愿者并记录服务时长

加入本校的志愿者组织，并通过"i志愿"平台发布活动报名链接，通知各成员报名，记录服务时长。

【劳动实施】

1. 布置活动场地

在社区工作人员指定的地点布置活动场地，撑起太阳伞，搬运活动所需物资到指定地点。

2. 清理墙面和做好地面保护措施

在开始绘画之前，由后勤保障组志愿者搭建脚手架和梯子，墙绘组志愿者负责清理好墙面。在清理墙面时，首先要找平整的墙面，这样才好作画；其次，要清除干净墙面上残留的粉尘；最后，还需要先用乳胶漆底漆涂刷一遍。需要注意的是，室外的墙面要用外墙乳胶漆底漆来涂刷。另外，为了环保和卫生，在开始墙绘前，可以用一些废弃的旧报纸、不要的衣物铺在地面上，或者铺设可以固定的地膜，要严格做好地面的保护措施，这样才能保持墙绘的美观。

3. 打型和调色

为了在墙绘时不出错，待底漆干燥后可以先用铅笔来绘制。如果铅笔绘制失误，可以用橡皮轻轻擦掉而不留痕迹。在正式绘制前，需要提前用颜料把所需的不同颜色调配好，准备多一点，这样可以减少绘制的时间，从而提高工作效率。

4. 铺大色块

待绘制成型结束后，才能涂大色块。需要注意的是，墙面手绘和在纸上的手绘区别还是很大的，不同图案用不同的色块，而且有些图案所需的色块比较多，为了节省描绘时间，可以用滚筒和毛刷来刷。

5. 整体造型、塑造

在铺好大色块后，才能进行整体成型。需要特别注意的是，一些较大的墙体，需要站远一点才能看清建模是否准确、主体关系和透视关系是否正确。

6. 勾线

勾线是为了勾勒出画面的轮廓。勾线对于整体造型的表现非常重要，需要精益求精，稍有差错，都会影响整体的美感。例如，如果勾勒的轮廓边缘过于粗糙、毛糙，那么整个画面将会脏乱差，则不利于整个墙体画面的协调性和艺术性的表现。

7. 上色

上色也是有一定难度的，需要较高的配色和着色技巧，并通过自己的专业知识和经验调整好整体色调，使之呈现出和谐统一的美丽画面。

8. 细节刻画和调整

当绘制的图画需要时，需要考虑用一些工具来完善细节，如喷枪或其他辅助工具。往往细节决定成败，在绘制的过程中，决定不可忽略细节，即使做不到完美，追求完美的心也不可丢。

9. 完工处理和维护

在绘画完成后，为了扩大其耐久性，可以在其表面刷上一层面漆。同时，面漆还有保护作品和墙面的功效，而且可以避免由太阳、雨或墙上的污垢造成的褪色问题。完工后，清洁地板和乳胶漆飞溅，撕掉地板膜。

10. 准备后勤保障物资

在墙绘开展的过程中，时间比较长，后勤组的志愿者需要为大家准备早午晚餐和饮用水。天气炎热，志愿者需提前充分备好饮用水，提前订好早午晚餐。

11. 集合返程

志愿者完成墙绘活动后集合，与社区工作人员和村民告别，清点人数后集体乘车返程。

【注意事项】

(1) 墙面基层处理。在粉刷前，必须要确保墙面是平整的，没有裂痕或剥落等问题。如果这些问题不处理好，将会影响墙绘的效果和使用寿命。

(2) 确定图案。从手稿中打印出来的颜色会有偏差。如果有多个绘画墙面，最好重新协商确认与图案对应的墙面，确保正确无误。

(3) 绘画前的一些准备工作。首先，要检查需要使用的工具和墙绘材料，然后在绘画前要采取一些保护措施，特别是一些已经装饰过的绘画场景。非绘画区域、地面和部分家具必须用防护膜、报纸或其他保护工具进行保护。

(4) 绘画上色之前起型。绘画上色前，需要保证模型的准确性，这将决定最终的图像效果。

(5) 调色上色。调色应尽可能准确，并应充分控制颜料的一致性。如果颜料太薄，就会向下流动；如果颜料太厚，则颜料很容易堆积而产生笔触。

(6) 当天绘画结束后，必须用水喷漆，并盖上油漆瓶，否则油漆会干燥脱落。

(7) 绘画结束后清理干净工具。拆除防护膜、纸、胶带，然后清扫地板、台面等环境卫生，擦拭地板上的油漆点滴。

劳动评价

"社区文化墙绘活动"劳动评价表

专业			班级		姓名	
学号		小组成员				
劳动项目			社区文化墙绘活动			
劳动流程	小组准备		针对具体的社区服务活动制订策划方案，按照方案内容进行分工，并了解活动背景资料			15分
	工具准备		根据活动策划准备社区服务活动物料及宣传资料，如音箱、横幅、宣传单、展板等			10分
	劳动态度		积极参加社区服务活动，不怕苦、不怕累，通过活动学习相关劳动知识，增强社会责任感			15分
	劳动纪律		严格遵守劳动纪律，在开展社区服务活动的过程中不嬉戏打闹，防止在劳动中受伤			15分
	团队配合		团队成员团结一心，听从指挥，遵守社区服务活动的安排，严格执行各项分工			15分
劳动成果			1. 完成一次社区服务活动 2. 留存活动照片、视频、活动简报 3. 撰写活动心得体会			30分
自我评价		优秀□	良好□	合格□	不合格□	
小组评价		优秀□	良好□	合格□	不合格□	
教师评价		优秀□	良好□	合格□	不合格□	
综合评价		(综合评价由指导劳动实践教师填写，作为劳动实践学分评定依据)				

任务演练

1. 你有去社区当志愿者的经历吗？试谈一谈你的经历。
2. 你认为参与社区服务需要具备什么样的基本能力？

第八章

锻炼大学生社会实践能力——增强劳动技能

本章导读

　　社会实践活动承载着新时代高等教育的价值与使命，是帮助大学生树立劳动意识、增强劳动技能、锻炼实践能力、培育创新精神的有效途径。《中华人民共和国高等教育法》明确指出："高等教育的任务是培养具有社会责任感、创新精神和实践能力的高级专门人才。"

　　本章重点选取常规型实践内容，如社会实践活动、创新型智慧实践活动和乡村振兴实践项目，引导大学生走出校门、走进村落、接触社会、了解国情，从而进一步增强他们投身实践、服务社会、创新创业的意识和能力，最终成为有思想、有觉悟、有道德、有能力的社会主义合格建设者和接班人。

第一节　　社会实践类，培养职业技能

学习目标

1. 提升大学生的社会实践服务意识，积极参与实践活动。
2. 了解社会实践的基本途径与方法，拓宽实践认知渠道。

　　社会实践是新时代弘扬劳动精神的重要途径。大学生积极投身社会实践，有助于培养其动手实践能力、创新能力、分析和解决实际问题能力，有助于全面提升学生的综合素质。一般来说，社会实践有广义和狭义之分。从广义上看，社会实践是指人类认识世界和改造世界的一切活动，即大多数人从事的各种社会活动；从狭义上看，社会实践主要指现代高等学校为加深学生对所学专业的了解、做好进入职场的准备和增强学生就业竞争优势而设置的一些实践性课程，包括寒暑假期的实训、企业实习以及勤工助学等。本书认为，社会实践是大学生在真实的社会环境中通过亲身参与社会活动来提升自身的职业素养、专业技能和社会交往能力的实践，是培育学生社会服务意识和践行劳动精神的一项复合型活动，包括参与社会志愿服务、勤工助学和专业课程实习实训等。本章节主要对志愿服务、勤工助学和实习实训三种常规性的社会实践项目进行阐述，旨在为阅读者提供借鉴和参考。

一、志愿服务

（一）志愿服务的含义

　　志愿服务是指志愿者、志愿服务组织和其他组织自愿贡献时间及精力，自愿、无偿向社会或者他人提供非营利、无偿、非职业化援助的公益服务行为。志愿服务具有志愿性、无偿性、公益性和组织性四大特征，因此，开展志愿服务应当遵循自愿、无偿、平等、诚信和合法原则，不得违背社会公德、损害社会公共利益和他人合法权益，不得危害社会公众和国家安全。

（二）志愿服务的范围

　　志愿服务是公民的社会责任意识的体现，也是现代社会文明程度的重要标志。2008年，中央精神文明建设指导委员会发布《关于深入开展志愿服务活动的意见》，明确了我国深入开展志愿服务的重要意义，同时，指出志愿服务活动应着眼于文明风尚、扶危济困、大型社会活动、应急救援等。其中，文明风尚志愿服务的开展围绕科技、文体、法律、卫生等领域，通过普及科学知识、传播先进文化、开展法律援助、提供医疗卫生服务，不断丰富广大群众

的精神文化生活；扶危济困志愿服务重在弘扬助人为乐的传统美德，一般是向生活困难群众和老年人、残疾人提供居家养老、生活救助和扶残助残的志愿服务，弘扬人道主义精神；大型社会活动志愿服务是志愿者为保障重大活动、重要会议和大型文体赛事顺利进行而提供的接待、咨询、联络、秩序维护等方面的服务工作，创造规范有序的社会公共秩序；应急救援志愿服务是专业救援的重要辅助力量，是国家应急救援体系的重要组成部分，包括在重大自然灾害和突发事件中参与抢险救援、卫生防疫、群众安置、设施抢修和心理安抚等工作。

总的来说，我国志愿服务范围广，活动形式多样化。目前，我国志愿服务项目逐渐丰富，包括乡村振兴、社区服务、环境保护、支教助学、卫生健康、法律服务、科技科普、文化艺术、平安综治、文明风尚、交通引导、志愿消防、应急救援、禁毒宣传、体育健身、旅游服务、关爱特殊群体、大型活动、海外志愿服务等项目。

(三) 志愿服务的实施路径

参与志愿服务，一是要秉持"奉献、友爱、互助、进步"的精神，二是要具备参与志愿服务项目所需的基本素质。大学生想参与志愿服务工作时，可以在中国志愿服务网申请注册志愿者身份，并根据自身情况选择志愿服务项目进行服务。具体操作步骤包括：第一步，在中国志愿者服务网正式注册成为志愿者或者加入所在地区大学生志愿服务组织、志愿团队、公益团体等。第二步，参与具体志愿服务项目。以下为志愿者注册、加入志愿团队和参与志愿项目的参考流程。

1. 志愿者注册

(1) 登录中国志愿服务网(https://chinavolunteer.mca.gov.cn)，进入中国志愿服务网首页，如图 8-1-1 所示。

图 8-1-1　中国志愿服务网首页

(2) 单击右上角"志愿者注册",进入志愿者注册申请页面,如实填写个人账号信息(如图 8-1-2 所示)和身份信息(如图 8-1-3 所示)。

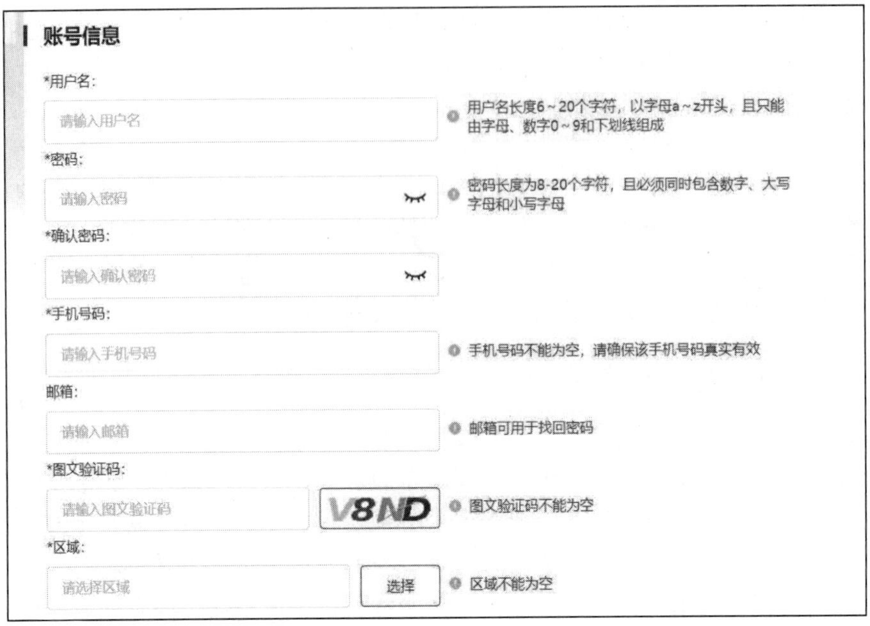

图 8-1-2　账号信息页面

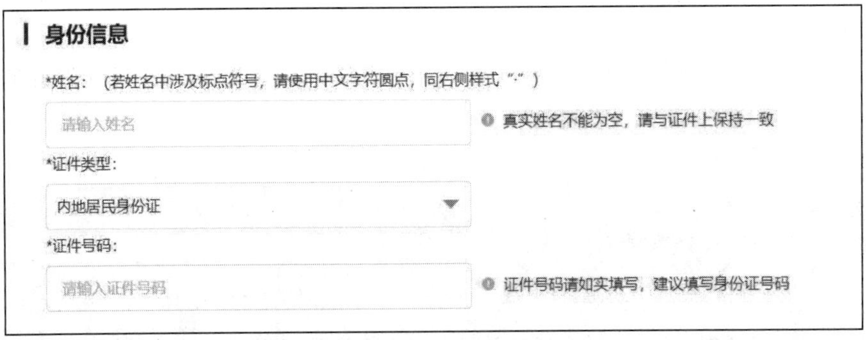

图 8-1-3　身份信息页面

(3) 信息填写完成后,单击页面底部的"申请成为实名注册志愿者"按钮,如图 8-1-4 所示。

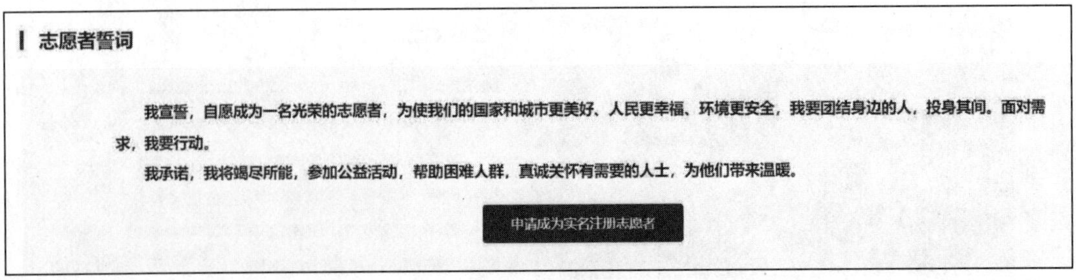

图 8-1-4　志愿者誓词和"申请成为实名注册志愿者"页面

(4) 核对信息填写无误后,进入信息提交成功页面(如图 8-1-5 所示),待团组织、志愿者组织对申请人情况审核通过后即为注册成功。

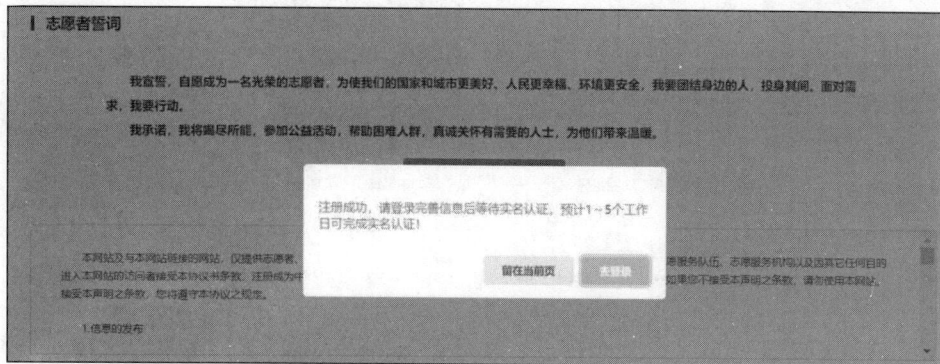

图 8-1-5　信息提交成功页面

2. 参与志愿项目

志愿者可通过中国志愿服务网选择要参与的志愿项目。首先，登录中国志愿服务网或者中国志愿 APP、官方微信公众号，自行查看志愿项目。例如，图 8-1-6 为中国志愿服务网志愿服务项目页面，志愿者可以根据项目区域、服务类别、项目状态、报名范围、服务对象、项目人数等内容，选择符合自身条件的志愿活动项目。又如图 8-1-7 所示，将项目区域设定为"广东省东莞市"，项目状态设定为"运行中"，其他选择项设定为"全部"，就能够查看到广东省东莞市当前可以参与的所有志愿服务项目。每一个运行中的志愿项目都会显示项目地点、项目时间、项目详情、服务对象、服务岗位内容、岗位条件等内容，志愿者应仔细查看所选择的志愿项目详情，结合自身实际情况决定是否参与该志愿项目。若确定参与所选项目，需要先登录之前申请的志愿者账号再选择志愿项目，一旦提交参与信息，应按照约定提供相应的志愿服务。若因故不能按照约定提供志愿服务的，应当及时告知志愿服务组织或者志愿服务对象。在志愿服务过程中要充分尊重志愿服务对象的人格尊严，不得侵害志愿服务对象的个人隐私，不得向志愿服务对象提出收取或者变相收取报酬的不合理要求。

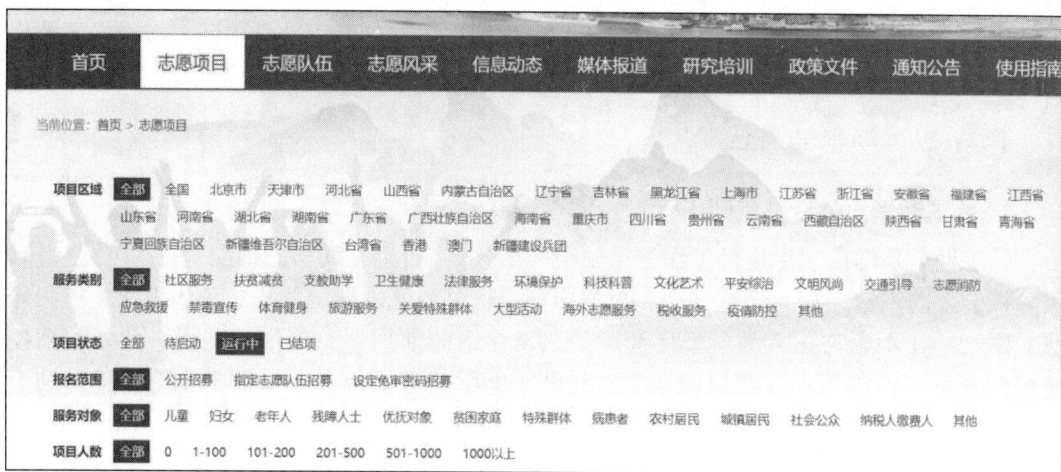

图 8-1-6　中国志愿服务网"志愿项目"页面

图 8-1-7　志愿服务项目详情页面

二、勤工助学

(一) 勤工助学的含义

勤工助学是指年满 18 周岁的学生在学校的组织下利用课余时间,通过自己的劳动取得合法报酬,用于改善学习和生活条件的社会实践活动。一般包括校内勤工助学和校外勤工助学两种活动形式,校内勤工助学是指在高校的统一领导、统筹安排下,组织学生参加校内的助教、助管、实验室和后勤服务等岗位,学生能够从中取得相应报酬的助学活动;校外勤工助学是指学生在学有余力的前提下,向学校提出校外勤工助学申请,接受必要的岗前培训和安全教育,再由学校统一安排到校外的岗位上进行勤工助学活动。

(二) 勤工助学的岗位

1. 勤工助学岗位设置原则

勤工助学是学校学生资助工作的重要组成部分。高校勤工助学活动应坚持"立足校园、服务社会"的宗旨,按照学有余力、自愿申请、信息公开、扶困优先、竞争上岗、遵纪守法的原则,在不影响正常教学秩序和学生正常学习的前提下有组织地开展。此外,高校应积极开发校内资源,既要保证学生参与勤工助学的需要,又要保证学生不因参加勤工助学而影响学习。为保证学生参与勤工助学且不影响学习,学生参加勤工助学的时间原则上每周不超过 8 小时,每月不超过 40 小时,寒暑假勤工助学时间可根据学校的具体情况适当延长。

2. 勤工助学岗位一览表

根据教育部和财政部共同印发的《高等学校勤工助学管理办法(2018 年修订)》,高等学校校内勤工助学岗位设置应以校内教学助理、科研助理、行政管理助理和学校公共服务等为主(如表 8-1-1 所示)。

表 8-1-1 勤工助学岗位一览表

序号	岗位名称	设 岗 部 门
1	教学助理	教务处、二级学院教学办
2	科研助理	科技处、实验室、课题组
3	行政助理	党委办公室、校团委、网络信息中心、学生工作部、教务处、人事处、财务处、学生资助管理中心、大学生就业指导与服务中心、实验室与设备管理处、二级学院办公室以及二级学院辅导员
4	学校公共服务	图书馆、档案馆、校医院、后勤处、餐饮服务中心等

(三) 勤工助学的实践路径

1. 申请勤工助学

目前,大部分高校已设置校内勤工助学岗位,学生可根据所在院校勤工助学岗位的岗位要求,结合自身实际需求主动向学校提交校内勤工助学申请,待学校审核通过即可进入该校内岗位工作。高校一般以线上报名申请为主,即学生应提前登录学校资助信息管理系统,在勤工助学板块查看招聘详情,并进行线上报名申请;由学生所在二级学院辅导员查看审核报名信息,筛选条件符合的学生送至用人部门;再由用人部门、用人单位组织面试,进行现场审核,并交由学校相关部门审核备案;最后由用人部门或用人单位对入围学生进行岗前集中培训,正式录用,勤工助学申请流程如图 8-1-8 所示。

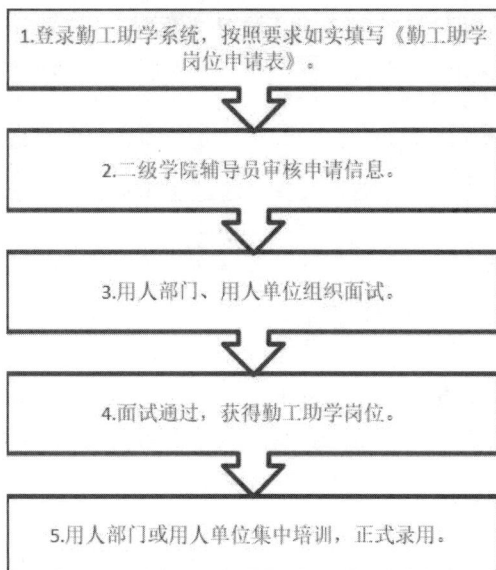

1.登录勤工助学系统,按照要求如实填写《勤工助学岗位申请表》。

↓

2.二级学院辅导员审核申请信息。

↓

3.用人部门、用人单位组织面试。

↓

4.面试通过,获得勤工助学岗位。

↓

5.用人部门或用人单位集中培训,正式录用。

图 8-1-8 勤工助学申请流程

2. 勤工助学实施方案

勤工助学方案一般是由学校或者二级学院制定，学校及二级学院结合本校实际情况制定实施方案，详细说明勤工助学岗位的设置情况、薪酬形式等内容。以下为某高校二级学院勤工助学方案。

XXXXXX 学院 2023 年勤工助学方案

为了培养学生的劳动观念和自立能力，减轻困难同学的家庭经济负担，提高学生的综合素质，确保确实困难的学生都能以适当方式得到资助，特制定勤工助学实施方案。

一、工作领导小组

组长：XXX

副组长：XXX

成员：XXX

二、活动意义

勤工助学活动是指学生在学校的组织下，通过利用课余时间进行劳动以获得报酬，以培养自立能力及工作能力为主要目的的劳动。

三、岗位分类

我院设置的勤工助学岗位，从时间上分，有固定岗位和临时岗位。

固定岗位是指工作相对稳定、学生参加勤工助学活动持续时间可达半年以上(含半年)的岗位，半年或一年安排一次，主要为辅导员及行政工作助理岗位。

临时岗位是指因工作需要，学生应聘从事临时性、突击性、阶段性的勤工助学活动，如打扫实验室、教师办公室卫生或学校各项活动场地布置等工作。各个岗位视情况安排2~3位学生，工作时间不连续且不超过一个月，即一个月安排一次。

从工种上分，有学院工作助理类、清洁类、志愿者类。

四、设岗原则

勤工助学岗位的工作时间以不影响学生学习为原则。

(1) 岗位的设定应遵循学生只能参与院内非营利性单位的勤工助学活动设置院勤工助学岗位；

(2) 设置的岗位数量既要满足学生的工时需求，又要保证学生不因参加勤工助学而影响学习。原则上临时勤工助学岗位每天工作不超过2小时，工资计算按实际在岗天数计算。

五、聘用与管理

勤工助学岗位的招聘，必须遵循学生自愿申请，公开、公平竞聘，择优录用，同时适当照顾贫困生，坚持严格管理和加强素质教育相结合的原则。

六、薪酬形式

校内勤工助学岗位的劳动报酬分日薪和月薪两种形式。临时性岗位的工资采取日薪制，固定岗位的工资采取月薪制，每月底根据工作数量和检查考评的质量结算发放。根据《XX学院勤工助学管理办法》，2023年校内勤工助学报酬为：固定用工300元/月，临时用工30元/天，申请岗位的学生原则上是学院认定为家庭经济困难学生。酬金在勤工助学指导中心审核后，统一划拨到学生的银行卡中。按照学校规定，不随意扣发学生勤工助学酬劳且不进行二级分配。

七、岗位管理

(1) 为了保证学生的学习时间，学生参加勤工助学的时间每周不超过 8 个小时，每月不超过 40 小时。各用人单位不得无故延长学生勤工助学工作时间，不得将职工的工作任务转嫁给勤工助学的学生。

(2) 凡我校在籍并已认定为家庭经济困难的学生均可申请参加勤工助学活动。学生应遵守学校各项规章制度，道德品行良好；身体健康，有一定的课余时间能完成勤工助学工作任务；勤俭节约，无铺张浪费现象；正确认识与处理有偿劳动和公益服务的关系。

(3) 不定期对勤工助学岗位人员工作进行检查，对因工作影响专业学习和违反勤工助学工作纪律的学生，将取消其勤工助学活动。

(4) 不定期对用工单位的勤工助学活动进行抽查，如发现违规用工的情况，可取消该单位的用工岗位。

八、具体岗位设置

固定岗位名称	岗 位 职 责
党政办事务助理	协助党政办的日常工作以及党政办材料的收集、整理、归档等
教学科研工作事务助理	协助学院教务办公室日常工作
党建工作助理	协助辅导员负责学院党建工作
就业工作助理	协助老师做好毕业生就业工作
宿舍工作助理	协助辅导员负责宿舍晚归、不归检查
资助贷款工作助理	协助老师做好资助贷款工作
辅导员工作助理	协助辅导员日常工作
实验室助理	协助实验室老师工作

三、实习实训

(一) 实习实训的含义

实习实训是高校实践教学的重要环节，包括专业实验、校内实训、企业实习等实践活动。开展实习实训需以专业实验室、模拟实训室和企事业单位等多种教学环境为依托，有计划、有系统地组织学生结合自身所学专业开展多样的实操性、实践性活动。大学生参加专业实习实训就是在进行社会劳动实践，在实习实训中可以体验和接触真实工作环境、工作过程，有利于巩固和拓展自身专业知识，提升专业技术技能，培养学生的创新精神和创造意识，进而帮助大学生树立正确的职业理想。

(二) 实习实训的相关实践

1. 校内专业实训

高校的校内专业实训主要是在设施设备相对完善的实训教室里开展。大学生参与的专业实训项目与自身所学专业相关，如餐饮专业学生的实训项目为模拟酒店服务；西点专业实训项目为西点制作、蛋糕烘焙；护理专业实训项目为模拟护理过程、测量体温及血压、注射训练等；电子商务专业的实训项目为网上开店、网络广告发布、网络直播等。总之，校内专业实训项目取决于各高校所开设的专业及培养方向。以下为烹饪专业校内实训实践项目方案。

劳动实践任务："智慧助老"公益活动

一、任务描述

本次活动主要是通过深入基层社区或敬老院开展智能手机培训活动，帮助老人消除智能手机使用障碍，解决运用智能技术的困难，提升他们在信息社会的获得感、幸福感和安全感。

二、任务目的

通过"智慧助老"公益活动，帮助大学生树立"我为群众办实事"的服务意识，增强参与志愿活动的实践能力；关注老人群体，学会尊老、敬老、爱老、孝老、助老，培养自身的孝心、爱心、责任心；关注社会发展趋势，为构建新时代和谐社会贡献一份力量。

三、预期目标

知识目标：了解老年人的日常活动和基本需求，学习相关的现代智能技术知识。

技能目标：掌握基本的沟通技巧和培训方法，提升服务与指导能力。

态度目标：认真制定并落实培训内容，树立正确的服务观念和劳动理念。

体能目标：通过参与公益活动，锻炼与提升自身体能。

四、任务实施

【劳动准备】

1. 确定活动地点和时间

本次活动主要面向老人群体，因此活动地点涵盖社区、敬老院等。可结合相关节日确定活动时间，如每年 10 月 1 日至 31 日是全国"敬老月"，3 月 5 日是中国青年志愿者服务日，12 月 5 日是国际志愿者日。

2. 准备"智慧助老"公益活动相关物料

搜集智能手机操作的相关知识，用于制作培训课件和讲解资料；准备宣传展板、宣传单和横幅，用于宣传活动。

3. 前期宣传

在本次活动正式开始前，教师组织学生在各大社交媒体上发起与"智慧助老"相关的话题讨论，扩大"智慧助老"公益活动的社会影响力。

【劳动实施】

1. 布置活动场地

将制作好的宣传展板、横幅等物料放置在合适位置；调试多媒体、音响等设备，便于呈现课件和播放视频；发放宣传单，讲解基本知识。

2. 讲解知识要点

结合培训课件，用通俗易懂的语言为老人们讲解智能手机的基本操作、常用软件使用等相关知识要点。内容聚焦出行、就医、消费、办事、文娱等老年人日常活动涉及的高频事项和服务场景。

3. 进行现场实操

按照演示，协助老人们操作智能手机，耐心细致地答疑解惑。

4. 活动结束

收集活动照片、视频等宣传物料，依托广播、电视、报纸以及各类新媒体平台，组织开展形式多样、群众喜闻乐见的宣传教育活动，广泛宣传"智慧助老"公益活动，不断提升"智慧助老"行动的知名度，积极动员各企事业单位、社会组织及志愿者、老年人等参与"智慧助老"行动。

劳动评价

"智慧助老"公益活动评价表

专业			班级		姓名	
学号		小组成员				
劳动项目			"智慧助老"公益活动			
劳动流程		小组准备	了解活动背景资料，根据老人对智能化应用的操作需求制订策划方案，按照方案内容进行分工			15分
		工具准备	根据活动策划，准备好"智慧助老"公益活动物料和宣传资料，如课件、宣传展板、宣传单、横幅等			10分
		劳动态度	热心参与"智慧助老"公益活动，耐心细致，不怕苦，不怕累；积极宣传志愿服务活动，培养赤诚奉献的时代品格			15分
劳动流程		劳动纪律	严格遵守劳动纪律，不嬉戏打闹，杜绝危险行为			15分
		团队配合	团队成员团结一心，严格执行各项分工，有序完成志愿服务工作			15分
劳动成果			1. 完成一次助老志愿劳动 2. 留存活动照片、视频等资料 3. 撰写活动心得体会			30分
自我评价		优秀□	良好□	合格□	不合格□	
小组评价		优秀□	良好□	合格□	不合格□	
教师评价		优秀□	良好□	合格□	不合格□	
综合评价		(综合评价由劳动实践指导教师填写，作为劳动实践学分评定依据)				

拓展阅读

如何撰写社会实践调研报告？

一般来说，撰写社会实践调研报告要经历五个程序：确定主题、收集材料、制定提纲、正式写作、修改报告。

(1) 确定主题。主题是社会实践报告的灵魂。因此，确定主题要注意：报告的主题应与实践主题一致；要根据调查和分析的结果确定主题；主题宜小，且宜集中。

(2) 收集材料。应对调查的所有资料有所取舍，选取与主题有关的材料，去掉无关的、次要的和非本质的材料，使主题集中、鲜明、突出。

(3) 制定提纲。制定社会实践报告提纲是最关键的环节。提纲应有内在逻辑且层次分明，如观点式提纲只需将实践中形成的观点按照逻辑关系依次罗列；而条目式提纲则需按照层次逐一列出。

(4) 正式写作。这是社会实践报告写作的行文阶段。要根据已经确定的主题、选好的材料和写作提纲进行写作。写作过程中，要从实际需要出发选用正确的语言，灵活地划分段落。在行文时要注意：① 结构合理(标题、导语、正文、结尾、落款)；② 报告文字规范，具有审美性与可读性，如："制定优惠政策，引进急需人才""运用竞争机制，盘活现有人才"，文章段落的条目观点清晰；③ 通俗易懂，如使用数字、图表等，做到深入浅出，语言具有表现力，准确、鲜明、生动、朴实。

(5) 修改报告。主要是对报告的主题、材料、结构、语言文字和标点符号进行检查，加以增、删、改、调。

另外，一份完整的社会实践报告由以下部分组成：报告题目、学院及作者名称、摘要、正文、结束语、谢词、参考文献和附录。在撰写社会实践报告的过程中一定要遵循各组成部分的撰写原则、要求等。

任务演练

1. 结合自身社会实践经历，思考新时代大学生参加社会实践的价值。
2. 登录中国志愿服务网，申请注册志愿者身份。
3. 根据本章内容，制订一份社会实践计划。

第二节　创新创意类，智慧劳动实践

学习目标

1. 了解当代创新型智慧实践活动的渠道，拓宽认知范围。
2. 树立创新观念，并运用到大学生劳动实践中。

创新强则国运昌，创新弱则国运殆。创新精神是民族进步的灵魂，是一个国家兴旺发达的不竭源泉，也是中华民族最深沉的民族禀赋。当前，我国已迈入创新型国家行列，正在向跻身创新型国家的前列目标奋进。建设创新型国家的核心在于创新型人才，青年大学生是创新型人才的重要储备力量，参与创新实践，塑造创新品质尤为重要。为培育青年大学生的创新精神，使学生树立"苟日新，日日新，又日新"的创新理念，本节将对创新精神相关内容进行阐述，并列举创新创意相关实践内容，希望能够给师生提供劳动实践参考。

一、创新精神

（一）创新概念与创新精神

1. 创新的概念

"创新"一词，最早由美籍奥地利经济学家约瑟夫·熊彼特于 1912 年在其《经济发展理论》一书中正式提出，本书从经济学视角探讨了创新的重要作用，明确指出创新包含产品创新、技术创新、市场创新、资源配置创新和组织创新。其实，在熊彼特之前也有人使用"创新"一词，譬如我国《魏书》中就有提到"革弊创新者"。根据熊彼特的创新理论，创新是在劳动过程中在主体内部自行发生的变化，即创新来自劳动主体自身内部意识的转变。创新是一种"革命性"变化，这种革命性的变化需要借助劳动主体所掌握的知识、技能，即创新的实现离不开创新思维和创新能力。

2. 创新精神的概念及构成

创新是一个民族进步的灵魂，是一个国家兴旺发达的不竭动力。从 2005 年开始，党和国家领导人多次在不同场合的重要讲话中提及建设创新型国家。党的十八大以来，我国加快建设创新型国家的步伐。2016 年 5 月，中共中央、国务院印发《国家创新驱动发展战略纲要》首次提出了进入创新型国家行列到建成世界科技创新强国分三步走的战略部署：第一步，到 2020 年进入创新型国家行列；第二步，到 2030 年跻身创新型国家前列；第三步，到 2050 年建成世界科技创新强国，并强调要把创新驱动发展作为国家的优先战略，以高效率的创新体系支撑高水平的创新型国家建设。党的二十大报告中也强调创新在我国现代化建设全局中的核心地位。由此可见，创新精神是迈向新征程的应有之义和强大精神支撑。

一般来说，创新精神指的是一种勇于抛弃旧思想旧事物、创立新思想新事物的精神。譬如，不满足已有认知(掌握的事实、建立的理论、总结的方法)，不断追求新知；不满足现有的生活生产方式、方法等，不断进行改革和革新。因此，创新精神属于科学精神和科学思想范畴，是进行创新活动必须具备的一些心理特征，包括创新意识、创新兴趣、创新胆量、创新决心，以及相关的思维活动。综合看来，创新精神是创新意识、创新思维和创造力构成的一种较为复杂的心理状态。

(1) 创新意识。创新意识是创造性思维和创造力的前提，是人们进行创造活动的出发点和内在动力。创新意识是指人们根据社会生活发展的需要，引起创造前所未有的事物或观念的动机，并在创造活动中表现出的意向、愿望和设想。青年大学生是最易接受新生事物、最富创新精神的群体，社会主义伟大事业的发展依靠青年大学生，而发展的希望在于创新，创新的希望在于青年大学生。因此，高校必须重视培养青年大学生的创新意识，不断推动建设创新型国家。

(2) 创新思维。创新思维是指以新颖独创的方法解决问题的思维过程，通过这种思维突破常规思维的界限，以超常规甚至反常规的方法、视角去思考问题，提出与众不同的解决方案，从而产生新颖的、独到的、有社会意义的思维成果。因此，创新思维的本质在于用新的角度、新的思考方法来解决现有的问题，而人类的一切文明成果都是创新思维的外显形式。例如，现代社会中人的精神文化成果、科技创造的物质产品、一切的社会秩序都是人类不断积累的创新思维成果。

(3) 创造力。创造力是人类特有的一种综合性本领，是人类成功地完成某种创造性活动所必需的心理品质。创造力是指人类产生新思想，发现和创造新事物的能力，是一系列连续的、复杂的、高水平的心理活动。它要求人的全部体力和智力的高度紧张，以及创造性思维在最高水平上进行。现代社会区分人才的重要标志之一就是看这个人是否具有创造力，例如，创造新概念、新理论，更新技术，发明新设备、新方法，创作新作品都是创造力的表现。

(二) 大学生创新精神的培育路径

新征程上，我国实现高水平科技自立自强，归根结底要依靠高水平创新型人才。青年大学生是创新型人才的重要储备力量，培育具备较强的创新意识和创新精神的创新型人才是时代的迫切需要，也是一个国家富强及在国际竞争中立于不败之地的重要因素。这就要求我们更加重视人才自主培养，努力造就一批具有世界影响力的顶尖科技人才，努力培养更多高素质技术技能人才、能工巧匠、大国工匠。

1. 营造创新精神培育环境

大学生创新精神的培育离不开优良的育人环境，其中包括良好的社会环境、文化环境和政治环境。良好的社会环境要求全社会应进一步贯彻落实新发展理念，重视创新精神的培育；良好的文化环境要求社会各界应大力宣传普及创新精神和科学精神，建设好创新文化环境；良好的政治环境要求国家应通过顶层设计和出台创新精神相关制度政策来引导和鼓励各界加大资源投入，优化产学研机制。如 2021 年国务院办公厅印发《关于进一步支持大学生创新创业的指导意见》，就指出要优化大学生创新创业环境。可见，营造培育大学生创新精神的优良环境已迈入纵深推进阶段。

2. 健全创新精神培育机制

高等学校是培育大学生创新精神的主阵地。进入新时代，为推进创新型国家建设、实现社会主义现代化，需要从多角度健全大学生创新精神培育机制，以培养具有创新意识、创新思维和创新能力的创新型人才。因此，学校要遵循教育规律和大学生创新精神生成规律，完善领导组织、统筹协同、系统实施等一体化机制，制订符合学校特色的具体实施方案，确保大学生创新精神培育的组织过程协调科学高效。同时，在教学过程中坚持分层分类精准施教，将创新精神培育融入具体的教育教学中，通过多种方式和渠道全面提升创新意识和创新能力，构建大学生创新精神的实践教育机制。

(三) 培育大学生创新精神的意义

1. 创新精神是大学生实现全面发展的基石

创新精神是个体全面发展的重要品质，大学生应主动提升自身素质，培养自身创新精神，积极适应社会环境变化，实现高质量创新创业，实现自身价值。根据教育部数据统计，2023 年全国普通高校毕业生规模预计达 1158 万人，将比 2022 年增加 82 万人，毕业生就业形势愈发严峻。面对激烈的就业竞争，大学生应正确看待就业压力，主动培育自身创新精神，结合自身情况做出是否自主创业的决定，有效应对当前就业竞争激烈的局面。除此之外，在知识经济时代，知识的增长率加快，知识的陈旧周期不断缩短，创新精神有利于大学生学会对知识进行选择、整合、转换和操作，有利于自身知识、智力、能力的发展。因此，大学生应主动地发挥创新意识和创新能力，培养自身的创新精神，掌握那些范围广、迁移性强、概括程度高的"核心"知识，学会主动地"建构"和"再创造"新知识，以不断适应社会环境的变化，实现个人的价值及全面发展。

2. 跻身创新型国家前列需要创新型人才

建成创新型国家和实现民族复兴的关键在于培育富有创新精神的下一代青年。目前，我国已进入创新型国家行列，创新能力虽显著提升，但依旧存在瓶颈，尤其是科技创新与经济社会发展存在较为严重的割裂关系。与西方国家相比，我国在科技创新方面贡献度不够高。2020 年，我国科技进步的贡献率超过 60%，而美国日本早已超过 70%，而在智库发布的六大世界科技大国，中国仍未上榜。我国想要跻身创新型国家前列，则不可缺少具有创新素质的人才，青年大学生是国家创新创业人才的源头活水，是今后建成创新型国家的重要力量。因此，大学生应树立正确的观念，主动肩负时代赋予青年学生的责任，认识到创新精神对于个人、社会、民族的重大意义，用开放式的思维应对复杂的环境，积极学习科学知识和先进技术，提升自身专业知识与技能，努力成长为一名创新型人才，为跻身创新型国家前列而奋斗。

二、创新创意实践

(一) 文化创新创意实践

创新是中华优秀传统文化在世界文化激荡中站稳脚跟的根基。中华民族的悠久历史及灿烂文化，汇聚着中国人民世世代代积淀传承下来的思想精华，成为我们取之不尽、用之不竭的智慧宝库。但它并非只是一种历史性存在，应当从历史深处走入当代社会，发挥出其非凡无比的当代价值。为此，要深入发掘与激活中华优秀传统文化的生命力，使中华民族最基本的文化基因与当代文化相适应、与现代社会相协调，把跨越时空、超越国界、富有永恒魅力、具有当代价值的文化精神弘扬起来，推动中华优秀传统文化实现创造性转化、创新性发展。当前，人们将中华优秀传统文化与先进科学技术相结合，不仅更新了传统文化的传播形式，更推动了我国文化产业的发展。

1. "科技 + 文物" 的创新实践

文物承载着灿烂文明、传承着历史文化、维系着民族精神，它不仅能生动地述说着过去，也深刻地影响着当下和未来。习近平总书记在中央政治局第二十三次集体学习时强调："我们要加强考古工作和历史研究，让收藏在博物馆里的文物、陈列在广阔大地上的遗产、书写在古籍里的文字都活起来，丰富全社会历史文化滋养。"博物馆作为收藏、研究、展示、传播物质和非物质遗产的公共文化机构，承担着历史阐释、价值引导、审美培育的重大责任。近年来，我国很多历史博物馆都致力于让文物活起来，如敦煌莫高窟将科技与文化相融合，在 2022 年推出虚实融合的"飞天"专题游览线路，通过实体洞窟与虚拟体验交融的展示方式，让人们更深刻地领略敦煌莫高窟的艺术魅力和文化价值所在。此外，我国还组织专业技术人员建立了"数字敦煌"，让莫高窟"活起来"，让全世界更多人领略莫高窟之美。然而，大部分人认为文物是神圣的存在，不能随意赋予它们其他思想与情感，事实上，这种观念是人们对文物的刻板印象。《如果国宝会说话》栏目总导演徐欢认为："文物是文化的物证，背后还要看到创造它的人和那个时代人们的生活、思想、情感。"时代虽不同，但中华民族的文明却仍在延续，让历史文物走进普通人的生活，是让历史文化遗产焕发新光彩的第一步。只有当文物走下神坛并"活起来"，才能让人们了解历史的发展，体会时代的印迹。如 2021 年，四川日报、四川省文物考古研究院、三星堆博物馆联合制作的融入四川方言的电音神曲——《我怎么这么好看(三星堆文物版)》，把文物手绘动画和发掘现场画面结合，用 rap(一种音乐形式)呈现出三星堆历史与故事，一经推出即登上热搜，让 3000 年前的古蜀文物在互联网上"活"了起来。可见，科技+文化的这种结合将成为当代文化价值传播途径和展示方式的最新探索。

2. "艺术 + 文化" 的创意实践

文化是民族的血脉、民族的灵魂，是人们的精神家园，更是一个国家屹立不倒的根基所在。正如习近平总书记强调："中华文化源远流长，积淀着中华民族最深层的精神追求，代表着中华民族独特的精神标识，为中华民族生生不息、发展壮大提供了丰厚滋养"。可见，不忘本来才能开辟未来，善于继承才能更好创新。

近年来，《中国诗词大会》《国家宝藏》《登场了！敦煌》等热播节目，让国风综艺成为一股热潮，也让人们更加深刻地认识到博大精深的中华文化。其中，最让人们称奇的当属 2021 年河南卫视《端午奇妙游》中的开场节目《洛神水赋》，这是一个将潜水技术和敦煌艺术相融合的中国风舞蹈，展现出生命力的顽强和文学艺术的纯粹，是生命力与文化创新的融合。《洛神水赋》的表演者何灏浩必须做到屏气时间长且能在失重的情况下控制身体，通过舞蹈技艺来展示真、善、美。而河南卫视的《唐宫夜宴》则将三彩乐俑中的唐俑服饰造型等传统文化元素运用在节目中，以诙谐幽默的舞蹈风格展现出唐朝独有的美学风范，让观众感受到传统文化的魅力。《洛神水赋》和《唐宫夜宴》处处彰显着创新精神、工匠精神，以独特的表演风格和传播形式将华夏美学与传统文化相融合，打造出独特的中华文化IP。在短视频火爆的当代社会，独具特色的文化IP成为传统文化创新转化的重要方式。近日，西安大唐不夜城推出一款"人文历史盲盒"类的互动表演——"盛唐密盒"迅速火遍网络，该节目由身着紫袍、外形清瘦的"房玄龄"和身着红色官服、脸型微圆的"杜如晦"共同主持，主持人和观众随机问答进行互动，引发游客喜爱和追捧，成为大唐不夜城景区的流量密码。可见，文化传承需要我们赋予其时代特征，用新的观念、新的方式对中华传统文化进行转化，在守正创新中发掘和开采中华文化元素，践行文化自信，向国际社会展示博大精深的中华文明，让世界了解中国历史、了解中华民族精神。

三、科技创新实践

科技创新是提高社会生产力和综合国力的战略支撑。以习近平同志为核心的党中央坚持把科技创新摆在国家发展全局的核心位置，把跻身创新型国家前列作为2035年我国基本实现现代化的重要目标，牢牢把握科技创新的正确方向。

在全国科技界和社会各界的共同努力下，我国科技实力正在从量的积累迈向质的飞跃、从点的突破迈向系统能力提升，科技创新取得新的历史性成就。当前，我国科研体系日益完备，人才队伍不断壮大，科学、技术、工程、产业的自主创新能力快速提升。我国基础研究整体实力显著增强，成功组织了一批重大基础研究任务，如"嫦娥五号"实现地外天体采样返回；"天问一号"开启火星探测；"羲和号"实现太阳探测零的突破；"怀柔一号"引力波暴高能电磁对应体全天监测器卫星成功发射；"慧眼号"直接测量到迄今宇宙最强磁场；500米口径球面射电望远镜首次发现毫秒脉冲星；新一代"人造太阳"运行时间突破千秒；"雪龙2"号首航南极以及"祖冲之二号"和"九章二号"实现量子优越性。此外，在深海、深空、深地、深蓝等领域积极抢占科技制高点。如"海斗一号"成功实现万米下潜并完成科考应用；"奋斗者"号成功坐底；北斗卫星导航系统全面开通；"神舟十三号"顺利完成任务返回地球；"长征五号"遥三运载火箭成功发射；"神威·太湖之光"超级计算机首次实现千万核心并行第一性原理计算模拟；"墨子号"实现无中继千公里级量子密钥分发以及"深海一号"生产储油平台的正式投产，支撑我国海洋油气资源开发能力进入世界先进水平。

科技是国家强盛之基，创新是民族进步之魂。随着全球新一轮科技革命、产业变革和军事变革的加速演进，科学探索从各个尺度上向纵深拓展，以智能、绿色、泛在为特征的群体性技术革命将引发国际产业分工重大调整，科技创新成为国际战略博弈的主要战场，科技制高点的竞争空前激烈，颠覆性技术不断涌现，世界竞争格局正在重塑。因此，中国要强大、民族要复兴，必须大力推进科技创新。唯有勇立世界科技创新潮头，才能赢得发展主动权，为人类文明进步作出更大贡献。

四、大学生创新创意实践案例

青年大学生作为创新型人才的重要储备力量，这一特殊群体具有敢于探索未知、勇于创新、勇攀高峰、敢为人先的积极思维模式和精神状态，且大学时期正是培养其创新思维、创新能力的最佳时期，因此大学生应积极参与创新实践，塑造个人创新品质。大学生可以通过参与各类创新类比赛，如学校和社会组织的科技创新大赛、生活创意大赛、专业技术创新大赛、大学生创业挑战杯等，通过创新实践去体验和感知创新素养，不断开拓创新思维，提升创新能力，塑造创新品质。此外，学校也应积极宣传创新项目，组织相关的专业创新赛事，为学生提供创新实践平台，如组织烹饪美食大赛，让相关专业的学生将创新创意融入具体劳动实践中，也可以组织面向所有专业的摄影技能大赛、宿舍创意装扮比赛等。

劳动实践任务："我眼中的劳动之美"摄影技能大赛

一、任务描述

本次摄影大赛面向全体在校学生，以个人为参赛主体。围绕劳动精神、劳模精神和工匠精神，在作品中重点展现"我眼中的劳动之美"。由评委择优评选出若干名次并进行表彰。

二、任务目的

通过学生个体对劳动实践的观察、记录和思考，激发学生对创意实践活动的关注和参与；丰富校园文化生活内涵，进一步提高大学生艺术素养和综合素质；为宣传劳动精神、劳模精神和工匠精神搭建平台。

三、预期目标

知识目标：掌握摄影艺术、劳动教育相关知识，了解劳动美学。

技能目标：提升摄影技能，提高写作能力、创作能力；陶冶艺术情操，拓展美学思维、创意思维。

态度目标：提升美学思考，锻炼美学修养；培育创新精神、劳动精神，树立正确的劳动价值观。

体能目标：通过观察生活、拍摄照片，让大学生走出寝室、锻炼体能。

四、任务实施

【劳动准备】

1. 确定提交方式

参赛学生投送纪实类和艺术类作品均可，组照或单幅作品均可，组照作品每件限 4 幅。于 12 月 7 日，自带 U 盘拷贝至文化创意学院办公室。以文件夹形式提交，内容包括 JPEG 格式的照片和 100～200 字的文字说明。

2. 了解评审规则

要求主题突出、思想深刻、作品原创，表现积极向上的精神风貌；有新鲜的画面设计，有明确的表达角度，有巧妙的个性化视角；拍摄手法新颖、视觉冲击力强，层次丰富、细节清晰、构图合理，色彩搭配协调。

【劳动实施】

1. 评审和展示

评审委员会对摄影作品进行评选，并在学校官方网站、学生报刊、校园电视台等平台上展示获奖作品。

2. 设置奖项

设置一、二、三等奖，并颁发奖状、奖金或实物奖品，激励学生积极参与比赛、投身创意实践活动。

劳动评价

"我眼中的劳动之美"摄影技能大赛评价表

专业		班级		姓名	
学号		小组成员			
劳动项目		"我眼中的劳动之美"摄影技能大赛			
劳动流程	个人准备	明确大赛要求，精心准备参赛作品		15 分	
	工具准备	根据比赛需要，准确选用适宜的工具		10 分	
	劳动态度	积极参与比赛，不怕苦、不怕累		15 分	
	劳动纪律	严格遵守相关法律法规，避免侵权		15 分	
	团队配合	具有团队意识，具备解决问题的能力		15 分	
劳动成果	1. 完成摄影比赛的任务 2. 留存活动照片、视频等资料 3. 撰写心得体会			30 分	
自我评价	优秀□	良好□	合格□	不合格□	
小组评价	优秀□	良好□	合格□	不合格□	
教师评价	优秀□	良好□	合格□	不合格□	
综合评价	(综合评价由劳动实践指导教师填写，作为劳动实践学分评定的依据)				

任务演练

1. 谈一谈你所了解的文化创新、科技创新的案例。

2. 大学生该如何弘扬和践行创新精神？

第三节　　经典润乡土，助力乡村振兴

学习目标

1. 了解乡村振兴的重要战略意义，树立社会服务意识。
2. 探索大学生助力乡村振兴的基本路径，投身社会实践。

民族要复兴，乡村必振兴。2017 年 10 月 18 日，习近平总书记在党的十九大报告中指出，农业农村农民问题是关系国计民生的根本性问题，提出要按照"产业兴旺、生态宜居、乡风文明、治理有效、生活富裕"的总要求大力实施乡村振兴战略。乡村振兴是关系全面建设社会主义现代化国家的全局性、历史性任务，为高校劳动教育的开展提供了思想指引和行动指南。作为建设社会主义现代化强国主力军的青年大学生，应积极主动深入乡村进行劳动实践，这有助于大学生客观地认识农村、农民和我国农业发展的现状，有助于焕发自身劳动热情并提高服务社会的能力，在促进乡村事业发展的同时树立正确的劳动价值观。因此，本章节将重点阐述乡村振兴的基本内涵及其意义，并列举大学生助力乡村振兴的实践案例，旨在使学生认识到乡村振兴战略实施的必要性和紧迫性，使广大青年大学生能够积极参与乡村振兴项目，利用自身所见所学为建设现代化农业强国提供有力支持。

一、乡村振兴概述

（一）乡村振兴的基本内涵

乡村振兴是习近平总书记在党的十九大报告中提出的一项为解决我国农业、农民三个问题的重要战略，是按照产业兴旺、生态宜居、乡风文明、治理有效、生活富裕的总要求，推进农业农村现代化的一项重大决策部署。2018 年，中共中央、国务院印发了《关于实施乡村振兴战略的意见》，明确了实施乡村振兴战略的三个目标任务。第一，到 2020年，乡村振兴取得重要进展，制度框架和政策体系基本形成；第二，到 2035 年，乡村振兴取得决定性进展，农业农村现代化基本实现；第三，到 2050 年，乡村全面振兴，农业强、农村美、农民富全面实现。

当前，我国发展不平衡不充分问题在乡村最为突出，全面建设社会主义现代化国家，最艰巨最繁重的任务仍然在农村。为了全面实施乡村振兴战略，促进农业全面升级、农村全面进步、农民全面发展，加快农业农村现代化，2021 年 4 月 29 日，第十三届全国人民代表大会常务委员会第二十八次会议表决通过了《中华人民共和国乡村振兴促进法》，这标志着乡村振兴战略迈入有法可依、依法实施的新阶段。实施乡村振兴战略，是解决人民日

益增长的美好生活需要和不平衡不充分的发展之间的矛盾的必然要求，是实现"两个一百年"奋斗目标的必然要求，更是实现全体人民共同富裕的必然要求。

(二) 实施乡村振兴战略的意义

乡村是具有自然、社会、经济特征的地域综合体，兼具生产、生活、生态、文化等多重功能，与城镇互促互进、共生共存，共同构成人类活动的主要空间。乡村兴则国家兴，乡村衰则国家衰。我国人民日益增长的美好生活需要和不平衡不充分的发展之间的矛盾在乡村最为突出，我国仍处于并将长期处于社会主义初级阶段的特征很大程度上表现在乡村。全面建成小康社会和全面建设社会主义现代化强国，最艰巨最繁重的任务在农村，最广泛最深厚的基础在农村，最大的潜力和后劲也在农村。实施乡村振兴战略，是解决新时代我国社会主要矛盾、实现"两个一百年"奋斗目标和中华民族伟大复兴中国梦的必然要求，具有重大的现实意义和深远的历史意义。

实施乡村振兴战略是建设现代化经济体系的重要基础。农业是国民经济的基础，农村经济是现代化经济体系的重要组成部分。乡村振兴，产业兴旺是重点。实施乡村振兴战略，深化农业供给侧结构性改革，构建现代农业产业体系、生产体系、经营体系，实现农村一、二、三产业深度融合发展，有利于推动农业从增产导向转向提质导向，增强我国农业创新力和竞争力，为建设现代化经济体系奠定坚实基础。

实施乡村振兴战略是建设美丽新中国的关键举措。农业是生态产品的重要供给者，乡村是生态涵养的主体区，生态是乡村最大的发展优势。乡村振兴，生态宜居是关键。实施乡村振兴战略，统筹山水林田湖草系统治理，加快推行乡村绿色发展方式，加强农村人居环境整治，有利于构建人与自然和谐共生的乡村发展新格局，实现百姓富、生态美的统一。

实施乡村振兴战略是传承中华传统文化的有效途径。中华文明根植于农耕文化，乡村是中华文明的基本载体。乡村振兴，乡风文明是保障。实施乡村振兴战略，深入挖掘农耕文化蕴含的优秀思想观念、人文精神、道德规范，结合时代要求在保护传承的基础上创造性转化、创新性发展，有利于在新时代焕发出乡风文明的新气象，进一步丰富和传承中华优秀传统文化。

实施乡村振兴战略是健全现代社会治理格局的固本之策。社会治理的基础在基层，薄弱环节在乡村。乡村振兴，治理有效是基础。实施乡村振兴战略，加强农村基层基础工作，健全乡村治理体系，确保广大农民安居乐业、农村社会安定有序，有利于打造共建共治共享的现代社会治理格局，推进国家治理体系和治理能力现代化。

实施乡村振兴战略是实现全体人民共同富裕的必然选择。农业强不强、农村美不美、农民富不富，关乎亿万农民的获得感、幸福感、安全感，关乎全面建成小康社会全局。乡村振兴，生活富裕是根本。实施乡村振兴战略，不断拓宽农民增收渠道，全面改善农村生产生活条件，促进社会公平正义，有利于增进农民福祉，让亿万农民走上共同富裕的道路，汇聚起全面建设社会主义现代化强国的磅礴力量。

二、劳动实践融入乡村振兴

人才是最宝贵的资源，是加快建设农业强国的基础性、战略性支撑。2022年4月，习近平总书记在海南考察时提到"推动乡村全面振兴,关键靠人。"农村常住人口以老年人为主,实用人才和有效劳动力的匮乏成为影响和制约乡村发展的瓶颈问题。近年来,随着城镇化的快速推进,大批有知识、有文化的农村年轻人不断向城镇迁移,人才振兴成为乡村振兴的关键。乡村振兴战略的实施需要既有文化又爱农村、既会管理又会经营、既懂技术又懂管理的复合型人才。高等学校作为我国人才培养的主阵地,应成为社会参与乡村振兴的重要力量,开展劳动教育实践应积极对接乡村振兴战略,组织学生支持乡村、助力乡村和建设乡村,提高学生的知识水平和创新实践能力的同时,推动乡村振兴战略目标的顺利实现。

1. 大学生助力乡村振兴的意义

乡村振兴是一项涉及经济、政治、文化、生态和社会等多方面的系统工程,离不开人才的可持续供给。青年大学生是全面建设现代化农业强国的新兴力量,积极参与乡村振兴各项事业,有助于加快乡村建设的步伐,有助于全面推进社会主义现代化强国建设。同时,有文化、有素养的青年大学生融入乡村,不仅能够发挥学科专业优势,为乡村发展提供技术支撑,而且能够利用其文化优势,传播社会主义核心价值观,推动传统文化创新性发展与创造性转化,促进乡村文化的繁荣发展。

大学生助力乡村振兴,有助于促进学生就业和创业。随着我国教育水平的不断提高,高素质、高层次人才数量增加,在传统就业观的影响下,大学生求职时趋向稳定、体面、福利有保障的工作,另有部分学生自我期许过高,不了解自己所学专业之外的其他行业,致使很多大学生在就业过程中遇到阻碍,不能快速实现就业创业。因此,乡村振兴一定程度上能够促进大学生的就业与创业,学生通过参与乡村振兴的各项事业,能够客观地认识农业、农村、农民问题,在乡村劳动实践中深刻体会农业发展的重要性,从而转变对农村传统、落后、片面的刻板印象,进而拓宽就业思路。同时,在乡村振兴工作中,学生能够将理论与实践相联系,在劳动过程中充分锻炼自身专业技术和综合能力,有助于在毕业之后进行就业创业。

2. 大学生助力乡村振兴实践案例

党的十九大以来,青年大学生助力乡村振兴成为高校育人的重要途径。全国各高校开展过形式多种多样的乡村振兴实践项目,既有来自国家层面的顶层设计,也有各高校组织的"三下乡"服务项目,更有大学生自发地参与乡村志愿行动。如今,大学生在助推乡村创新创业、服务乡村基层组织、引领乡村文化教育、推进乡村环境整治、热心乡村公益等多方面发挥着显著作用。尤其是部分来自农村的大学生,作为新时代的新乡贤,生于斯、长于斯,以其专业的素质能力、特有的乡土情怀,服务乡村建设,滋养乡风文明,已成为汇聚乡村振兴强大合力的重要媒介。

随着新农村建设步伐加快及政府利农政策的不断推出,不少大学生回到农村,当起新型农民,以新担当、新作为展现乡村振兴新气象。回乡创业的大学生会将个人的成长与乡村振兴、农业现代化建设结合起来,展示出新时代大学生的风采。如毕业于昆明学院自动控制与机械工程学院的刘韬回乡创业,他所面临的第一道考题就是"选择什么项目"。2018年初,他偶然了解到魔芋产品具有良好市场,且价格一路上涨,这赋予了他创业的初步想法。"种植魔芋的条件要求比较高,我国只有部分特定地区能够种植。"通过调查,刘韬了解到自己老家通海县杨广镇罗凤村非常适合种植魔芋。打定主意后,刘韬辞职返回家乡开始种植魔芋。他种植10多亩魔芋,还聘请了10多个当地农民做帮工,取得了非常好的效益。今年，刘韬还准备进一步扩大种植规模，建立种植基地和加工厂，并计划开发魔芋新产品。刘韬的创业经历与过程反映出大学生可以借助自身的创造力，发掘当地文化，在此基础上推动当地的农产品命名、包装，以此打造当地农产品新品牌。

在物流网和互联网高速发展的今天，网络销售平台由于反应快、成本低等优势，催生了订单农业等新兴产销方式。许多回乡创业的大学生把目光投向农产品电商平台。譬如，从云南农业大学毕业的李昀然在读书期间就开始了关于回乡创业的思考，并制定了切实可行的方案。2018年6月大学毕业后，她回到家乡成立了元江县昊源热带水果开发有限公司。公司充分利用水果的原产地优势，与绿皮冰糖橙基地签下了"精品云南·一县一品"的授权，并以元江县电子商务协会的名义，将自然成熟期最早的绿皮冰糖橙推向了第20届厦门投洽会，取得了意想不到的效果。在随后的昆明绿色食品洽谈会上绿皮冰糖橙得到了农业专家高度评价，产品销售量一路上升。如今，李昀然正准备扩大公司规模，拓展多元化模式，充分利用互联网，优化电商平台水平，将本地优质水果推向全国，推向世界。

总的来说，大学生是推动乡村振兴的重要力量之一。大学生作为高素质的知识分子，有责任也有义务为乡村振兴尽自己的微薄之力。我们需要加深对乡村振兴的理解和探索，探寻符合当地情况的经验和成果，从而共同努力，让中华乡村再次绚丽起来。

劳动实践任务：返乡创业活动

一、任务描述

本次活动主要通过深入乡村进行劳动实践活动，增强大学生的综合能力和社会责任感，进一步客观地认识农村、农民和我国农业发展的现状，激发自身劳动热情，促进乡村事业发展的同时树立正确的劳动价值观，助推乡村经济全面进步。

二、任务目的

培育专业人才，推动乡村振兴。鼓励青年大学生返乡创业，以加快农业农村现代化，全面推进乡村振兴；引导学生主动融入乡村振兴，激发乡村经济活力，推进乡村建设。

三、预期目标

知识目标：了解乡村振兴战略和返乡创业政策，掌握相关经济知识。

技能目标：掌握市场调研技巧，具备基本的沟通表达能力和较好的组织能力。

态度目标：热爱家乡，走进乡土中国，在同人民结合中绽放青春；礼貌地与乡村当地人民进行沟通、交流与合作；弘扬劳动实践精神。

体能目标：让学生亲身体验市场调研、收集资料、投资洽谈等环节，达到锻炼体能的目标。

四、任务实施

【劳动准备】

1. 选择活动地点

根据团队成员的家乡情况，自主选择一个地点开展调研，确保活动能够顺利进行。

2. 确定活动时间

可以选择在寒暑假开展返乡活动，时间更为充裕，且不影响学业。

3. 准备相关物料

搜集当地农村发展情况，提前制作好调查问卷、访谈提纲等调研资料。

4. 制定活动方案

确定活动的负责人，由负责人制定活动方案，统筹安排本次返乡创业活动。按照方案内容，对团队成员进行分组、分工。

【劳动实施】

1. 实地调研

通过发放问卷进行市场调研，科学选择创业领域。可以结合所在地乡村特色来进行选择，如特色农产品(茶叶、五谷杂粮、水果、蔬菜)、乡村历史文化遗产(戏曲、古村落)、乡村传统工艺(非物质文化遗产)等。

2. 整理资料

深入地了解创业领域与当地农村的关系，整理相关资料。了解当地农村创业政策、大学生返乡创业政策，熟悉返乡创业基本流程和步骤；收集所选择的特色项目核心产品的具体资料，包括发展历史、历年产销量、产品特征等。

3. 制作计划

选择创业项目，确定创业模式，并制作创业计划书。

4. 创业洽谈

组织团队成员进行创业准备，选择投资商进行洽谈，完成返乡创业项目。

劳动评价

返乡创业活动评价表

专业			班级		姓名	
学号		小组成员				
劳动项目			返乡创业活动			
劳动流程		小组准备	了解返乡创业的政策法规，按照方案内容进行分工；根据选择的创业地点确定创业项目；制订返乡创业计划书			15 分
		工具准备	根据活动策划准备相关物料，如调查问卷、访谈提纲等调研资料			10 分
		劳动态度	积极参与返乡创业项目实践；认真查找、收集和整理相关资料；不轻易放弃，敢于创新			15 分
		劳动纪律	严格遵守劳动纪律，在返乡创业活动中保持严谨的作风，不嬉戏打闹，尊重当地风俗习惯			15 分
		团队配合	成员团结一心，严格执行各项分工，认真完成返乡创业实践项目			15 分

劳动项目	返乡创业活动			
劳动成果	1. 完成一次返乡调研或创业活动 2. 留存活动照片、视频等资料 3. 撰写返乡创业计划书			30分
自我评价	优秀□	良好□	合格□	不合格□
小组评价	优秀□	良好□	合格□	不合格□
教师评价	优秀□	良好□	合格□	不合格□
综合评价	(综合评价由劳动实践指导教师填写，作为劳动实践学分评定依据)			

任务演练

1. 结合实际，思考青年大学生该如何参与乡村振兴。
2. 小组合作，共同制作一份返乡创业计划书。

第九章

整合并发挥高校资源优势——提供教育服务

本章导读

　　高校作为传授科学知识的主要渠道，不仅是人才培养和科技创新的主阵地，还具有良好的教育资源优势，如底蕴深厚的文化内涵、超强的意识理念、雄厚的师资力量、高水平的科研优势、丰富的图书馆藏和现代化的教学设备等，各高校应充分发挥高校资源优势，齐心协力为社会提供教育服务。

　　一般而言，高校更要发挥积极担当、主动作为的精神，充分运用优质高等教育资源辐射效应，推动全民科学素养的提升。例如，充分利用大学资源面向社会开展科学普及活动，实现优质教育资源共建共享；在社会实践、科研活动中开展科普教育，将科普活动(语言文字、医疗健康、科学科技、文艺体育等)作为社会实践纳入培养方案，鼓励学生利用寒暑期实践等参与到科普教育活动中。

　　上述活动均有助于高校为社会提供教育服务功能，本章选取了普通话推广活动、乡村支教活动、红色革命活动等内容，作为高校发挥教育资源优势的主题活动。

第一节　　推广普通话，文明语同时代并肩

学习目标

1. 认识学习普通话、推广普通话的重要性。
2. 提升运用普通话、说好普通话的基本能力。
3. 掌握策划、组织和实施推普宣传活动的方法。

一、普通话的定义

普通话是现代标准汉语的另一个称呼，是以北京语音为标准音，以北方官话为基础方言，以典范的现代白话文著作为语法规范的通用语。汉语不等同于普通话，推广普通话并不是要人为地消灭方言，主要是为了消除方言隔阂，以利社会交际，与人们使用、传承方言并不矛盾。

二、推广普通话的意义

众所周知，我国是一个多民族、多语言、多方言的国家，普通话的推广普及对促进各民族、各地区的交流，维护民族团结，增强中华民族凝聚力有着不可估量的影响。

推广普通话(简称"推普")具有现实的重大意义，主要表现在：第一，大力推广普通话，有利于消除全国各地区语言隔阂，打破沟通壁垒，促进社会交往，对社会主义经济、政治、文化建设具有重要意义。第二，推广普通话，营造良好的语言环境，有利于促进人员交流、商品流通和建立统一的市场。第三，推广普通话有利于维护民族团结，加强民族团结。第四，推广普通话是加强国民综合素质教育的需要。素质是知识、能力和良知培养的综合反映。语言是思维表达的工具，是文化知识的载体，是交际能力的支撑，是素质形成和发展的基础，是文化建设的必要条件。第五，推广普通话是社会各界的内在要求。推广普通话能够提高企业队伍的文化素质和整体修养，促进政府、事业、学校、企业和行业之间的文化建设，帮助树立良好的形象，提高经济效益和社会效益，更加利好于社会发展与进步。我们正处在一个知识爆炸、经济发展的信息时代、国际化时代、科技化时代、人类融合与成长的时代。说普通话、写规范汉字是时代发展的必然趋势和要求，这既是提升国家形象的重要基础工程，也能为创新和改革发展创造良好的环境。

随着改革开放和社会主义市场经济的发展，推广普及普通话的需要越来越迫切。促进和规范民族共同语言文字的使用，不仅是提高人民语言能力的必要条件，也是建设综合实力强国的有力支撑。在中国现代化建设的历史进程中，大力推广和积极普及普通话，有利

于消除语言障碍，促进社会交往，对社会经济、政治、文化建设和社会发展都具有重要意义。总之，普及普通话符合全国各族人民的根本利益，既是文化强国的内在要求，也是建设和谐社会和全面服务小康社会的具体行动。

三、推广普通话的措施

2021 年 12 月，国务院办公厅公开了《关于全面加强新时代语言文字工作的意见》，明确了到 2025 年普通话在全国普及率达到 85%的目标，并提出了五项任务，包括：推广普及国家通用语言文字、推进语言文字基础能力建设、增强国家语言文字服务能力、推进中华优秀语言文化传承发展、提升中文国际地位和影响力。

为完成以上工作目标、进一步普及普通话，需要做好以下三个方面的工作。

(一) 明确推广普通话的相关要求

按照国家确定的"聚焦重点、全面普及、巩固提高"的新时代方针，推动普通话真正成为全社会通用的语言。师生在学校中须使用普通话进行授课和交流，使普通话成为教学语言。县以上各级以汉语播放的广播电台、电视台均须使用普通话，使普通话成为宣传工作的规范语言。全国机关团体、企事业单位进行公务活动中必须使用普通话，使普通话成为工作语言。国内不同民族、不同方言区以及来自农村地区的人员交往时要使用普通话，使普通话成为全国的通用语言。

(二) 注重普通话测试和推广活动

普通话水平测试和各类推广活动是普通话普及工作中的重要组成部分，是使推广普通话工作逐步走上规范化、标准化、信息化、常态化的重要举措。

具体措施如下：

(1) 推进普通话水平测试，建立完善学生语言文字应用能力监测和评价标准。

(2) 开展"职业技能+普通话"能力提升培训，提高青壮年劳动力的普通话语言应用水平。如，大力推动语言文字与人工智能、大数据、云计算等信息技术的深度融合，加强人工智能环境下自然语言处理等关键问题研究和原创技术研发。

(3) 开展推广普通话宣传周和常态化宣传活动，鼓励学生积极参与，增强全社会规范使用国家通用语言文字的意识。

(4) 组织开展"中华经典诵写讲比赛""语言文化研修""经典润乡土"等活动，积极推进中华优秀语言文化传承发展。

(三) 规范日常使用的语言词汇

建设书香校园，提高青年大学生的国家通用语言文字听说读写能力和语文素养，要在注意语音规范的基础上，规范日常使用的语言词汇、语法，这在相当程度上会影响学生普通话水平的高低，也会影响当代青年的实际交流情况。

具体措施包括：

(1) 加大语言文字规范化建设力度，强化学校、新闻出版、广播影视、网络信息、公共服务等领域语言文字监督检查，将语言文字规范化要求纳入文明校园、文明村镇、文明单位创建内容。

（2）加强对新词新语、字母词、外语词等的监测研究和规范引导。

（3）加强语言文明教育，强化对互联网等各类新媒体语言文字使用的规范和管理，坚决遏阻庸俗暴戾网络语言的传播，建设健康文明的网络语言环境。

拓展阅读

"塑料普通话"引发的笑话

故事一：

张爷爷在大声叫卖："卖月饼了，四块钱十个。"于是很多人围上去买"便宜"月饼，付款时才明白张爷爷的月饼是十块钱四个。

故事二：

街上卖鱼的扯着嗓子一个劲地喊着："鱼啦，鱼啦。"旁边卖枣的也不甘示弱，紧接着嚷："糟(枣)啦，糟(枣)啦。""鱼啦，鱼啦。""糟(枣)啦，糟(枣)啦"。卖鱼的越听越不对劲，觉得卖枣的好像故意和他作对，于是两个人争吵起来。

故事三：

一个北方人在广州某公园打听"缆车"在哪里，广州人给他指路。北方人按照对方所指方向走去，找到的是"男厕"。

【想一想】

（1）对于学好普通话，你有哪些好的建议？

（2）请你回忆一下，在过往的学习、工作和生活中，是否发生过在交流上因普通话不标准或者不会说普通话而造成的交流障碍情况？谈谈你对推广普通话的必要性的认识。

劳动实践任务：普通话朗诵大赛

一、任务描述

本次活动主要是通过朗诵中华传统经典诗词行动，深入社区幼儿园(养老院)，构建规范优美、生动有趣的语言环境，促进每一位幼儿(老人)想说、敢说、会说，形成共同说好普通话、做文明人的融洽氛围。

二、任务目的

通过推普活动充分调动在校大学生推普活动的积极性，促使大学生们走出宿舍，服务社区，在躬行实践的过程中，锤炼专业素养，提升道德修养。

三、预期目标

知识目标：温习回顾普通话基本理论知识，强化普通话意识。

技能目标：增强学生的文明意识，自觉讲普通话，做文明大学生。

情感目标：使学生深刻认识到说普通话的重要性，形成说普通话的能力，营造使用文明语的氛围。进一步增强学生的实践能力与劳动意识，塑造良好的责任心与团队协作的品质。

四、任务实施

【劳动准备】

1. 动员工作

外部：学校应提前与社区幼儿园(养老院)取得联系，征求对方的同意，确定实践活动开展的时间、活动范围、具体内容等。

内部：利用班会时间，辅导员或班主任老师需要充分细致地介绍活动项目的目标、内容及意义，做好宣传动员工作，从而激发同学们的兴趣，增加同学们的参与度。

2. 确定活动时间

普通话推广宣传活动的时间，可以选择在每年的5月或者9月，因为5月是劳动月，而9月是推普月，因此，在此期间开展推普宣传活动具有更显著的意义和价值。

【实践准备】

1. 前期准备

准备推普宣传活动相关物料。

2. 知识储备

了解普通话的定义、推广普通话的意义。

3. 分工合作

完成活动策划书，将本班同学进行分组和分工。确定活动的负责人，由负责人来制订活动方案，统筹安排宣传活动。

根据课程内容，可以将实践任务参与者分为四个小组：

第一组为协调组，专门负责与活动相关的各项工作的组织与协调；

第二组负责主办活动，统筹活动全局；

第三组为宣传组，负责布置音响设备、贴挂横幅等，向参与活动的观众发放传单，以及对普通话知识进行宣讲；

第四组为后勤组，主要负责活动所需物资的购买、发放与后勤保障等事务。

4. 制作道具

制作推普手绘展板。首先，确定与推普相关的手绘展板主题；接着，设计结构和搭建框架，主题放在突出、鲜明的位置，将不同的内容呈现在不同的板块上。在划分完展板的结构之后，再根据前期准备的相关资料，来确定各个版面的内容。最后，书写标题和正文内容，在正文周围手绘装饰，使整个展板实现知识性与观赏性相结合的目的。

5. 设计物料

设计普通话朗诵大赛活动宣传物料。根据本次朗诵大赛的主题设计相关的宣传物料。注意在进行宣传单的插图设计时，要做到颜色鲜艳、配色合理等。最后要列明时间、落款，将本次宣传活动涉及的知识装订成宣传单或者宣传册。

【劳动实施】

1. 布置活动场地

将制作好的手绘展板、桌子、音响、横幅等物料安置在相应的位置，注意展板应摆放在人流量大且不妨碍交通的位置。

2. 小组分工合作

(1) 主持人按照活动流程主持，带动现场气氛，吸引周围路过的居民、村民或者同学们围观，从而达到推广普通话的目的。

(2) 协调组负责调试好音响设备，播放合适的音乐。

(3) 宣传组发放比赛传单，用流利的普通话向社区群众普及普通话相关知识，并邀请社区群众积极报名参与普通话朗诵比赛。

3. 比赛环节

活动设置：少儿组、青年组、老年组，每组成员用普通话朗诵作品，每组选出冠亚季军，并颁发纪念品。

活动评委：学院语文老师、辅导员、社区工作人员。

4. 活动结束

组织人员收拾场地，保持活动场地的干净卫生。

【注意事项】

(1) 加强校外学生的行为教育。强调组织性、纪律性，说文明语，做文明人。

(2) 加强学生安全教育，确保学生的人身安全、交通安全等。

劳动评价

普通话朗诵大赛活动评价表

专业			班级		姓名	
学号		小组成员				
劳动项目		朗诵大赛宣传活动				
劳动流程		小组准备	针对具体的推普宣传活动制订策划方案，按照方案内容进行分工，并搜集活动背景资料			15 分
		工具准备	根据活动策划准备宣传活动物料及宣传资料，如音箱、横幅、宣传单、展板等			10 分
		劳动态度	积极参加活动宣传，不怕苦、不怕累，通过活动学习普通话知识、提高普通话运用能力，增强社会责任感			15 分
		劳动纪律	严格遵守劳动纪律，在推普宣传活动中，不嬉戏打闹，杜绝活动中的危险行为			15 分
		团队配合	团队成员团结一心，听从指挥，遵守推普宣传活动的安排，严格执行各项分工			15 分
劳动成果			1. 留存活动照片、视频、活动简报 2. 撰写活动心得体会 3. 能与身边的家人、朋友分享推普的重要性			30 分

续表

自我评价	优秀□	良好□	合格□	不合格□	
小组评价	优秀□	良好□	合格□	不合格□	
教师评价	优秀□	良好□	合格□	不合格□	
综合评价	(综合评价由指导劳动实践的教师填写，作为劳动实践学分评定依据)				

任务演练

1. 以自己家乡为实践基地，编写一份推普计划书。
2. 主动参加一次推普活动，做好推普志愿者工作。

第二节　晴天"三下乡"，开展乡村支教活动

学习目标

1. 了解大学生参与乡村支教活动的意义、方式及途径。
2. 掌握策划、组织和实施乡村支教活动的基本方法。

当前，中国特色社会主义进入了一个新时代。我国社会的主要矛盾已经转化为人民日益增长的美好生活需要和不平衡不充分的发展之间的矛盾。推动教育公共服务和教育资源的均等化，缩小东西部地区教育水平的差距，通过"扶贫先扶智"等方式，来增强贫困地区的自我发展的能力，阻止贫困现象代际传递，是精准扶贫的内在要求。党的十八大以来，国家采取了许多政策和措施，加大教育扶贫力度，力争使每个乡村儿童都能接受公平且有质量的教育。

2017 年，中共中央、国务院印发并实施《中长期青年发展规划(2016—2025 年)》，提出：要"科学配置教育资源。加大公共教育投入向中西部和民族边远贫困地区的倾斜力度，逐步缩小地区间教育资源差距。"要求组织动员广大青年积极投身脱贫攻坚事业，充分发挥青年企业家、青年科技工作者、青年致富带头人、青年志愿者等群体作用，为贫困地区改善区域发展环境、促进经济社会发展提供资金、人才、技术、管理等支持。该计划还提出，要注重实践能力的培养，引导广大青年增强使命感和责任感，自觉把对生活的追求融入党和国家的事业中。由此，大学生志愿者的支教活动不仅仅是其自身发展的重要一步，还对我国的教育事业有着不可估量的重要意义。

一、大学生乡村支教的重要意义

(一) 提升综合素质

习近平总书记指出："要坚持知行合一，注重在实践中学真知、悟真谛，加强磨炼、增长本领。"社会是最好的大学课堂，坚持投身乡村、实践支教，对于大学生的成长成才至关重要。通过乡村支教活动，青年学生们可以磨炼意志品质，锻炼团队协作和管理能力，进一步提升自身的综合素质，从而为今后的工作生活打下基础。同时，在乡村支教期间，大学生们通过与基层劳动人民的接触，能够衍生出尊重劳动人民与劳动成果的情感，培养关注时代、关注社会、忧国忧民的意识，在祖国最需要的地方淬炼青春、茁壮成长。

(二) 缩小教育差距

当前乡村教育师资整体水平不高，城乡教育之间仍存在较大差距。总体来说，乡村学校中年轻老师匮乏、大龄老师知识更新慢。而大学生投身乡村开展支教，一定程度上缩小了城乡教育水平的差距。在校大学生利用部分寒暑假的时间，或者毕业前实习的时间前往贫困地区参加国家支持贫困山区教育的支教活动，针对平常缺乏教育资源和正规知识的乡村学生，通过国家政策的帮扶来减小教育水平之间的差异，使得教育匮乏的贫困地区学生也能够享受到更广阔的学习世界。本质上来说，大学生乡村支教是一种影响力深远的社会公益行为，对于社会教育事业的发展和农村学生的成长具有深刻意义。

(三) 助推乡村振兴

习近平总书记深刻指出，"实施乡村振兴战略是关系全面建设社会主义现代化国家的全局性、历史性任务。"教育在乡村振兴中发挥着基础性、先导性作用，实现巩固拓展教育脱贫攻坚成果同乡村振兴有效衔接，以振兴乡村教育赋能乡村振兴，是教育的职责和使命。因此，乡村教育兴则乡村兴，教育是乡村的重要支柱，承担着为乡村发展提供人才条件、文化条件等重要功能。对于贫困地区的学生来说，大学生乡村支教活动能够扩宽山区学生对于主流知识的接触路径，使得他们更好地适应社会发展，利用所学知识为国为己谋福祉，最终成为助推乡村振兴的主力军。

二、大学生乡村支教的实施途径

(一) 国家官方支教途径

国家政府部门组织的支教项目具有规范性和权威性，具体包括：

(1) 团中央教育部等四部委联合发起的"大学生志愿服务西部计划"，应届毕业生可以通过高校团委详细了解该项目。

(2) 本省组织的志愿者支教活动，应届毕业生可以通过本省团省委的官方网页、公众号或小程序等方式获取信息、参与报名。

(3) 由中央组织部、人事部(现人力资源和社会保障部)、教育部、财政部、农业农村部、卫生部(现国家卫生健康委)、国务院扶贫办(现国家乡村振兴局)、共青团中央等联合组织的"三支一扶"计划，可以通过政府官网、新闻媒体、学校官网等多个渠道查看具体要求。

(4) 由共青团中央、教育部共同组织的中国青年志愿者研究生支教团，需要向高校所在系院进行咨询。

(二) 非国家官方支教途径

非国家官方支教项目由个人发起(也称为草根支教组织)，具体包括：

(1) 由需要老师的学校或知道某学校需要老师的人员自行在网上发帖，招募支教老师，提供一定补贴。

(2) 常年组织招募、培训、派遣到定向支持村小的社会团体(如好友营支教、大凉山起航公益助学、天使支教、吉林省青少年之家爱心学校)，提供意外伤害保险、每月补贴以及教学支持。

(3) 依托大学社团发起的短期或假期项目，时间几天到一个月不等。

(4) 部分公益组织(如益微青年、萤火公益等)专门支持大学生在暑期为乡村儿童开展夏令营活动，补充乡村儿童缺乏的阅读、游戏、艺术等课外活动，使大学生和儿童在平等对话中共同成长。

参加民间组织的短期支教活动，可以去中华支教与助学信息中心(CTA)报名参加。它整合了中国大部分草根支教组织的支教信息，是无利益接触组织的先驱、倡导者和实践者，主要负责支教和助学信息的收集、核实、发布、宣传以及统筹工作。

三、大学生乡村支教的优惠政策

(一) 大学生志愿服务西部计划

参加该计划的大学生志愿者除享受国家规定的高校毕业生就业优惠政策外，还可以享受以下政策：一是服务期间中央财政给予的必要生活补贴；二是服务期间计算工龄，党团关系转至服务单位；三是服务期满考核合格的，报考研究生给予加分，在同等条件下，优先录取，具体规定在当年的研究生招生政策中予以明确；四是服务期满考核合格报考党政机关公务员的，可适当加分，同等条件下，应优先录用，具体规定由省级公务员考试录用主管机关在当年招考中予以明确；五是服务期满将对志愿者作出鉴定，并存入本人档案，考核合格的，颁发证书，作为志愿者服务经历和就业、创业的证明；六是服务期为1年、服务期满考核合格的授予中国青年志愿服务铜奖奖章，服务期为2年、服务期满考核合格的授予中国青年志愿服务银奖奖章，表现优秀的授予中国青年志愿服务金奖奖章，表现特别优秀的推荐参加中国青年五四奖章、中国十大杰出青年、中国十大杰出青年志愿者、国际青少年消除贫困奖等评选等。

(二) "三支一扶"计划

服务期满、考核合格的"三支一扶"大学生报考公务员、硕士研究生、事业单位工作人员和自主创业的，享受省委、省政府办公厅《关于引导和鼓励高校毕业生面向基层就业的实施意见》文件规定的优惠政策。具体规定如下：

(1) 原服务单位有职位空缺或有相对应的自然减员需补充人员时，要聘用服务期满考核合格的"三支一扶"大学生，相关事业单位公开招聘工作人员，应拿出不低于40%的比例，聘用具有两年以上基层工作经历的高校毕业生，在同等条件下要优先聘用"三支一扶"大学生。

(2) 对于准备自主创业人员，可享受行政事业性收费减免、小额贷款担保和贴息等有关政策。

(3) 服务期满且考核合格的"三支一扶"毕业生可以享受一定的政策加分或同等条件优先录用。

(4) 到西部地区和艰苦边远地区服务2年以上，服务期满后3年内报考硕士研究生，同等条件下优先录取。

(5) 服务期满考核合格的"三支一扶"大学生，根据本人意愿可以回到原籍或到其他地区工作，凡落实了接收单位的，接收单位所在地区应准予落户。

(6) 进入国有企事业单位时，由接收单位按照所任职务比照同等条件人员确定其职务工资标准，其服务期限计算为工龄，在今后晋升中高级职称时，同等条件下优先评定。

劳动实践任务："科学实验进农村"活动

一、任务描述

本次活动主要是在乡村小学传播科学知识，让乡村学生用自己的眼睛去发现、用自己的双手去创造、用自己的思维去想象、用自己的行动去接近科学，走进科学神秘的世界，感受科学的魅力。

二、任务目的

通过科学知识传播活动，增强学生对科学的认知，让学生在科技实践活动中体验科学探究活动的过程与方法，并学会生活、学会创新，营造爱科学、用科学的良好氛围，促使学生更好地获得科学知识、提高实践能力，促进综合素质和能力的整体发展。

三、预期目标

知识目标：学习科学知识的理论基础，激发学生们探索科学知识的欲望。

技能目标：通过学习科学知识，激发学生们对知识的探索欲，进而提高动手能力，并开发其创造力。

情感目标：让学生们认识到学习的重要性，在浩瀚的宇宙之中，还有很多知识需要学习、探索，进而激发学生们的求知欲。

四、任务实施

【劳动准备】

1. 选择活动地点

本次乡村支教活动对象面向乡村小学。具体地点结合实际情况自主选择，保证活动能够顺利进行即可。

2. 确定活动时间

活动时间可以自由选择，也可以选择暑假(7～8月)。

3. 准备宣传活动相关物料

搜集科学实验相关知识，用于制作宣传资料。

4. 制定活动方案并分配任务

确定本次活动的负责人，由负责人制订活动方案，统筹安排本次支教活动。按照活动方案内容，将本班同学分组。可以分为4个小组：

第1组为协调组，专门负责与活动相关的各项工作的组织与协调；

第2组为教学组，负责科学知识教学活动；

第3组是宣传组，负责布置音响设备、设计宣传海报、贴挂横幅等，并向参与活动的观众发放科学知识宣传单；

第4组是后勤组，主要负责活动所需物资的购买、发放与后勤保障等。

【劳动实施】

1. 布置活动场地

将制作好的科学知识手绘展板、桌子、音响、横幅等物料安置在相应的位置，注意展板应摆放在人流量大且不妨碍交通的位置。

2. 各小组分工合作

按照前期分组安排，各小组成员承担相应的任务，并与其他组协调配合。教学组根据各自负责的科学实验在展摊前讲解；协调组调试好音响设备，播放音乐；宣传组发放宣传单并邀请学生参加科学实验活动等。

3. 科学实验展示

(1) 播放《走进科学》宣传视频，吸引学生围观。

(2) 教学组成员展示并讲解各自负责的科学实验，注意讲清实验原理。

4. 活动结束

学生代表发言，带队老师进行总结。所有参与本次科学实验活动的成员一起整理活动场所，做到"人走地净"。

【注意事项】

(1) 科学实验要注意实验的规范化操作，必须穿戴好必要的防护用品，如工作服、手套、防护眼镜。

(2) 本次活动是面向乡村学生开展科学知识传播活动。活动开始前，要跟乡村学校、村委会工作人员充分沟通，确定活动时间和地点，确定接送车辆、物资准备等详细内容。

劳动评价

科学实验宣传活动评价表

专业		班级		姓名	
学号		小组成员			
劳动项目		科学实验宣传活动			
劳动流程	小组准备	针对具体的科学实验宣传活动制订策划方案，按照方案内容进行分工，并搜集活动背景资料			15 分
	工具准备	根据活动策划准备科学实验活动物料及宣传资料，如音箱、横幅、宣传单、展板等			10 分
	劳动态度	积极参加科学实验活动，不怕苦、不怕累，通过活动学习科学文化知识，增强社会责任感			15 分
	劳动纪律	严格遵守劳动纪律，在活动中，不嬉戏打闹，杜绝活动中的危险行为			15 分
	团队配合	团队成员团结一心，听从指挥，遵守活动的安排，严格执行各项分工			15 分

续表

劳动成果	1. 完成小组项目任务 2. 留存活动照片、视频、活动简报 3. 撰写活动心得体会				30 分
自我评价	优秀□	良好□	合格□	不合格□	
小组评价	优秀□	良好□	合格□	不合格□	
教师评价	优秀□	良好□	合格□	不合格□	
综合评价	(综合评价由指导劳动实践教师填写，作为劳动实践学分评定依据)				

任务演练

　　将参与科学实验宣传活动的整个过程以视频、文字的形式记录下来，并对整个科学实验宣传活动过程中遇到的挫折、取得的收获进行总结。

第三节　　奏响主旋律，重温红色革命事迹

学习目标

1. 认识大学生学习红色革命精神的重要性。
2. 掌握策划、组织和实施红色革命宣传活动的方法。

一、红色革命文化概述

习近平总书记在十九届中央政治局第三十一次集体学习时发表重要讲话指出："红色是中国共产党、中华人民共和国最鲜亮的底色，在我国 960 多万平方公里的广袤大地上红色资源星罗棋布，在我们党团结带领中国人民进行百年奋斗的伟大历程中红色血脉代代相传。"红色革命包括了中国共产党波澜壮阔的革命史、惊天动地的建设史和披荆斩棘的改革史，孕育出了丰富多彩的红色资源，淬炼了昂扬向上的红色文化。一部中国共产党的百年奋斗史，就是红色革命文化生成、发展、凝练的历史。无论是革命战争年代的红船精神、井冈山精神、长征精神、延安精神，或是社会主义建设时期的"两弹一星"精神、大庆精神、雷锋精神，还是改革开放与新时代的抗震救灾精神、奥运精神、载人航天精神等，都早已熔铸为共产党人红色文化的根与魂，成为激励一代代共产党人砥砺奋进的信仰之基、精神之钙、思想之舵。这些伟大的红色革命精神跨越时空、永不过时。它是中国共产党带领中国人民从站起来、富起来到强起来的精神引擎，也是当代中华民族筑牢民族自信、文化自信的坚实基础。

二、发扬红色革命文化的意义

中国革命文化是对中华优秀传统文化的继承和弘扬，是以中国共产党领导全国各族人民进行革命的伟大实践为基础创立的新文化形态，是永葆青春、与时俱进的文化。红色革命不仅是一个"老调重弹"，而是一个标志着与众不同的、有时间标记的、与时代脉搏紧密相连的现实概念。

革命文化是中国共产党人、先进知识分子和人民共同创造的具有中国特色的先进文化，它继承了中华民族优秀的传统文化，领导和发展了社会主义先进文化，在中华文明的悠久历史中发挥了继承、整合和发展创新的作用，是中华民族最独特的精神象征。继承和发扬红色革命文化，是发扬革命先辈的伟大革命精神，推进党的建设新的伟大工程，实现中国梦，建设社会主义强国的需要，对于抵制西方意识形态的渗透和侵蚀，具有重大的现实意义。

革命文化继承了中华优秀传统文化的基因。中国传统文化源远流长，博大精深，积淀了中华民族最深厚的精神追求，蕴含着中华民族最根本的精神基因，蕴含着与中国共产党有关的内容，中国革命文化不仅为中华民族的生命周期、发展壮大提供了丰富的养分，而且为人类文明的进步作出了独特的贡献。

三、发扬红色革命文化的措施

(一) 学习红色革命历史

习近平总书记指出，党的历史是最生动、最有说服力的教科书。新时代青年要深入学习党史，从百年党史这本丰厚的教科书中汲取前行的智慧和力量，做到学史明理、学史增信、学史崇德、学史力行，努力成为担当民族复兴大任的时代新人。通过学习红色历史，深刻感受党领导广大人民建立新中国、确立社会主义制度、开创中国特色社会主义的不易；深刻感受党团结带领广大人民，统揽伟大斗争、伟大工程、伟大事业、伟大梦想，创造了新时代中国特色社会主义的伟大成就。最终坚定理想信念，树立对马克思主义的信仰、对中国特色社会主义的信念、对中华民族伟大复兴中国梦的信心。

(二) 运用红色革命资源

习近平总书记指出："在党史学习教育中，要充分运用红色资源，教育引导广大党员、干部坚定理想信念、铸牢初心使命，不断增强斗争精神、提高斗争本领，做到在复杂形势面前不迷航、在艰巨斗争面前不退缩。"红色资源是中国共产党红色革命历史的见证，是宝贵的精神财富、不可替代的珍贵资源，要用心用力保护好、管理好、运用好。深入开展红色资源专项行动，挖掘红色资源背后的思想内涵，生动形象地传播红色文化。如深入党史馆、纪念馆、烈士陵园等革命传统教育基地，创新开展主题党日、团日活动，通过仪式感召接受红色精神的洗礼。

(三) 讲好红色革命故事

讲好红色革命故事，进一步增强红色革命文化的吸引力。百年党史中有很多感人肺腑的动人故事，新时代青年应积极利用新媒体平台的优势，主动讲好党的故事、革命的故事、根据地的故事、英雄和烈士的故事。如参加红色故事访写活动，把老红军、老八路、老党员的故事传承下去，把红色村史、家史、脱贫史记录下来，将红色人物群像和精神图谱倾注笔端；以革命历史文献为重点，到档案史志部门和田野乡村中，助力红色档案搜集整理；遴选主题鲜明、内容精彩、情节生动的鲜活故事，开展形式多样的"党史+"学习模式，用真人真事和真情实感唱响主旋律，壮大青春正能量。

拓展阅读

我们一定要牢记红色政权是从哪里来的、新中国是怎么建立起来的，倍加珍惜我们党开创的中国特色社会主义道路，坚定道路自信、理论自信、制度自信、文化自信。革命理想高于天。理想信念之火一经点燃，就永远不会熄灭。在中央苏区和长征途中，党和红军就是依靠坚定的理想信念和坚强的革命意志，一次次绝境重生，愈挫愈勇，最后取得了胜利，创造了难以置信的奇迹。

——2019 年 5 月，习近平在江西省于都县参观中央红军长征出发纪念馆时强调

"半条被子"的故事充分体现了中国共产党的人民情怀和为民本质。长征途中，毛泽东同志指出，中国工人、农民、兵士以及一切劳苦民众的出路在共产党主张的苏维埃红军，我们一定会胜利。今天，我们更要坚定道路自信，兑现党的誓言和诺言，同人民群众风雨同舟、血肉相连、命运与共，继续走好新时代的长征路。

——2020 年 9 月，习近平在湖南省郴州市汝城县文明瑶族乡沙洲瑶族村考察调研时强调

在一百年的非凡奋斗历程中，一代又一代中国共产党人顽强拼搏、不懈奋斗，涌现了一大批视死如归的革命烈士、一大批顽强奋斗的英雄人物、一大批忘我奉献的先进模范，形成了井冈山精神、长征精神、遵义会议精神、延安精神、西柏坡精神、红岩精神、抗美援朝精神、"两弹一星"精神、特区精神、抗洪精神、抗震救灾精神、抗疫精神等伟大精神，构筑起了中国共产党人的精神谱系。我们党之所以历经百年而风华正茂、饱经磨难而生生不息，就是凭着那么一股革命加拼命的强大精神。

——2021 年 2 月，习近平在党史学习教育动员大会上的讲话

劳动实践任务：红色革命事迹诵读活动

一、任务描述

本次活动主要是通过深入基层社区开展红色革命事迹展示、派发宣传单和诵读活动，引导社区居民加强对红色革命的认识，发扬红色革命精神。

二、任务目的

充分调动大学生学习红色革命事迹的积极性，传承红色革命事迹，使文化长河更加源远流长，让学生在躬行实践的过程中，锤炼专业素养，提升道德素养，对红色革命事迹有更深层次的了解。

三、预期目标

知识目标：重温红色革命事迹的相关故事，强化红色革命思想。

技能目标：增强学生对红色革命的认识，主动接受红色革命事迹的熏陶，自觉了解更多的红色革命事迹，培养红色革命的优秀品质。

情感目标：通过红色革命事迹故事的熏陶，感悟到革命先烈们的奉献精神，进而更加明白现有的和谐社会的来之不易，珍惜当下的生活，努力学习更多的知识，将来报效祖国。

四、任务实施

【劳动准备】

1. 动员工作

外部：提前与社区、党校、文化部门取得联系，在征求对方同意后，确定实践活动开展的时间、活动、活动的范围、具体内容。

内部：利用班会的时间，辅导员或班主任老师需要充分细致地介绍活动的目标、内容及意义，做好宣传动员工作，从而激发同学们的兴趣，增加同学们的参与度。

2. 确定活动时间

诵读活动时间可以自由选择，也可以选择每年的 9 月 3 日。由于这一天是"中国人民抗日战争胜利纪念日"，若能在此时间开展宣传活动更具有价值和意义。

3. 准备宣传活动相关物料

搜集红色革命事迹、政策，用于制作宣传资料，准备音响、相机、桌子等，购买活动礼品，制作横幅、宣传单和展板等物料。

4. 制定活动方案并分配任务

确定本次活动的负责人，由负责人制订活动方案，统筹安排本次诵读宣传活动。按照活动方案内容，将本班同学分组。可以分为 4 个小组：

第 1 组为协调组，专门负责与活动相关的各项工作的组织与协调；

第 2 组为参演组，负责主持、演讲活动；

第 3 组是宣传组，负责布置音响设备、贴挂横幅等，并向参与活动的观众发放宣传单，引导社区居民参与活动；

第 4 组是后勤组，主要负责活动所需物资的购买、发放与后勤保障等。

5. 制作活动手绘展板

第一步：确定与红色革命事迹诵读相关的手绘展板主题；

第二步：设计结构和搭建框架，主题放在突出、鲜明的位置，分板块各自承载一部分内容。在划分完展板的结构之后，根据前期准备的相关资料，确定各个版面的内容，书写标题和正文内容，在正文周围手绘装饰，使整个展板实现知识性与观赏性的结合。

【劳动实施】

1. 布置活动场地

将制作好的手绘展板、桌子、音响、横幅等物料安置在相应的位置，注意展板应摆放在人流量大且不妨碍交通的位置。

2. 各小组分工合作

(1) 主持人按照活动流程主持，带动现场气氛，吸引周围路过的居民、村民或者同学们围观，从而达到宣传活动的目的。

(2) 协调组负责调试好音响设备，播放合适的红色革命相关音乐。

(3) 参演组成员按照出场顺序提前彩排，注意确定每个人宣讲的故事，以免出现雷同的情况。

3. 诵读环节

活动设置：参演组成员依次上台诵读红色革命事迹，活动穿插互动提问环节，调动社区人员的积极性。最后由领读员带领全体成员唱国歌。

活动嘉宾：学院主要领导、辅导员、社区工作人员。

4. 活动结束

组织人员收拾场地，保持活动场地的干净卫生。

【注意事项】

1. 加强校外学生的行为教育。强调组织性、纪律性，说文明语，做文明人。

2. 加强学生安全教育，确保学生的人身安全、交通安全等。

劳动评价

红色革命事迹诵读进社区活动评价表

专业		班级		姓名	
学号		小组成员			
劳动项目		红色革命事迹诵读进社区活动			
劳动流程	小组准备	针对具体的宣传活动制订策划方案，按照方案内容进行分工，并搜集活动背景资料			15分
	工具准备	根据活动策划准备宣传活动物料及宣传资料，如音箱、横幅、宣传单、展板等			10分
	劳动态度	积极参加活动宣传，不怕苦、不怕累，通过活动学习红色革命知识、提高个人素养，增强社会责任感			15分
	劳动纪律	严格遵守劳动纪律，在推普宣传活动中，不嬉戏打闹，杜绝活动中的危险行为			15分
	团队配合	团队成员团结一心，听从指挥，遵守宣传活动的安排，严格执行各项分工			15分
劳动成果		1. 积极完成本次诵读红色事迹活动 2. 留存活动照片、视频、活动简报 3. 撰写活动心得体会			30分
自我评价	优秀□	良好□	合格□	不合格□	
小组评价	优秀□	良好□	合格□	不合格□	
教师评价	优秀□	良好□	合格□	不合格□	
综合评价	(综合评价由指导劳动实践教师填写，作为劳动实践学分评定依据)				

任务演练

红色革命事迹诵读进社区活动结束后，撰写一份活动心得，讲述自己对参加红色革命事迹诵读进社区活动的感受，并对本次活动进行评分，指出可以进行改进、优化的地方，为今后类似活动做好准备。

第十章

推广并传承中国传统文化——化身中华文化使者

本章导读

　　2019 年，《国家职业教育改革实施方案》指出，要把发展高等职业教育作为优化高等教育结构和培养大国工匠、能工巧匠的重要方式，推进高等职业教育高质量发展。国务院前总理李克强在 2017 年的《政府工作报告》中指出，"质量之魂，存于匠心。"要大力弘扬工匠精神，厚植工匠文化，恪守职业操守，崇尚精益求精，培育众多"中国工匠"。在高职院校中，大多数学生在未来将从事制造业、服务业等相关工作，因此，学生需要掌握一技之长，需要追求工作技艺的精湛，更需要发扬精益求精、执着追求的精神，成为适应社会发展所需的技能型人才。这在一定程度上体现出大国工匠精神在新时代劳动教育实践中的重要性。在源远流长的中华传统文化中，中华传统技艺呈现了扎根在民族文化基础上的大国工匠精神，并在潜心技艺、甘于奉献、追求极致的大国工匠身上反映出来，能真正引领同学们在劳动教育中学习工匠身上乐于奉献、专注一心、不图虚名的情怀和精神。可见，将"中华传统技艺"融入高职劳动教育课程中，能真正发挥出"大国工匠精神"的作用，能真正凸显出中华文化蕴含的人文教育价值。

　　本章通过完成剪纸作品、参与研学实践、了解非遗技艺等内容，激励当代大学生自觉践行与弘扬工匠精神，自觉推广与传承中国传统文化。

第一节　　完成剪纸作品，感受工艺智慧

学习目标

1. 学会欣赏中国剪纸艺术的工艺美。
2. 掌握剪纸艺术的基本制作技能。

我国民间剪纸艺术根植于中华民族博大精深的文化内涵，展现了中华民族的气质和审美取向，是我国最古老的民间艺术之一，具有极高的欣赏价值和艺术性。剪纸经过几千年的发展，并与其他艺术形式不断融合与革新，向人们传递出古老民族独特的思想精神和人文情怀。剪纸也是中国传统文化的一个经典缩影，我们可以从一张张剪纸上看到传统民俗文化与人伦道德信仰，体会到人们对美好生活的追求和愿望。

一、剪纸艺术概述

任何一种艺术形式，本质上都是广大劳动人民为满足自身精神生活需要而创作发展的，通常包含丰富的主题，并与人民群众的心理预期相符合。从西北广阔无垠的大漠到彩云之南的边陲，从少数民族到海边渔家，都能看到剪纸的身影。

从传统工艺美术角度来讲，剪纸属于一种扎根民间的乡土艺术，它来源于群众，是劳动人民追求精神生活的具象体现。由于剪纸的制作所需工具简单，材料相对低廉，以及基础裁剪技艺要求不高，在人民群众中流传甚广，因此成为广大人民美化生活的一种艺术活动。剪纸艺术最初只是劳动人民利用熏纸进行重复描样制作的手工艺术，后来推陈出新、不断创作，使剪纸艺术代代相传、生生不息。如今，劳动人民凭借聪明才智，结合当地的习俗进行创作，在一次次的实践中将剪纸这门艺术慢慢完善、丰富，使剪纸艺术走进千家万户。

二、剪纸艺术的意义

剪纸是个人审美情感表达的方式，它体现了人们对真、善、美的追求和向往。剪纸所表现出来的形式美，经过了历代剪纸创作者的审美选择，承载了艺术家内心的创作激情，也代表了大众审美的喜好(见图 10-1-1)。

图 10-1-1　剪纸艺术

剪纸的意义丰富，具体来说，有以下几点。

一是纳福迎祥。民间剪纸之所以能够得以长久广泛的流传，对"纳福迎祥"的祈愿是其主要原因。由于地域的封闭、文化的局限，以及自然灾害等逆境的侵扰，人们产生了对美满幸福生活的渴求。人们借托剪纸，传达祈求丰衣足食、人丁兴旺、健康长寿、万事如意等简单朴素的愿望。

二是赋予吉祥寓意。剪纸的创作者对待富足与幸福，总是怀有着坚定乐观的信念、绵延不断的希望，因而剪纸是他们创造美好生活理想的外在呈现。而民间剪纸能够将这些吉祥寓意融入各种民间活动中，以满足广大民众精神情感上的需要，更好地充实广大人民的生活。

三是寄托人们对美好生活的向往。民间剪纸的表现语言不是简单的平铺直叙，而是托物寄语，即借用那些约定俗成的观念化形象，来寄托人们对美好生活的向往，以及对吉祥幸福的期盼(见图 10-1-2)。

图 10-1-2　寓意平安健康的"福"字

三、剪纸艺术的用途

一是张贴用，即直接张贴于门窗、墙壁、彩灯、彩扎上作为装饰，如窗花、墙花、顶棚花、烟格子花、灯笼花、纸扎花、门笺等。

二是摆衬用，用于点缀礼品、嫁妆、祭品、供品，如喜花、供花、礼花、烛台花、斗香花、重阳旗等。

三是作为刺绣底样，用于衣饰、鞋帽、枕头，如鞋花、枕头花、帽花、围涎花、衣袖花、背带花等。

四是印染用，即作为蓝印花布的印版，用于衣料、被面、门帘、包袱、围兜、头巾等。

四、剪纸的类型

剪纸大致可以分为动物剪纸、人物剪纸、植物剪纸、风景剪纸和文字剪纸等几类。

1. 动物剪纸

动物在剪纸中是较为常见的形象。在中华传统文化中不同的动物所象征的含义是不一样的，如仙鹤的寓意是长寿，喜鹊的寓意是喜庆。而动物剪纸的种类可以大致分为牛、马、羊、猫、猪、狗、马、兔、狮、虎、鼠等几种，它们在形体结构的设计上具有相似的规律，即分为头部、躯干、四肢与尾部四部分。在描样时，要掌控好它们的基本形态，从整体入手，用简化的方法进行裁剪，如头部简化成圆形，躯干部分简化为椭圆形，尾巴勾勒成单卷形或直条状。此外，制作动物剪纸时，要适当地将动物的形象"夸张化"，如在剪纸上所呈现的动物头部要比实际的动物头部稍大。因此，只要抓住动物的基本形态、特征和动态线条，并以动物的大致形状为基础，再添加一些用于修饰形态的线条就能表现出动物的外形(见图 10-1-3)。

图 10-1-3　动物剪纸

2. 人物剪纸

由于传统剪纸受到民间木版年画和雕塑的影响，而剪纸本身具备工艺特征和传统审美，为了适应剪纸工艺的需要，传统剪纸把人物的身材都限制在特定的比例之中，因此，大部分人物剪纸与人体的正常比例有很大的区别，从而形成人物剪纸独有的造型风格。人物剪纸一般呈现出人物的正面和侧面形态，并以侧面人物形态的剪纸居多。民俗人物剪纸的造型艺术化处理程度很高，不管是成年人、儿童还是故事人物剪纸，创作者都会将人物的头部夸张地放大，脖子尽量缩短，四肢设计短粗，人物的全身大小限定在四个头到四个半头的高度范围之内。此外，在勾勒出剪纸人物整体轮廓的基础上，要重点对人物服饰进行刻画，其中最具有装饰性和审美性的就是人物衣服上的装饰，特别是以女性人物为主的服装装饰是服饰刻画的重点，通过人物衣褶细节和面部五官的雕刻，使得剪纸图中的人物栩栩如生、出神入化。(见 10-1-4)。

图 10-1-4　人物剪纸

3. 植物剪纸

花草等植物在剪纸中也经常出现,代表了许多美好的含义,如月季花代表了幸福、美好,牡丹花代表了富贵、高雅。由于中国传统民族的审美心理在色彩审美方面趋向于青色等冷色系,因此青绿的植物和典雅的花朵一直备受中国人的喜爱。而花草树木也承载了人们的无限情思,人们往往从身边的一草一木中感物喻志、表达情意,在植物上寄托对人的感情、对生活的向往和对理想的追求。在花卉剪纸中,创作者不仅对大自然中的花草进行单纯写生,而且会截取花卉的整个成长过程中最具魅力的部分加以展示。因此,在传统的植物剪纸中,有的是表现花朵全部盛开的场景,有的则是表现花朵的含苞待放,或是表现枝条藤蔓在树干上互相缠绕的景象。但是植物花草的品种繁多,所以进行艺术创作时,需要先勾勒出植物花草的基本形态特征,再对枝叶、花瓣等细节之处进行重点刻画(见图 10-1-5)。此外,只有将作品的寓意象征和个人理想有机融合,才能创作出打动人心的作品。

图 10-1-5　植物剪纸

4. 风景剪纸

对自然界风景的描绘一直是中国传统审美的表达方式之一,画面中的一山一水、一草一木都与人类的生活息息相关。自然界的风景各具特色且细节繁复,在利用剪纸刻画风景时，需要掌握好夸张、象征、提炼、组合这些表现要素。夸张就是将我们想要刻画的对象中最典型、最有代表性的景物特征，用最显眼、最突出的方式表现；象征就是将广大人民群众对某一事物的美好寄托，用某一种或多种物象进行表达，达到心中理想的画面；提炼就是将复杂的物象用简洁明了的方式表达出来，在剪纸中常常用在亭台房屋类型的题材中；组合就是将多种景色和形象的特征进行提炼，并运用自身的想象力将各类形象巧妙地组合在同一幅作品中。此外，在风景剪纸中，要注意云朵和水的形态表现，虽然有多种表现风格，但大体上的剪法都是采用光滑、连续、柔软的方式，即没有笔直的边缘和尖锐的折角。

5. 文字剪纸

中国的文字是经过了几千年的发展演变并世代发展下来的，凝结着古人的审美精神、文化思想和人格理想。如"喜"字剪纸，就是民众生活中应用最广泛的一种剪纸文字题材，它主要应用于婚嫁、满月、升迁等喜庆的节日中，以"喜""禧""囍"等各种"喜"字剪纸来表达对生活的美好祝愿，或是营造出节日的喜庆氛围。

劳动实践任务：完成剪纸工艺作品

一、任务描述

本课程以培养学生的动手能力为主线，把学生的兴趣培育和教育需求放在核心地位，通过让学生自主进行剪纸的学习和设计，让学生主动进行创造性活动，引导学生在实践中学会观察、思考，以获得创新及独立解决问题的综合能力。

学生以小组为单位合作完成剪纸任务，通过团队协作、讨论和分享，培养学生的合作意识，提高学生的人际沟通能力，为今后的学习和工作打下基础。

二、任务目的

课程以促进学生的全面发展为基础，基于现实生活场景设计，多角度搭建劳动课程，采用跨学科融合应用方式，推动学生自主探索劳动价值，培养劳动习惯。剪纸这项创作活动可以让学生在创作过程中学会寻找美、赏析美、培养美、创造美，提高学生的审美趣味，增强审美判断，培育审美观念，发展自身美的素养。课程的最终目的是实现以劳强体、以劳增智、以劳树德，循序渐进地促使学生德智体美劳综合发展。

三、预期目标

熟悉剪纸的创作方法和表现规律，掌握剪纸工具的使用方法和基本造型方法，学会将自身想法转化为创作实践；促进学生的手脑协调发展，培养学生的观察能力和创作能力，使学生能够感知和理解传统文化艺术，提高学生的审美情趣，提升学生发现美、创造美的意识，激发学生热爱生活、热爱大自然、热爱劳动、热爱创造的情感。

剪纸艺术以大众化的形象和民俗化的主题特征吸引人们参与到审美的实践活动中。学生通过参与剪纸活动，在实践过程中感受工艺美的熏陶，提升自身的认知、情感、意志与审美品位，使自身的精神境界和文化修养在劳动过程中得以提升。

四、任务实施

【劳动准备】

1. 知识储备

了解剪纸艺术形式。剪纸艺术属于纸质镂空艺术，应采用刻、剪、撕等手法进行创作，通过对纸张进行精雕细镂的加工，达到玲珑剔透的纸感语言和强调正负形造型的独特艺术形式。

2. 材料准备

剪刀：用来剪纸的工具，一般选用小型且锋利的剪刀。

铅笔：用来在纸上勾勒出要剪的图案，可以选用彩色笔，以便画出更清晰美丽的图案。

刻刀：用来刻画剪纸图案的细节，可以使用单刀或剪刀等工具。

纸张：可以根据实际需要选用颜色各异、材质不同的纸张，如彩色纸、胶纸等。

图样模板：模板可以作为参考，有助于剪出自己想要的图案。

黏合剂：拼接或粘贴纸张以及各个小部分时使用。

橡皮擦：用于纠正错误的部分和擦除不需要的线条。

刻板：用于切割较为细腻的线条和图案。

打孔器：用于在纸张上打孔和划线，以便进行裁剪和切割。

【劳动实施】

1. 画出图样

选择一张单色纸张，依靠图样模板使用铅笔或者刻刀画出剪纸的图案；或者发挥自己的想象力设计图案。在使用剪刀和刻刀时要注意安全，不可用刀具嬉戏打闹。

2. 剪刻

利用剪刀将多余的地方剪掉，在修剪的时候注意不可多剪折叠的部分，细小的部分可用刻刀进行剔除，按照先内后外、先上后下、先左后右的顺序进行剪刻。

3. 调整

经过剪刻处理后，应对剪纸的图案细节进行调整，将不规则的边缘裁剪整齐，一个剪纸作品就完成了。可以在作品的上下两端用打孔器打上两个孔洞，用彩线编织成蝴蝶结或者中国结穿过上下两孔用于悬挂。

【注意事项】

(1) 剪纸步骤：先折叠，再画样和剪刻，最后是展开剪纸作品。

(2) 在使用剪刀剪纸时一般使剪刀固定不动，根据需要对纸张进行旋转。

(3) 在裁剪没有对称元素的剪纸时，可以先把样稿画在纸上，再用剪刀仔细裁剪。

(4) 刻刀的拿刀方法跟拿毛笔的手势一样，都是采用直握拿刀，将刻刀保持笔直的状态，由上往下进行切割，然后用手控制刻刀，使刻刀跟随图案形状进行刻画。

(5) 剪刻图案时，从中间向四周刻，从比较复杂的部位向简单的地方刻。

(6) 在劳动过程中要注意安全，避免用刀具伤害到自己，不可用刀具与同学嬉戏打闹，避免误伤到同学。此外，向同学传递刀具时，不可将刀刃朝向他人。

(7) 注意保护剪纸作品，保持作品清洁，避开水火。

劳动评价

剪纸实践评价表

专业			班级		姓名	
学号		小组成员				
劳动项目		剪纸工艺实践活动				
劳动流程		小组准备	针对剪纸内容进行小组讨论，设计、制定剪纸方案，确定统一的风格和构思，按照方案内容合理进行小组分工，对实践活动做出效果预期目标和搜集相关背景资料			15 分
		工具准备	做好充分的工具和材料准备，备好剪纸图样、剪刀、有色纸、铅笔、橡皮刻刀、圆规、尺子、黏合剂等，保持工作区域整洁			10 分
		劳动态度	有计划、有条理地进行准备工作。剪纸过程中操作规范、动作协调。耐心、认真、仔细并主动解决问题。团队协作能力较强，能够在小组中发挥自己的作用			15 分
		劳动纪律	严格遵守劳动纪律，按时到达指定的活动场地，不迟到、不早退。在剪纸活动中，遵守安全规定，不使用锐利工具与同学嬉戏打闹，不随意奔跑、推搡，杜绝活动中的危险行为。环保意识强，材料使用合理，不浪费、不滥用			15 分
		团队配合	能够与团队成员互相配合，完成指定的任务。配合指导老师的安排，积极参与团队讨论。互相协助、互相支持，顺利完成活动。谦虚谨慎，有问题共同讨论，注重团队合作精神			15 分
劳动成果		1. 保证剪纸作品的质量，创作出精美的作品 2. 做到每个人都有所贡献，合理分工合作 3. 保持活动现场的整洁卫生，不出现脏乱差的情况 4. 整理剪纸活动过程中相关照片、视频、作品 5. 分享与剪纸相关的知识和经验，对劳动成果进行总结与展示				30 分
自我评价		优秀□	良好□	合格□	不合格□	
小组评价		优秀□	良好□	合格□	不合格□	
教师评价		优秀□	良好□	合格□	不合格□	
综合评价		(综合评价由劳动实践指导教师填写，作为劳动实践学分评定依据)				

任务演练

1. 选择一种民俗剪纸风格进行主题创作，并谈谈你的创作思路与心得体会。

2. 尝试将剪纸艺术中的美学元素与所学专业进行结合，创作出一幅有创意的剪纸作品。

第二节　走进文化场馆，参与研学实践

学习目标

1. 感受中国传统文化研学活动的人文精神与实践意义。
2. 引导学生参与丰富的文化研学实践，树立民族文化自信。

　　中国传统文化历经数千年的岁月洗礼，浑厚的历史底蕴哺育着一代又一代的华夏儿女，是我们民族文化自信的精神源头。近年来，传统文化教育越来越受到国家和社会的重视，传统文化教育已成为教育的重要组成部分。习近平总书记在党的十九大报告中指出："深入挖掘中华优秀传统文化蕴含的思想观念、人文精神、道德规范，结合时代要求继承创新，让中华文化展现出永久魅力和时代风采。"

　　从新时代教育理念来看，要传承和发展优秀传统文化，应打破学科边界及传统的课堂讲授模式，依托丰厚的传统文化资源，开展传统文化研学实践活动，让学生走进文化场所，形成传承和弘扬优秀传统文化的一种新的教育途径。研学实践课程作为传统课堂教育之外的拓展与延伸，能帮助学生开阔多元化视野，更深刻地了解与感受中华优秀传统文化。因此，开展文化研学实践活动，不仅是对历史文化的普及与传播的过程，还是推动学生了解与掌握、传承与弘扬优秀传统文化的过程，能够引导学生形成正确的人生观、价值观。

一、博物馆的研学实践意义

　　博物馆研学实践活动是开展文化传播的重要途径，也是向社会公众进行综合素质教育的文化旅游活动。博物馆所收藏文物是具有社会历史文化意义的珍品，是人类文化和智慧的结晶，更是中华民族传统文化的重要缩影。在现代社会，博物馆已成为文化传承的载体，同时也是进行社会教育的重要场所。因此，开展博物馆研学实践活动，可以让学生通过参观馆内藏品，感受历史文化的底蕴和魅力，丰富传统文化知识，增强对传统文化的自信。

　　博物馆研学实践活动是一种具有互动性的学习和教育活动，学生能够从不同的领域与角度学习不同类型的知识，如与藏品相关的历史、文化、地理、风土人情、生态特点等。此外，研学实践活动的课程设置包括历史文化、世界自然、科技文明等板块。学生通过该类课程，能够深入了解和学习与博物馆藏品相关的历史背景、文化内涵、创意设计等方面的知识。在研学实践活动中，博物馆会结合新型科技拓展教学方式，如利用 VR、AR 等高科技手段，帮助学生深刻感受博物馆藏品中的历史、文化、科技价值。同时，专职教师和博物馆讲解员能够带领学生近距离地参观不同类型的藏品，让学生接触传统文化的现实遗产，有助于学生理解藏品的历史背景和文化内涵，把握传统文化的实际价值，加深对文化

遗产的认识和尊重、进一步激发学生对社会、人类文明的浓厚兴趣、提高个人素质与综合素养、培养当代大学生的责任意识和文明素质。

　　开展博物馆研学实践活动，一方面体现出国家与社会对现代劳动教育的关注和投入，同时也是一种新时代教育模式的革新与尝试。在活动中，学生能通过自己的实践经历，深入感知历史文化的魅力，学会珍视文化遗产的价值，懂得继承文化遗产的重要性。此外，在实践活动中，学生能够建立自己的交流与合作网络，体验到协同学习的乐趣，培养团结一致、共同创造价值的能力。另一方面，博物馆研学实践活动的开展，对于传承和弘扬优秀传统文化具有重要的意义和价值，为推进中国传统文化的创新带来新的转机，同时也为广大师生的学习和教育带来了创新和突破，为新时代的教育注入了新的动力与可能。

　　由此可见，博物馆研学实践活动可以打破传统的课堂讲授模式，让学生近距离接触传统文化的现实遗产，丰富传统文化知识，形成文化视野，提升文化修养，增强民族文化自信力。

二、博物馆的研学实践形式

　　随着历史的演进、文化的积淀、科技的不断创新，人类的劳动方式和生产方式经历了数千年的变迁。从最初的人类始祖靠捕猎、采集为生到现代社会进行工业化、信息化的生产，人类对劳动的认识和理解也随之逐步深入、丰富，而先人节俭自律、勤俭修为及待物之德仍值得我们学习与弘扬。在这样的历史背景与新时代的发展要求下，高校开展劳动教育具有重要的意义与价值，而博物馆承载的历史内涵则为劳动教育的发展提供了一条重要路径和平台。由于博物馆具有深厚的文化底蕴、独特的展品和丰富的展示形式，是一个集知识传播、文化教育、科学研究、全民娱乐于一体的重要场所，因而能够应用到劳动教育的领域上，有助于开展研学实践活动。博物馆内的展品、藏品和展览等资源都蕴含着重要的历史价值和文化内涵，而这些价值和内涵也可以丰富劳动教育活动内容，为学生的劳动教育提供极大的资源和帮助。

　　博物馆研学实践活动依托博物馆的丰富资源及其深厚内涵而展开，常常让学生以主题活动的形式进行学习，通过主题活动拓宽劳动学习的场景，设计贴近生活实际的劳动教育实践活动，从现场观摩到文物元素的文创设计，从历史知识的学习到实际动手实践，均让学生学会自主参与实践，在实践过程中学会运用专业知识和劳动技能来解决实际问题。此外，研学实践活动从自主参与设计创意文案、收藏文创、分享故事等几个维度来丰富和扩充活动内容，以深入挖掘劳动中的文化教育功能。

　　以主题活动形式进行研学是博物馆劳动教育的一种重要形式。在这样的实践模式下，学生以特定主题为着力点，深入学习和了解相关领域的知识和技能。例如，在博物馆里可以开展手工艺品制作、陶艺、绘画等实践活动，学生可以通过参与实践活动深入了解工艺品制作的历史背景、文化内涵、审美的演变和关键技术，同时也可以亲手制作出富有创意的工艺品。这些实践活动有助于提高学生的实践能力，丰富学生的想象力，让学生在参与实践的过程中学习实际技能，体验到劳动本身的快乐和成就感。

　　因此，要明确本节的学习重点及考察形式，除了通过实践活动学习和掌握相关的知识技能之外，还应通过动手创作文创产品、小组讨论、成果展示等多种形式来学习。例如，学生可以根据自己的理解和想象为博物馆的展品设计文创产品，通过小组合作来完成课程报告。通过这样的实践活动，既能够锻炼学生的创新精神和团队协作能力，也能够提高学生对于历史和文化的理解和认识。

三、博物馆的社会功能与基本类型

博物馆是为社会服务的非营利性机构，其社会功能非常丰富，包含搜集、保存、修护、研究、展览、教育、文娱等功能。它面向所有公众开放，具有普及性和包容性，其主要特点是"博物"——包罗万象，由于视听馆、图书馆、文创馆、档案资料馆等皆可纳入其范围，因此博物馆又具有了多样性和可持续性。博物馆为教育、欣赏、深思和知识共享提供了多种丰富的体验模式，能够引导当代年轻人提升审美经验，提升对真善美内涵的感受。

中国博物馆大致划分为历史型、艺术型、科学技术型、综合型，具体如下：

(1) 历史型博物馆是指能提供历史观点、文物照片、文物藏品等的博物馆，如西安半坡遗址博物馆、秦始皇兵马俑博物馆、武汉革命博物馆、景德镇陶瓷历史博物馆、陕西历史博物馆、韶山毛泽东同志纪念馆等。

(2) 艺术型博物馆主要用于展示藏品的艺术和美学价值，如中国美术馆、广东民间工艺馆、天津戏剧博物馆、徐悲鸿纪念馆、南京云锦博物馆等。

(3) 科学技术型博物馆是以分类、发展或生态的方法展示科学技术的发展和相关展品的博物馆，以立体的方法从宏观或微观方面展示科学成果，如中国地质博物馆、中国印刷博物馆、北京天文馆、中国科学技术馆等。

(4) 综合型博物馆用于综合展示地方自然、历史、艺术等方面的藏品，如中国国家博物馆、南京博物馆、上海博物馆、湖北省博物馆、黑龙江省博物馆、河南省博物馆等。

劳动实践任务：创意黏土手工制作

一、任务描述

同学们通过博物馆讲解员的讲解，了解与文物相关的历史、价值、意义和故事等内容，结合所了解的内容，自行选择喜欢的文物，并以该文物为原型基础采用黏土进行重塑。在重塑的过程中，要着重对文物结构、纹样、造型进行观察，深入理解铸造工艺的难点、特点和缺点，同时领悟该文物背后所蕴含的历史底蕴及主要价值。

二、任务目的

以劳树德，新时代和新的教育背景赋予了劳动教育新的内涵。通过对博物馆文物的文化解读，让学生明白研学实践是体力劳动与脑力劳动的结合，树立崇尚劳动、尊重劳动和热爱劳动的向上精神。

以劳强体，通过亲自动手参与文创产品的制作，培养学生吃苦耐劳的精神。使学生在劳动实践中得以锻炼，体验劳动的可贵，学会尊重他人的劳动成果。

以劳增智，博物馆里的文化遗产种类繁多且来自朝代各不相同，学生要学会欣赏古人不同时期智慧的结晶，在动手实践的过程中学会应用与融合不同学科的知识，以达到知行合一、学以致用的目的。

三、预期目标

知识目标：通过博物馆研学，了解不同历史时期文物的发展演变和文化内涵。对不同种类的文物特点有明确认知，如陶瓷、雕塑、丝绸、绘画等；通过学习博物馆展览的设计和陈列方式，了解文物展示、保护与修复的相关知识；培养学生对中国传统文化的兴趣和理解，增强他们传播和弘扬中华传统文化的兴趣和能力。

技能目标：培养学生观察、感知和动手能力，通过对博物馆文物的造型进行观察和分析，形成创作灵感，综合提升创作能力；启发学生的创意，进行手工制作；培养他们的创意思维、想象力和动手能力。

劳动目标：培养学生的劳动态度和劳动习惯，以及良好的工作纪律和耐心；通过手工制作的过程，培养他们的创意思维和毅力；通过手工制作课程中的小组合作，培养学生协作解决问题和团队组织的能力；通过制作手工作品的过程，培养学生的耐心和细心，提高他们的专注力和自律能力。

四、任务实施

【劳动准备】

知识储备：了解上文提到的博物馆的社会功能与基本类型。

准备材料：黏土、压泥板、擀面杖、丙烯、镊子、剪刀、细节针、刀片、胶水、刻刀、丙烯颜料、勾线笔等。

【劳动实施】

黏土劳动实践活动主要分两个部分，一是让学生对目标文物进行重塑制作，二是在文物原有造型的基础上发挥想象力，制作出具有创意的黏土作品。

根据博物馆讲解员对馆内文物的讲解，学生要自觉理解文物本身所具有的特点，在塑造作品的过程中加入个人的创意和想法。黏土可塑性极强，学生的想象力越丰富，所创造出的作品越具有趣味性和创意性。制作一件好的黏土作品需要耐心、细心，可以结合本身的专业特长，或者以主题的形式进行创作。

可以通过视频录制或摄影的方式记录黏土的制作过程，在完成黏土制作后，将所录制或者拍摄下来的制作过程剪辑成视频或以 PPT 的形式进行成果展示。成果汇报需包含以下内容：

(1) 黏土制作过程中遇到的难点以及解决方法；

(2) 创作故事：如何将自己的创意与想法加入作品中，创意的灵感来源以及灵感在黏土作品中表现的方式方法，在创作过程中的心得体会。

(3) 手工制作过程中的精彩瞬间记录；

(4) 作品参考的文物的工艺特点和历史背景；

(5) 对本次劳动实践的总结和体会。

【注意事项】

(1) 手部及黏土要保持干燥，避免沾水。尤其是已经完成的黏土作品，若沾上水则会变黏，水滴撒上去也会留有印记，因此制作过程中需特别注意防水。

(2) 开始造型前要充分揉捏黏土。

(3) 使用黏土前若黏土表面呈现干硬状，则可喷洒少许水进行软化。

(4) 不用的黏土要注意保持一定湿度，可以用保鲜膜包起来，避免阳光直射。这样水分不会蒸发，黏土也不会发干，方便下次继续使用。

(5) 产品制作完成后令黏土自然干燥即可，无须额外加热黏土。

(6) 制作时应先把作品的大部件捏好，再捏小部件，这样能更好把握黏土作品的形状，如图 10-2-1 所示。

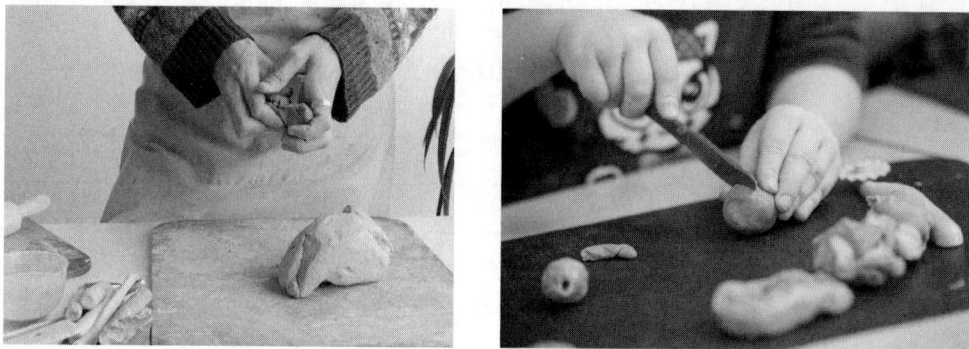

图 10-2-1　对黏土进行揉捏和切割

劳动评价

黏土文创作品评价表

专业		班级		姓名	
学号		小组成员			
劳动项目		黏土文创作品实践活动			
劳动流程	小组准备	小组讨论确定文创作品目标，讨论并制定黏土文创方案，确定统一的风格和构思，按照方案内容合理进行小组分工，明确小组内每位成员的具体任务和分工，避免出现工作重叠和遗漏；对实践活动作出效果预期，搜集相关背景资料		15 分	
	工具准备	根据制作需求，准备相关的基础工具，如黏土捏塑及切割工具等；根据设计方案，准备特殊工具，如彩绘工具、装饰工具等；确保所有工具都是干净整齐的		10 分	
	劳动态度	能够有条理地进行准备工作，效率高；创作过程中操作规范、动作协调；有耐心、认真仔细，能够主动解决问题；协作能力较强，能够在小组中发挥自己的作用		15 分	
	劳动纪律	严格遵守劳动纪律，按时到达指定的活动场地，不迟到、不早退；在活动过程中不嬉戏打闹，遵守安全规定，不随意奔跑、推搡，杜绝活动中的危险行为；环保意识强，材料使用合理，不浪费、不滥用		15 分	
	团队配合	能够与团队成员互相配合，完成指定的任务；配合指导老师的安排，积极参与团队讨论；互相协助、互相支持，顺利完成活动；谦虚谨慎，有问题共同讨论，注重团队合作精神		15 分	

劳动成果	1. 保证黏土作品的质量，创作出精美的作品 2. 做到每个人都有所贡献，合理分工合作 3. 保持活动现场的整洁卫生，不出现脏乱差的情况 4. 整理黏土活动过程中的照片、视频、作品 5. 分享与文物相关的知识和黏土制作中的经验，对劳动成果的心得体会进行总结和分享			30分
自我评价	优秀□	良好□	合格□	不合格□
小组评价	优秀□	良好□	合格□	不合格□
教师评价	优秀□	良好□	合格□	不合格□
综合评价	(综合评价由劳动实践指导教师填写，作为劳动实践学分评定依据)			

任务演练

1. 结合自己所学专业，选择你喜欢的文物，并以该文物为原型基础，用黏土进行自由创作。

2. 收集某一所博物馆的相关背景资料，从多个角度进行文化解读，并与同学们分享。

第三节　了解非遗技艺，传承民族文化

学习目标

1. 了解国家级非物质文化遗产——土家织锦的文化内涵。
2. 从土家织锦这一经典案例中感受传承民族文化的意义。

习近平总书记在中共中央政治局第三十九次集体学习的讲话中指出，"文物和文化遗产承载着中华民族的基因和血脉，是不可再生、不可替代的中华优秀文明资源。"国务院前总理李克强在 2023 年两会上作政府工作报告时再次提及："弘扬中华优秀传统文化，加强文物和文化遗产保护传承。"可见，传承与弘扬中华优秀传统文化，要做好文化遗产的保护和传承。因此，本节以传承中华优秀传统文化为导向，并以"土家织锦"为例，从土家织锦的文化内涵、产生的背景以及织锦的基本工艺技术几个方面展开，将具有历史传承意义的、在生活中具有实用价值的、学生可运用基本工具动手实践的"中华传统技艺"融入劳动教育课程中。这样做一方面让学生接触和了解土家织锦，感受非物质文化遗产的魅力，提高对非物质文化遗产重要性的认识，另一方面则推动当代大学生积极参与到传统织锦技艺的传承中去，寻找更多的技艺传承人，学习其工艺文化，为保护非物质文化遗产作出贡献，最终实现劳动教育课程开发与文化传承实践路径相结合的目标。

我国是一个历史悠久、文化灿烂的文明古国，在五千年的历史长河中，形成了丰富的极具民族特色的文化遗产。当提到中国文化遗产时，我们容易联想到壁画、陶器、绸缎等相关文化作品。但中国传统的文化遗产远不止于此，不仅拥有丰富的物质文化遗产，也拥有璀璨夺目的非物质文化遗产。非物质文化遗产是一个国家和民族历史文化成就的重要标志，是优秀传统文化的重要组成部分。近年来，我国不断加大非遗保护力度，涌现出众多异彩纷呈的非遗代表性项目，其中典型的代表是南方土家族的织锦文化。2006 年 5 月 20 日，土家织锦技艺经国务院批准列入第一批国家级非物质文化遗产名录。

土家织锦是中国地域和族群多样性中的一个独特代表。土家族人繁衍生息在秀美的武陵山区，土家族织锦的工艺、纹样和染织手法，是中国乃至世界艺术史上不可忽略的重要艺术遗产之一。但随着社会加速向工业化和现代化发展，以口传手授的民族民间传统织锦技艺却日渐衰退，慢慢淡出人们的视野。一方面是由于现代社会的生活方式和经济发展模式的转变，使部分土家族人逐渐放弃传统手工艺的工作，转向更稳定的就业选择。另一方面是缺少对土家织锦的宣传和弘扬，以致当代年轻人不了解土家织锦，加上掌握技艺的方法有一定的难度而不易学，致使当代年轻人没有足够的兴趣去学习和传承。

传统文化是我们民族的"根"，但由于多种原因，非物质文化遗产渐渐被人们淡忘，

许多非物质文化遗产后继乏人，正面临失传和消失，如皮影戏、修船匠、铜匠、打花带等。因此，当代大学生有责任、有义务去传承和保护文化遗产。在新时代发展背景下，我们也拥有更多的机会和平台去传承和发扬土家族织锦这类非物质文化遗产。比如，通过参与各种文化活动、展览和国际文化交流等渠道，积极推广非物质文化遗产，让更多人了解和认识土家织锦的文化价值。同时，当代大学生也应学会充分利用现代科技手段，结合互联网、自媒体等推广渠道积极推广，使土家织锦数字化和网络化；抑或利用专业技能设计更符合现代审美的产品，使其更好融入时代发展浪潮，得到市场的认可。

一、土家织锦概述

土家织锦是土家族传统文化中的重要组成部分，是我国民族文化的重要载体，被列为国家级非物质文化遗产。它的历史源远流长，伴随着土家族人生活、生产的实际需要而产生、发展，至少可以追溯到距今四千多年的古代土家族时期。它以独特的方式表达出土家族人民的思想信仰和审美文化心理，展现出土家族人民的审美素养和丰富的文化内涵。

土家族的织锦工艺是武陵山区的一项传奇技艺，它承载的不仅仅是代代流传的技艺，更是土家族不同时代文化的积累。土家族没有文字，在历史的长河中发生的诸多可歌可泣的故事和一脉相承的土家族文化，都融入在一张张丰富多彩的织锦作品里，它所蕴含的文化特质让土家织锦技艺能够传承千年，也让我们见证了中国多元的民族文化及强大的民族精神。

二、土家织锦的工艺

土家族的织锦技艺历史悠久，据史料记载，土家织锦的发展经历了从土著先民的原始草编以及动植物的编织物到树皮、棕麻、蚕桑织物，再到賨布、兰干细布、斑布、溪峒布，直到现在的土家织锦这一历史演变过程。土家织锦是采用丝、棉、麻作为原材料并交织而成的，民间称之为"打花"，土家族称为打花铺盖(土家语西兰卡普，这个词在当地民间也可理解为"西兰姑娘所织的花铺盖")。土家织锦构图饱满完整，主题突出，纹饰上受巴楚文化的影响，色彩上以厚重艳丽为特色。我们能从土家织锦的设色和布局上感受到土家族人的自由浪漫。因土家族人生活在山区，所以在图案设计上受武陵山区自然风物的影响较大，如山花的姹紫嫣红、山边晚霞的色彩斑斓、锦鸡的华丽羽毛等，土家族人将这些物象进行艺术加工，并应用在西兰卡普的纹样和配色上。同时，在当地的民俗、制作周期和生活实用功能的制约下，很多纹样都反映出意识形态与生活实际的倾向性，使装饰纹样具备了特殊的含义。

此外，这种手工技艺经受住历史和生活的考验并一直保存下来，体现出中国少数民族织锦技艺体系的强大生命力。在土家族织锦纹样当中，其寓意吉祥的文化愿望与其他民间工艺一样，每一块土家织锦上的纹案和描绘的内容，都是对本民族历史的赞颂和对美好生活的祈求和向往。

三、土家织锦西兰卡普

土家织锦西兰卡普制作工艺独特，采用一种"通经暗纬，断纬挖花"方法，分为"对斜"平纹单色类型和斜纹"上下斜"彩色类型两大流派。在编织方法方面，平纹"对斜"组织的经纬组织点是平均分布的，而斜纹的"上下斜"组织则是依靠凸起的组织点构成具有斜度的格子纹路。这两种相互交织起来的组织点纹路加上经纬线的粗细、排列、色彩的变化，使得织锦的纹样变得丰富多彩。同时，这种独特的编织特点，使土家织锦的经密大于纬密，让精密的图案编织受到极大的限制，因此出现了大量的几何图形，以几何图形的外形来弥补造型上的不足，但也有机地促进了手工编织和纹样构成的结合。在纹样设计方面，受到土家族民间编织手法"十字挑花"的工艺影响，土家织锦在编织主体时会使用平纹挖花组织结构，让西兰卡普的纹样明暗对比强烈，起花的部分突出，展现了编织品独有的浮雕感(见图 10-3-1)。

图 10-3-1　土家织锦西兰卡普

土家织锦西兰卡普发展到今天，已经积累了四百多种传统图案花纹，分别代表了少数民族的审美文化心理和不同时代文化积淀的独特表现方式，每一种图案都展现出土家人的审美意识、生活风貌、文化习俗、宗教信仰等文化特征。这种工艺充分展示出土家人对现实事物的归纳能力和创造力，这些文化遗产对中华民族多元文化的形成与发展有着积极的意义。

劳动实践任务：手工织锦活动

一、任务描述

传统文化课程让学生在了解传统技艺发展的同时，还要亲自动手实践，增强学生学习的主动性与积极性，认识民族的传统技艺，感受民族智慧的活力与魅力，增强民族意识，提高当代大学生对非物质文化遗产的重视度和责任感。

了解西兰卡普的发展历史和发展规律，认识编织手法和色彩取样的由来，并在动手制作织锦的具体劳动实践中不断地验证、重复、收获。结合个人的想法和所学知识，形成属于自己的文化创意和创新认知。

二、任务目的

了解土家织锦的装饰艺术风格、文化内涵、发展历史、非遗技艺的发展与创新方向。

三、预期目标

经过世代的流传和改进，最终呈现在我们眼前的织锦西兰卡普，充分展示出生活实用性、图案艺术性和手工工艺性的完美融合，其中的纹样图案和染织都与当地土家族的生活习惯形成了统一化的风格。西兰卡普的纹样艺术造型的独特性，使其成为一种承载民间传说、民族精神和民族艺术的文化符号。近年来，很多现代设计中都充分运用了这种民族元素，并得到了行业和市场的认同，这说明传统民俗文化本身具有强大生命力，体现出西兰卡普能够唤起现代人的情感和审美共鸣，使人们达到追求民族情感和个性意识的完美统一。

四、任务实施

【劳动准备】

1. 土家族织锦西兰卡普知识储备

西兰卡普采用"通经断纬"的挖花技术，分为"对斜"平纹单色系列和"上下斜"彩色两种流派。西兰卡普使用古老的纯木质腰式斜织机织造，其技艺流程主要由纺捻线、染色、倒线、牵线、装筘、滚线、捡综、翻篙、捡花、捆杆上机、织布、挑织等工序组成，另以"反织法"挑织成图案花纹。织锦上细密的纹路体现出土家族人的勤劳和智慧，它是土家族人世代相传的一种民间工艺，反映出土家人丰富的生活方式、民族文化以及在工艺美术上的技巧方法和艺术造诣(见图 10-3-2)。

土家族的大部分居民都散居在武陵山地区，一生都在山区生活的土家人对大自然有着深厚的情感，这使得土家人进行艺术创作时大多取材于山区随处可见的事物，上到广阔天空的日月星辰，下至山里的飞禽走兽和周围山林的自然景观，都凝结在抽象的西兰卡普图案中。在植物的装饰纹样中，有岩墙花、九朵梅、藤藤花、钩藤花等；动物装饰纹样有阳雀花、马必花等。此外，还有文字、抽象的几何造型等图案。文字图案最常见的有万字花、福禄寿喜花等；几何造型图案有单八勾花、双八勾花、二十四勾花、四十八勾花、满天星花、椅子花等。土家人善于挖掘身边普通事物中的美，将山区的万物生灵进行艺术化的处理，巧妙地变成西兰卡普的花纹，抽象地应用在织锦主题图案之中。

织锦的用色则受当地客观因素的影响。传统土家族织锦染料都提取自当地出产的天然矿物质，颜色的稳定性较差，因此为了避免脱色，一般很少洗涤。在已有的色彩中，只有为数不多的几种颜色不易掉色，其中用色最多的就是靛蓝(包括煮青)和黑色。靛蓝色在经过反复的浸染后会形成一种接近于黑色的颜色，即深蓝色，也被称为青；黑色则是用五倍子熬制而成。两种颜色的原料都可在当地获取，外加颜色厚重又耐用，久而久之就成为西兰卡普的主流用色。此外，由于受周边地域条件的影响，在形式上和色彩构成上，西兰卡普是依据编织者们对山区的事物产生的联想和感悟来配色的，经过艺术性的加工后，色彩体系变得自然融洽。因此，土家族的工艺作品大多色彩浓烈，与图案结合起来显得极富有装饰性，对现代很多领域都有借鉴的价值。西兰卡普浓烈的色彩体现出土家族人对自然、对生活的热爱，是土家人看待世界与人的关系与审美关系的一扇门，更是土家人对大自然的结构和自身逻辑的统一，承载着土家族浓厚的文化内涵。

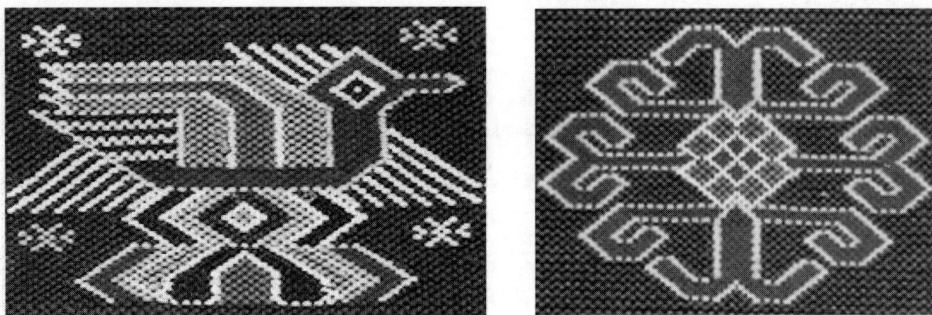

图 10-3-2 西兰卡普花纹纹样

2. 实践物资准备

编织板：编织板是模仿纺织机的框架(见图 10-3-3)，用来固定丝线。固定好丝线后即可在编织板内进行丝线的编织。编织板构造简单，也可自行手动制作。

织锦图样：土家族传统织锦纹样，也可自行设计。

各色丝线：可根据图样准备颜色不同、粗细不同的丝线。

剪刀：用于剪切丝线等材料，让其符合需要的大小和形状。

笔刷和颜料：用于染色，涂上各种颜色，让图案更生动。

钝头针：一头穿好丝线，用于织锦图案的穿插编织，为安全考虑请使用钝头针。

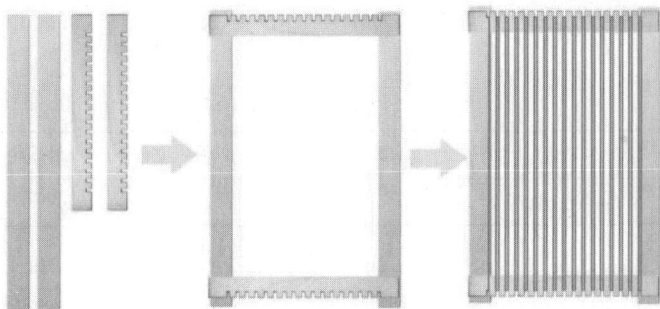

图 10-3-3 编织板

【劳动实施】

(1) 将丝线平整地缠绕在编织板上，要绷紧线条防止松动。

(2) 根据纹样的颜色选择好丝线，并将丝线穿在钝头针上。

(3) 丝线的经纬穿插要做到错落缠绕，才能达到细密紧实的效果。

(4) 按照纹样使用不同的丝线在编织板上进行织造，注意各种颜色的穿插和搭配，如有出现错误的地方可用剪刀剪断再接上。面向观看者的那一面布料要保持完整干净且没有凸出线头。

【注意事项】

1. 断线

织锦时使用的是丝线，通过经纬线穿插来达到效果。首次编制时很容易出现织错和断线的情况。若发生断线，应使用同一种颜色的线与断线打结相连，注意所打的结必须要牢固，打结后使用剪刀将多余的线头剪掉，重新固定在原来位置，再次开始织造即可。

2. 编织线的松紧不均匀

因织锦全程采用手工上线进行织造，所以在编织图案时因为操作不当很可能发生经纬线松紧不均匀的情况，若不及时调整，最后的成品会出现织锦线条歪斜、图案变形等情况。因此在进行西兰卡普的织造时，可以用手掌轻轻按压已经上好的经线，将交织的线条抚平，有发生打结不均匀的地方，应及时解开打结处作调整。

3. 后期线条磨损沾色

织锦的工序较为复杂且耗时较长，在编织后期，反复的编织可能会使织锦产生磨损或沾色，因此可以用一张透明的塑料薄膜遮盖已织好的图案，这样就能起到保护的作用，避免磨损或沾色。

4. 图案编织失真

因西兰卡普的图案复杂且具有规律，在织图时需要细心和耐心，稍有疏忽就会导致颜色或者位置出现错误，特别是后期才发现的错误，修改起来就有一定的困难，所以在织锦时要注意一边织一边检查，及时发现问题，修正调整。

5. 安全防护

在劳动过程中要安全使用钝头针和剪刀，避免伤害到自己，不可使用相关锐利工具与同学嬉戏打闹，避免误伤到同学。与此同时，注意保护好织锦作品，避免沾到脏污，避开水火。

劳动评价

"手工织锦"劳动评价表

专业		班级		姓名	
学号		小组成员			
劳动项目		手工织锦西兰卡普实践活动			
劳动流程	小组准备	小组讨论确定织锦样式，讨论并制定设计方案，确定统一的风格和构思，按照方案内容合理进行小组分工，明确小组内每位成员的具体任务和分工，避免出现工作重叠和遗漏。对实践活动作出效果预期，搜集相关背景资料			15分
	工具准备	根据制作需求，准备相关的基础工具，如不同的布料和丝线；根据设计方案，准备特殊工具，如彩绘工具、装饰工具等；确保所有工具都是干净整齐的			10分
	劳动态度	有条理地进行准备工作，效率高；设立锦织阶段性目标，激发小组成员的积极性；创作过程操作规范、动作协调；耐心、认真仔细，能够主动解决问题；协作能力较强，能够在小组中发挥自己的作用			15分

续表

劳动项目		手工织锦西兰卡普实践活动		
	劳动纪律	严格遵守劳动纪律，按时到达指定的活动场地，不迟到、不早退；在活动中不嬉戏打闹，遵守安全规定，不随意奔跑、推搡，杜绝活动中的危险行为；环保意识强，材料使用合理，不浪费、不滥用	15分	
	团队配合	能够与团队成员互相配合，完成指定的任务；配合指导老师的安排，积极参与团队讨论；互相协助、互相支持，顺利完成活动；谦虚谨慎，有问题共同讨论，注重团队合作精神	15分	
劳动成果	1. 保证织锦作品的质量，创作出精美的作品 2. 做到每个人都有所贡献，合理分工合作 3. 保持活动现场的整洁卫生，不出现脏乱差的情况 4. 整理实践活动的相关照片、视频、作品 5. 分享与织锦相关的知识和织锦制作中的经验，对劳动成果的心得体会进行总结和分享		30分	
自我评价	优秀□	良好□	合格□	不合格□
小组评价	优秀□	良好□	合格□	不合格□
教师评价	优秀□	良好□	合格□	不合格□
综合评价	(综合评价由劳动实践指导教师填写，作为劳动实践学分评定依据)			

任务演练

1. 把编织西兰卡普的劳动实践过程以 PPT 的形式或者剪辑成视频的方式在课堂上进行成果展示，并针对此次的劳动实践活动所学习到的知识与其他同学进行交流与展示。

2. 掌握基本的织锦方式与流程后，结合自己所学专业，进行创意编织。

参 考 文 献

[1] 安鸿章. 劳动简论[M]. 北京：北京理工大学出版社，2021.

[2] 陈峰，诸玉峰. 新时代劳动教育理论与实践教程[M]. 上海：同济大学出版社，2021.

[3] 陈培军，阳军. 大学生劳动素养与技能提升教程[M]. 青岛：中国石油大学出版社，2021.

[4] 陈伟，郑文. 大学生劳动教育概论[M]. 北京：高等教育出版社，2021.

[5] 董金凤，贾增岁，武辉. 劳动教育实践教程[M]. 西安：西安电子科技大学出版社，2021.

[6] 柳文荣. 新时代大学生劳动教育[M]. 北京：高等教育出版社，2021.

[7] 马志霞，黄朝霞. 新时代大学生劳动教育的价值意蕴、核心内容及实践策略[J]. 中国大学教学，2021(10)：60-66，78.

[8] 卢心悦. 新时代大学生劳动教育研究[D]. 华东师范大学，2020，31-35.

[9] 程从柱. 劳动教育何以促进人的自由全面发展：基于马克思主义劳动观和人的发展观的考察[J]. 南京师大学报：社会科学版，2020(03)：16-26.

[10] 郭婧，赵健杰. 将马克思主义劳动美学融入高校劳动教育[J]. 中国高等教育，2020(17)：21-23.